Monika Zeugin

ALS ERINNERUNG AN DIE JUNGBÜRGERFEIER

EINWOHNERGEMEINDERAT DORNACH

Der Ammann: Der Gemeindeschreiber:

H. Walter Ch. Vuattoux

Hausbuch der Schweizer Sagen

Beatus vertreibt den Drachen (Sage «Der Alpenapostel», Seite 35)

Sergius Golowin

Hausbuch der Schweizer Sagen

Mit einem Vorwort
von Bundesrat Hans Hürlimann

Büchler Verlag

© 1981 Büchler Verlag, Wabern

Gestaltung: Atelier für visuelles Gestalten,
 Noltkämper/Stämpfli, Bern
Gesamtherstellung: Büchler+Co AG, Wabern
ISBN 3-7170-0200-7
Printed in Switzerland

Vorwort

Märchen und Sagen erleben eine Wiederkehr. Sagen berichten von Tatsachen und Erlebnissen, die mit dem naturwissenschaftlichen Weltbild nicht im Einklang stehen. In ihnen vereinen sich fast immer traditionelle Vorstellungen und eindeutig lokalisierbares Erlebnis zur volkstümlichen Erklärung merkwürdiger oder auffallender Dinge oder Zustände. Mit der modernen Zeit, dem internationalen hohen Standard und dem konfektionierten Leben schienen sie wenig gemein zu haben. Sie *schienen* wenig gemein zu haben. An die Grenzen des materiellen Wachstums gelangt, in einer binnen weniger Jahrzehnte tiefgreifend veränderten Umwelt lebend, wächst in vielen Menschen die Angst vor unserer Zivilisation, die aller Rationalität ihrer Teile zum Trotz als Ganzes ständig irrationaler wirkt.

Die Wiederkehr der Märchen und Sagen deutet eine Tendenzwende an, die uns nur mit Hoffnung erfüllen kann. Neben die rein wissenschaftliche Erkenntnis treten zunehmend andere Deutungen, Signale, Zeichen. Die Traditionssuche vieler heutiger Menschen, das Bedürfnis nach Bindung und Wärme ist das notwendige Gegenstück zur Freiheit, wie sie in möglichst allen Bereichen des Wirkens und Zusammenlebens gewünscht wird. Der Ort, wo Freiheit und Bindungen ausgeglichen sind, ist wohl der dem Menschen gemässe. Die Sagen berichten davon, ohne das Wunderbare zu wecken, das zum Märchen gehört. Solche Erfahrungen und Orientierungen sind gerade heute unentbehrlich. Vertrauen wir uns den Sagen an; wir finden darin unsere Ängste, Nöte und Hoffnungen wieder, wir finden uns selbst.

Hans Hürlimann, Bundesrat

Inhaltsverzeichnis

Unsere Urzeit

Erinnerungen an die Vorwelt
    Weltwandlung im Baselland   14
    Eis im Lande Schwyz   15
    Die Schöpfung der Petersinsel   16
    Die Schlösser der Mächtigen   16
    Verscherzte Wärme   17

Das Reich der Riesen
    Gargantua im Greyerzerland   18
    Schwarzbart von Zweisimmen   18
    Die Aareriesen   19

Zauberkundige Heiden
    Das Dunkle Feenvolk   22
    Die Wilden von Schuders   23
    Die alten Herren der Berge   23
    Der Spott der Wilden   25
    Heiden-Paradies von Graubünden   26
    Wie die Bündner die Pest besiegen konnten   27

Ewige Völkerwanderung
    Die Sarazenendörfer im Walliserland   28
    Die Ahnen der Appenzeller   30
    Grenzland Burgund   31
    Vergrabene Schwerter   34
    Wellenritter vom Mittelmeer   34

Die grossen Glaubensboten
    Der Alpenapostel   35
    Mauritius im Wallis   36
    Der heilige Gallus   37
    Der Einfluss der Vorbilder   38
    Urchristentum in den Waldstätten   39

Fromme Menschen und deren Gründungen
    Die Raben im Einsiedler Wappen   40
    Der heilige Theodul im Wallis   41
    Die Gründung von Luzern   42
    Vom Kloster Rheinau   42
    Der Stier als Kirchengründer   43
    Die Himmelstaube und das Kloster Pfäfers   43

Kaiser und Könige
    Herr Attila in den Alpen   44
    Gerechtigkeit auch für das Gewürm   45

Karl der Grosse und der Zürcher Schlangenstein 46
  Der heimliche Kaiser 48
  Die gute Bertha 49
  Königin Bertha in der Waadt 50
  Der grosse Baumeister 51

Mächtige Rittergeschlechter
  Die Aargauer Grafen und der Emmendrache 52
  Der weise Rabe 55
  Das Abenteuer der Edlen von Sax 55
  Stolz über den Tod hinaus 56
  Das alte Geschlecht 57
  Der Freiherr von Weissenburg und die Kühe 58
  Feen in La Sarraz 59

Vom Volk der Vergangenheit

Land der Freien
  Jörg in Chur 62
  Der Starke von Trub 62
  Der Hirt als Landesretter 64
  Ritter Jeuch rettet Klosters 64
  Die Freien Iseltwalder 66

Stammeskriege im Hirtenland
  Das Rätsel um den Schweizer Käse 68
  Wettkampf um Grund und Boden 69
  Hexereien um das Zürcher Wappen 70
  Umkämpftes Grenzland 71
  Von Alpenkriegen 72
  Die kühnen Frauen von Lenk 74
  Der Teufelseid 75

Von Geissenbürli und dem Bauernstolz
  Das verlorene Glück 76
  Frevelhafter Richtertrug 77
  Der Stolz des Thurgaus 78
  Die Voraussicht der Geissenbauern 79
  Alteidgenössisches im Lande St. Gallen 80

Von Winzern und Wein
  Wein im Bergland 81
  Herr Bacchus am Genfersee 83
  Der behütete Wein 84
  Weinopfer an der Furka 85

Schicksal der Städte
  Die böse Stadt 86
  Verderblicher Reichtum 87
  Der giftige Basilisk 88
  Aberglaube in der Stadt 89
  Die Stadthüter 90

Seltsame Musikanten und andere Fahrende
    Vom Geiger im Schanfigg 91
    Seltsame Begegnungen in einer Freiburger Berghütte 92
    Der unsichtbare Bettler 93

Vergessene Ansichten und Meinungen

Altes von Steinen, Kräutern und Wäldern
    Die guten Würzlein 96
    Erz vom Himmel 97
    Das gefährliche Kraut 98
    Die Waldschwestern von Einsiedeln 98
    Paradiesischer Reichtum 99
    Burgunderblut 100
    Der heilige Baum im Luzernischen 100

Das Geheimnis um die Tiere
    Strafe für den schlechten Hirten 101
    Bestrafte Tierquälerei 102
    Von den Eigenschaften der Bienen 103
    Der Tiergarten am Matterhorn 103
    Schützende Adlerfedern 104
    Die Raben des Meinrad 105
    Von beseelten Tieren 106

Im Kreislauf des Jahres
    Osterwasser 107
    Der Frühlingsvogel 108
    Der Maientau 108
    Vorzeichen beim Alpaufzug 109
    Asche vom Sommerfeuer 110
    Vom Neuschnee 111
    Die Heilige Nacht 112
    Silvesterzeichen 113

Um Zeugung, Geburt und Liebe
    Geschlecht nach Mutterwunsch 114
    Der Ahn in der Wiege 115
    Zeichendeuterei mit Neugeborenen 115
    Die Prüfung der Kilter 117
    Der Stern der Liebe 118

Angekündeter Tod
    Die Vorschau von Rapperswil 119
    Über den Berg gehen 119
    Gefahr beim Kilten 120
    Die Toten im Sarganserland 121
    Der Tod des Genfers Lefort 122
    Käse beim Leichenmahl 123

Vom Zustand der Gestorbenen
    Das Totenvolk in Graubünden   124
    Die Eishölle des Rhonegletschers   125
    Der gefährliche Bürgenstock   125
    Auf den Juraweiden   126
    Vom Jericho-Pintli   127

Wesen in Nacht und Nebel

Gewalten der Berge
    Das geheimnisvolle Naturwunder   130
    Lebendige Umwelt   131
    Die Prättigauer Alpmutter   132
    Die Ungetüme in Graubünden   133
    Die Geisterjungfrau im Glarnerland   134
    Die undankbaren Menschen   135
    Der Ewige Riesengeist   136
    Kalligroosi kann alles!   136

Luftgeister und Wetterzeichen
    Der Türst im Luzernischen   137
    Der Wilde Jäger ob dem Neuenburgersee   138
    Die Solothurner Dönnerbrüder   139
    Schangnauer Wetterzeichen   140
    Leben in der Luft   140
    Die Wettertanne   141
    Das Wettermännlein im Toggenburg   142
    Die Ziegenfrau am Pilatus   142

Wesen der Gewässer
    Das Tor ins Wasserreich   143
    Die Seelein ohne Grund   144
    Der Geist des Zugersees   145

Die Härdlütli oder die Erdleutlein
    Helfer in der Menschennot   146
    Die frommen Bergleutlein vom Pilatus   147
    Die Heimat der Aargauer Erdleutlein   147
    Die Begegnung der Zuger Hebamme   148
    Geheimes Volk in Unterwalden   149

Die schönen Herrinnen der Wälder und Alpen
    Der Löffel der Dialen   150
    Der Aargauer Lustgarten   151
    Das geheimnisvolle Brot   151
    Das Bergmädchen im Aargau   152
    Das verschwundene Feenvolk   154

Macht über das Feuer
    Der Feuerzauber   155
    Leuchtende Schwefeldünste   156
    Der Pfarrer und die Brände   156

Von den Gestirnen und dem Sternenvolk
  Gestirne auf dem Kirchenboden 158
  Sternenvolk in Baselland 158
  Die Himmelsreise des Waadtländer Hirten 160
  Das Glücksschiff auf dem Genfersee 161
  Himmel auf Erden 162

Von Hauskobolden und Spukgestalten
  Der Geisterdiener in der Waadt 163
  Die unsichtbaren Freunde 165
  Der Spuk von Vevey 166
  Das Mondtier von Brugg 166

Hexen und Hexer
  Waldgeheimnis im Neuenburger Jura 168
  Hexenweisheit bei Oron 170
  Der Knobler aus Zürich 171

Wunderdökter
  Die alte Kräuterkunde 172
  Die Wunder des Paracelsus 172
  Emmentaler Arztkünste 173
  Das Kräutermännlein im Engadin 174
  Vom Wasserschauen 175

Aus der neuen Geschichte

Der Ursprung der ersten Eidgenossen
  Die Herkunft der Schwyzer 178
  Der Urner Herkunft 180
  Der Bund auf dem Rütli 181
  Die Geschichte vom Schützen Tell 182
  Das Tellenmädchen 184
  Die Kilter befreien Unterwalden 185
  Die Schlacht von Morgarten 187
  Die Helden von Sempach 188
  Die drei Tellen 190
  Die unfehlbare Landsgemeinde 191
  Die Frauen von Gais 191

Burgunderkriege und der Ausklang des Mittelalters
  Adrian von Bubenberg erobert die Herzen der Aargauer 193
  Das Gurwolfer Toggeli 194
  Die unbrüderliche Teilung 196
  Herr Waldmann in Baden 197
  Die Kappeler Milchsuppe 198

In fremden Diensten
  Der fromme Kriegsherr 200
  Dienst ist Dienst 201
  Die bewährten Wächter 202
  Basler Söldnergeschichten 203

Das Ende der alten Eidgenossenschaft
　　Versteckte Volksfreuden　206
　　Die Garde der Tuilerien　207
　　Der Schrecken des Franzosen-Krieges　211
　　Vorahnungen eines Umbruchs　213
　　Der Einmarsch der Franzosen　214

Die Franzosenzeit
　　Rettung vor Plünderung　215
　　Die schöne Meiringerin　216
　　Der König von Freiburg　216
　　Die Geschichte vom Todesfluss　217
　　Napoleons Niedergang　220
　　Zuflucht auf den Weiden　222

Industrie und Flüchtlinge im Alpenland
　　Über die Entstehung der Uhrenindustrie　224
　　Auf der Friedensinsel　225
　　Die Wilden im Tessin　226

Wie die Schweiz überlebte
　　Der unsterbliche Wächter　228
　　Zeichen im Wallis　229
　　Das Gesicht am Aletschgletscher　232
　　Der Schutz von Schaffhausen　233
　　Die treuen Söldner　234
　　Der Retter an der Grenze　235

Schriftliche Quellen　238

Abbildungsverzeichnis　240

Unsere Urzeit

Bis ins 19. Jahrhundert mit seiner von der Technik geprägten Zivilisation, der viele der uralten Eigenarten, Bräuche und eigenwilligen Sitten zum Opfer fielen, bestand unser Land sozusagen aus einem Bund erstaunlicher Kulturinseln: Die Täler schienen für die Fortführung einer überlieferten und selbständigen Lebensweise verschiedenster Menschengruppen wie geschaffen.
Daneben war der landschaftliche Reichtum dazu angetan, die Bildkraft der menschlichen Phantasie zu erhalten: Dank all den Alpenweiden, paradiesischen Seeufern, dem Berg- und Flachland fanden, den Sagen nach, Einwanderer aus den unterschiedlichsten Windrichtungen ihre verlassenen Heimatgebiete innerhalb der Grenzen der heutigen Eidgenossenschaft gewissermassen verkleinert wieder.
So waren noch im letzten Jahrhundert manche Dörfer des Wallis stolz, von den Sarazenen abzustammen, die im Mittelalter das Mittelmeer beherrschten, während andere ihren Ursprung auf die für ihren Mut berühmten Ungarn zurückführten...
Die «Stretlinger Chronik» von Spiez (auf deren Aufzeichnungen sich ebenfalls noch fast bis in die Gegenwart verschiedene alte Geschlechter aus der Waadt, aus Neuenburg und Bern in ihren Stammessagen beriefen!) leiteten die Burgunderkönige vom grossen Gelehrten Ptolemäus ab, der angeblich aus dem Orient eingewandert sein soll.
Im Zusammenhang mit all diesen Herkunftsgeschichten, die wir in der Schweiz nicht nur bei den Nachkommen der alten Rittergeschlechter antreffen, sondern mindestens ebenso häufig bei ahnenstolzen Bauern und Handwerkern,

stossen wir auf eine erstaunliche Fülle von Nachrichten
über die fernsten Urzeiten: Der Gelehrte Herrmann Brunnhofer, der den Berichten von Chronisten und Sagenerzählern über die Abkunft des Volkes der einzelnen Talschaften auf umstrittene Art nachging, glaubte beispielsweise, die Geschichte von den noch sichtbaren Zeichen der Sintflut sei vom Iran her zu uns gedrungen. Fischer, ein Autor, der die Spuren der Hunnen im Wallis verfolgte, war überzeugt, dass zwischen den Ornamenten auf altem Hausrat und indisch-buddhistischen Sinnbildern Verbindungen bestünden.

Nach einer Zeit, die nur an das Messbare, Fassbare und Berechenbare glaubte, gehen heute junge Wissenschaftler und Künstler wieder den alten Sagen und Ideen nach: Dort, wo die Überlieferungen der Heimat noch in ihrem ganzen Reichtum lebendig sind, entdecken sie in den Legenden zahllose Beziehungen zu allen grossen Kulturen wieder.

Erinnerungen an die Vorwelt

Weltwandlung im Baselland

Bei Liestal soll ein Bauer, der die Leiche eines durch üble Krankheit gefallenen Tieres vergraben wollte, eine wunderbare Entdeckung gemacht haben. Unter der Erde stiess er auf einen harten Felsblock, so mächtig, dass der Mann ihn nicht freizulegen vermochte, so sehr er sich auch abmühte.

Das Seltsamste daran war aber ein starker, vollkommen unverrosteter Eisenring, der ganz tief in den Stein eingefügt war. Der Gegenstand war ganz sicher die Schöpfung denkender Wesen, aber dass Menschen hätten ein solches Werk vollbringen können, das war nicht vorstellbar.

Der weise Schmied des Ortes, dem der Bauer das Heidenwunder zeigte, erinnerte sich an die alte Sage, nach der gerade in der weiteren Rheingegend in grauen Vorzeiten riesenhafte Männer und Frauen gehaust hätten, dem heutigen Volk an Erfahrung und Leibeskräften haushoch überlegen. Auch sollen in der ganzen Gegend, wo man heute Ackerbau treiben kann, früher weite Seen, einige sagen, ein ganz tiefes Meer bis an den Fuss der Berge, gewesen sein. Am starken Felsenring mögen nun die Riesen ihre Schiffe angebunden haben, damit sie nicht von den Stürmen weggetrieben oder von Seeungetümen umgestossen würden.

Der kluge Bauer freute sich über solche Nachrichten, die ihm wieder einmal bewiesen, wie sehr sich doch unser Land durch die Jahrhunderte wandelte. Doch er dachte: «Lasse ich den Stein sichtbar daliegen, dann werde ich von den Neugierigen überlaufen, und mein Acker wird, ohne dass ich das geringste Entgelt dafür bekomme, von lärmigem Volke zerstampft. Es kommen auch noch üble Schatzsucher und Schwarzkünstler herbei, die nach jedem Zeichen der grauen Urzeit spähen, ihre zweifelhaften Unternehmungen damit zu rechtfertigen...»

Also schüttete er den Ring wieder mit Erde zu, und nur seine direkten Nachkommen mögen heute noch wissen, wo sich das Wunder der verblichenen Riesenschmiede befindet.

Erinnerungen an die Vorwelt

Urzeit: Früheste Epoche der Menschheitsgeschichte. Altsteinzeit (bis ca. 40 000 v. Chr.), Jungpaläolithikum (bis ca. 8000 v. Chr.), Mittelsteinzeit (bis ca. 5000 v. Chr.), Jungsteinzeit (bis ca. 2000 v. Chr.), Bronzezeit (bis ca. 700 v. Chr.), Eisenzeit (bis ca. 500 v. Chr.).

Eis im Lande Schwyz

Römerstalden, ein sehr abgelegenes Bergdörflein im Lande Schwyz, war einst prächtig und volkreich. Warm waren damals im ganzen Lande die Lüfte und ewig mild das Wetter.

Gross war das Unglück, als rauhere Zeiten einzogen. Ratloses Staunen erfüllte die Menschen, die zum ersten Male Wasser zu Eis gefrieren sahen. «Hier können wir nicht mehr weilen», meinten die Bewohner von Römerstalden, «das Wasser ist uns ja dick geworden.»

Erinnerungen an die Vorwelt

Die Schöpfung der Petersinsel

Wie mächtig einst das Bergvolk war, verrät uns am besten diese Geschichte: Gegen Neujahr, als ein tiefer Schnee gefallen war, machte einmal einer aus jenem Riesengeschlecht einen Kiltgang, kletterte zu seinem Mädchen und verbrachte mit ihm eine schöne Nacht.

Als er am frühen Morgen aber nach Hause zurückkehren wollte, blieb der Schnee an seinen Schuhen fest hängen, dass er bald beinahe keinen weiteren Schritt tun konnte. Ärger packte den Mann, er schüttelte und stampfte mit den Füssen.

Auf einmal lösten sich die Schuhe und flogen weit in den Bielersee hinein! Nach und nach setzten sich dann Erde und Schilf daran fest – und so entstand die berühmte Petersinsel.

Kiltgang: Bezeichnung für den Abendbesuch der Burschen vor dem Fenster der Geliebten, die oft mit Kiltliedern und Kiltsprüchen umworben wird.

Die Schlösser der Mächtigen

Unweit des schönen Pfäffikersees bei Balm, Kempten, liegen die Trümmer von verschiedenen Hageeren-Schlössern. Hageeren haben sie in grauen Heidenzeiten erbaut, und ihre Macht war gross im ganzen umliegenden Lande.

Da sieht man nun die Vergänglichkeit von Ruhm und Herrlichkeit auf unserer schnellebigen Welt – nicht einmal die Gelehrten wissen mehr, was Hageer bedeutet! Aber es sollen sich im Zürcher Oberland noch etliche von ihnen auf Grabhügeln, in römischen Ruinen und in mittelalterlichen Burgen umhertreiben.

Man geht ihnen lieber ganz gründlich aus dem Wege.

Verscherzte Wärme

Erinnerungen an die Vorwelt

Vor alten Zeiten war der Langeneggberg im Kanton Bern ein reicher Rebberg, der köstlichen Wein lieferte. Doch auch hier wurde das Volk im Tale unten wild und übermütig und damit der Fülle der Gaben, die es ohne viel Mühe ernten konnte, immer unwürdiger.

Da erschien auf einmal ein Bergmännlein in der Gegend und erzählte jedem, der es nur hören wollte, seine Warnung. «Jetzt ist der Langeneggberg ein schöner Weinberg», sagte es zum ungläubigen Volke, «komm' ich ein zweites Mal, wird es eine Viehweide sein. Komme ich zum dritten Mal, so werde ich nur noch einen Gletscher finden.»

Nicht lange hatten die Leute Zeit, dieser weisen Botschaft zu spotten. Rasch kam über das Land ein eisiger Hauch und schwächte die Glut der Sonnenstrahlen. Die Trauben und das Obst wollten nicht mehr reifen – bald konnte die ganze Gegend knapp noch zum Weiden der Rinder genutzt werden. Mit Schrecken denken heute die Leute an den für die Zukunft versprochenen letzten Wandel.

Bergmännlein: Kobold, Gnom, Zwerg, graue, kleine Männlein. Sie tragen Bergmannstracht mit spitzer Kapuze und verrichten polternd bergmännische Arbeit. Sie bestrafen eitle Verschwendung, warnen vor Gefahr, empfangen Opfer, über deren Einhaltung sie eifersüchtig wachen.

Das Reich der Riesen

Gargantua im Greyerzerland

Gargantua: Gefrässiger Gigant der französischen Volkssage. Literarisch erstmals erwähnt von F. Rabelais (1494–1553).

Im Greyerzerland verehrte in fernen Zeiten das Volk den mächtigen Riesen Gargantua als einen sichtbaren, starken und lebendigen Gott.

Einmal hatte der gewaltige Mann einen mordsmässigen Durst, stellte den einen Fuss auf den Birrenberg, den andern auf den Gibloux, beugte sich nieder und erfrischte sich mit einem Trunk aus der durchrauschenden Saane.

So gross war die Gier des riesigen Heidengottes, dass darauf das Flussbett drei ganze Tage trocken blieb.

Schwarzbart von Zweisimmen

Vor Jahrhunderten, da trieb in der Umgebung von Zweisimmen, besonders aber auf einem Berge, «Sattel» geheissen, ein Riese mit Namen Schwarzbart sein Unwesen.

Es hielten sich aber auf jenem Berge reichlich Gemsen auf, und so beschloss ein kühner Jäger, ihn trotz aller Warnungen zu besteigen und dort seiner Beute nachzupirschen. Seine Erwartungen trogen ihn nicht, schon nach kurzer Zeit hatte er ein Tier erlegt.

Doch auf den lauten Knall seiner Büchse lief der gewaltige Berggeist racheschnaubend herbei und schickte sich an, den winzigen Menschen in die Abgründe zu schmettern. Dieser war aber weder ängstlich noch sonst gerade faul. Nur einen Augenblick brauchte er, seine Flinte neu zu laden, sie anzuschlagen und auf den Berggeist abzudrücken.

Gut hatte er gezielt, die mörderische Kugel fuhr durch den Leib des übermenschlichen Gegners – freilich ohne eine Spur, geschweige denn eine Wunde zu hinterlassen. Der Riese tobte jetzt erst recht in wilder Wut und stürzte sich auf den Störenfried, der sich so frech in sein Bergreich gewagt hatte.

Flink war aber der Jäger! Als der Riese gewaltig auf ihn einstürmte, wich er behende aus, und sein Gegner, der ihm den entscheidenden Stoss versetzen wollte, stürzte selber mit Gebrüll und Gepolter in den scheusslichen Abgrund.

Im Herabfallen schlug der Riese an einer Felswand so stark auf, dass das Bild seiner gewaltigen Gliedmassen für alle Zeiten im harten Stein eingedrückt blieb. Dem Felsen, an welchem die Umrisse des Berggeistes zu erblicken sind, gab darum das Volk den Namen «Schwarzbarts Flue».

Das Reich der Riesen

Berggeist: Teils der Phantasie der Bergleute, teils sagenhaften Dorfgeschichten entsprungene Wesen, die als abgeschiedene Seelen in den Bergen hausen und Hilfe, oft auch Unheil, bringen. Manchmal sind Berggeister die Personifikation ganzer Bergzüge.

Die Aareriesen

Die gewaltigen Riesen waren auch die Erbauer des einst so stolzen Schlosses Besserstein, das heute in Trümmern auf dem Geisberg unfern der Aare bei Villigen liegt. Zum Burgbau warfen sie sich die Felsen der Stampfenfluh, des Gabenberges und des Rothberges wie Kiesel zu, von Hand zu Hand.

Ein ausgerissener Baumstamm war der Wanderstab jener Riesen, wenn sie gelegentlich ihren Bergsitz verliessen und das Land der Umgegend heimsuchten. Aare und Reuss durchschritten sie so gemächlich, dass dabei nicht einmal der Saum ihrer groben Baströcke nass werden konnte.

Ihr Auskommen gewannen sie sich durch wilde Räubereien, und wenn sie wieder einmal genug Beute in ihre Feste ge-

Das Reich der Riesen

Wirtel:
Die mit der Spindel verbundene Rolle zur Aufnahme des Antriebsrades.

schleppt hatten, dann begann jedesmal ein massloses Zechen und Schmausen des jungen Riesenvolkes. Ruhig sass die Altmutter mit bei den gewaltigen Gelagen und vertrieb sich dabei stets ihre Zeit mit fleissigem Spinnen: Ihr Rockenstiel war ein Baum, daran kollerte als Wirtel ein grossmächtiger Findlingsstein. An diesem Felsblock hing im übrigen das Schicksal jenes Geschlechts, darum verwahrte ihn das Weib stets selber, ehe es sich zur Abendruhe niederlegte.

Einmal sass sie draussen auf der Schlossmauer im schönsten Sonnenschein und ging ihrer gewohnten Arbeit nach, während ihr Riesenmann neben ihr müssig auf den Fluss hinablauerte. Da erblickte er am andern Ufer das schöne Aarweib beim Baden, und er lehnte sich, sie zu betrachten, weit über die Felswand vor.

Die Riesin gewahrte plötzlich das luchsische Gehaben ihres Mannes und entbrannte in wütender Eifersucht. Voller Ingrimm schleuderte sie ihren Wirtel nach dem Wasserweib, das rasch in die rettenden Fluten zu tauchen suchte. Noch nach Jahrhunderten starrt jenes Felsstück dort aus dem Fluss, wo sich einst das unvorsichtige Aarweib an jenem Sommertag erfrischt hatte.

Nun war es am Riesenmanne, in entsetzliches Toben zu geraten – sah er doch den Wunderstein, der seinem Volke alles Gute sicherte, weggeschleudert und verloren. In mörderischem Zorn ergriff er sein Weib und wollte es mit seinen gewaltigen Kräften dem Wirtel nach in die Tiefe stürzen. Doch die Frau war ihm an Kraft und Wildheit fast ebenbürtig – im Kampfe unlösbar verschlungen, verloren beide den Halt, fielen vom hohen Burgfelsen und fanden in den vorbeirauschenden Wassern einen traurigen Tod.

So endeten das Glück und die Macht des Riesengeschlechtes. «In welchen Zeiten ist dies eigentlich geschehen?» pflegen, wenn sie solche Geschichten vernehmen, die unerfahrenen Kinder zu fragen.

«Das geschah in jenen Tagen», lautet darauf gewöhnlich die Antwort, «da die Jurabienen Honigscheiben bauten, die so gross waren wie die Stadttore von Brugg, und da die Kühe so viel Milch hergaben, dass man sie nicht in Gelten, sondern in Weiher melken musste.

Des Sennen Handbube fuhr dann in einem Weidling am Abend darin herum, um den Rahm abzunehmen; aber einmal trieb er es etwas unachtsam, stiess mit seinem Boot an einen Ankenballen, kippte um und ertrank jämmerlich.

Jetzt ist ja von diesen Herrlichkeiten der Berge nichts mehr übrig – als gerade diese einst für Schiffer auf jener Milch so gefährlichen Ankenballen. Die Butterfelsen sind nun versteinert und dienen darum gewöhnlich dazu, die steinerne Hinterseite ärmlicher Sennhütten zu bilden.»

Das Reich der Riesen

Weidling: Langer, schmaler Kahn.

Zauberkundige Heiden

Das dunkle Feenvolk

Feen:
Schöne, zauberkundige Wesen, oft Beschützerinnen von bestimmten Sippen oder Landschaften, die in Quellen, Wäldern, Grotten oder auf fernen Inseln leben. Sie helfen den Menschen und verleihen Gedeihen für Haus und Hof, bestrafen aber auch Undankbare.

Ein Mann oder eine Frau, hell, weiss, rosig im Antlitz, gilt auf den Waadtländer Alpen als besonders schön – man weiss sich gut zu erinnern, dass das Geschlecht der Feen, das einst über das Bergland herrschte, ganz und gar anders aussah.

Kommt darum im Alpengebiet ein Kind auf die Welt, das dunkle Haut und schwarze Haare hat, dann nennt man es einen Fayon, also einen Nachkommen des längst verschollenen Stammes der Feen.

Die Wilden von Schuders

Zauberkundige Heiden

In unzähligen Geschichten erscheinen die «Wilden Leute» der Gebirge als unbekehrbare Heiden und Ketzer, die allem Christenbrauch hartnäckig widerstanden und sich vor diesem nach und nach in ihre abgelegenen Bergöden zurückzogen.

So weiss man noch, wie sie empört waren, als im Bündnerland die Schuderser ihre erste Kirchenglocke anschafften und sie den steilen Weg von Schiers nach ihrem Bergdörflein mit unsäglicher Mühe hinaufzuschleppen begannen. Obwohl die Zahl der Wilden gering war, gingen sie in ihrer Wut so weit, dass sie den Glockenschleppern einen offenen Kampf zu liefern beschlossen.

Eine blutige Schlägerei tobte bald um die Glocke, die freilich nicht lange unentschieden blieb; wegen der starken Übermacht der Anhänger der neuen Sitte unterlagen die Wilden und zogen sich zurück.

Ihre Zeit war nun vorbei: Sie kehrten nie mehr nach Schuders zurück, sondern flüchteten heulend den Bergen zu. Fern dem gehassten Glockentönen suchten sie nun in den bekannten Felshöhlen der Sulzfluh und im entlegenen St. Antönien-Tale Unterschlupf.

Die alten Herren der Berge

Die Wilden Männer gelten da, wo noch die Erinnerung an ihr steinaltes Geschlecht lebt, als die eigentlichen Einheimischen und somit als die rechtmässigen Besitzer unserer Hochalpen. Lange Zeit vor den Vorfahren der heutigen Bergler haben sie schon Milchwirtschaft betrieben und Käse bereitet. Nun, da ihnen die Leute unseres Schlages Weiden und Rinderherden geraubt, zogen sie sich in unzugängliche Bergklüfte zurück, aus denen sie noch immer in ihrer unstillbaren Rachsucht ver-

Wilder Mann: In der Volkssage der Gebirgsländer ein riesiger, mit langen Haaren bedeckter, oft bösartiger Waldmensch mit Keule oder entwurzelter Tanne als Stock.

Zauberkundige Heiden

Heiliger Wendelin: Nach der Legende iroschottischer Königssohn. Als Einsiedler oder Mönch 617 in den Vogesen gestorben. Beliebter Kapellen- und Wallfahrtsheiliger. Patron der Landleute für Flur und Vieh.

Marcellus: Mönch und Lehrer zu St. Gallen. * 865.

Antonius: Ein Heiliger aus Ägypten. * in Keman, Mittelägypten, um 250, † 346. Gilt als Vater des Mönchtums und ist Patron der Haustiere.

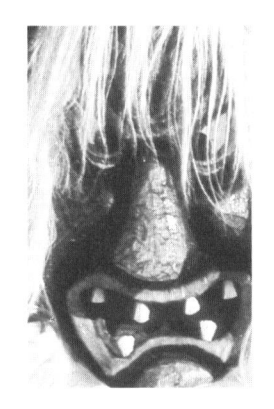

derbliche Gewitter niedersenden. Gegen ihre Macht über die Naturgewalten errichteten die Menschen fromme Kapellen am Rande von Firn und Gletscher.

Der Ortsname Scheidegg stammt nach dem Zeugnis der Sage aus jenen fernen Tagen, da noch die Hirten gegen die Zaubereien ihrer verbitterten Vorgänger nach Schutz und Abhilfe suchen mussten. Man sah um die Hütten gewaltige Männer wandern, die bis in die Wolken reichten und von deren feuerwirbelnden Augen jedes die Grösse eines hundertpfündigen Käselaibes besass. Sie hinterliessen nach ihrem Erscheinen einen Schwefeldunst, dass ein Senne mit Namen Klaus, der am obern Gschwänd hauste, davon an allen Gliedern lahm wurde.

Ausgerechnet der Senne Florentin, dem er schon lange seine Tochter verweigerte, fand dagegen ein Heilmittel – dort wo er wider den Willen ihres strengen Vaters sein Mädchen heimlich traf, fand er eine wunderbare Mineralquelle, die dem Klaus bald seine ganze Gesundheit zurückgab.

Florentin und die Tochter des geheilten Klaus nannten nun ihr neugebautes Haus Scheidegg, zur Erinnerung an ihre so hoffnungslos scheinende Leidenschaft und Liebe. Wenn auch die schrecklichen Abenteuer mit den Bergriesen für sie alle ein gutes Ende nahmen, beschlossen sie doch, sich von nun an gegen künftiges Unheil gründlich abzuschirmen: Zu Gersau vereinigten sich ihre Allmendgenossen zu einer kirchlichen Senn-Bruderschaft; ihre Patrone sind die heiligen Viehbehüter Wendelin, Marcellus und Antonius.

Jährlich am St. Jakobstage feierten sie seither ihr Bruderschaftsfest auf dem Käppeliberg: Fröhlich wird dort getanzt und geschwungen – doch plötzlich erscheint jedesmal eine drohende Erinnerung an die einst so gefährlichen Begegnungen und Auseinandersetzungen mit den alten Herren der Alpen. In Tannenwedel und Moos gehüllt, zeigen sich zwei Älpler, mit ihren Masken und Leibesvermummungen ein getreues Abbild des Wildenmannli samt seinem Wildwibli.

Der Spott der Wilden

Zauberkundige
Heiden

Die Bewohner der Bündner Gemeinde Tenna fingen mit viel Mühe einen gewaltigen Bären, der ihren Herden gewaltigen Schaden zugefügt hatte. Gross war daher der Hass des Volkes auf das mörderische Waldtier, und man beriet, wie man es qualvoll bestrafen könnte.

Da trat ein Wildes Mannli unter die versammelte Gemeinde und trug ebenfalls einen Rat bei: «Das Grausamste ist ... lasst ihn heiraten!»

Man behauptet nämlich, dass die Wilden Leute die feste Ehe nach der Christenmenschen Art nicht kannten und viel über diese Einrichtung lästerten.

Zauberkundige Heiden

Heiden-Paradies von Graubünden

Heiden:
Mit dem Christentum kam auch der Begriff Heide (Wildnisbewohner, Barbar) zu den Germanen. Unter dem Einfluss der angelsächsischen Mission erhielt das Wort Heide auch im deutschen Sprachraum den speziellen Sinn des Nichtchristen.

Unweit Hinterrhein im Bündnerland lag eine herrliche gesegnete Alp, die im Volk nur das Paradies hiess; grüne Gärten und von wunderbaren Früchten schwer beladene Bäume sah man; weit und breit war damals noch keine Spur von nackten Felsen oder kalten Gletschern. Sogar Reben, die jeden Herbst ihren köstlichen Wein spendeten, rankten sich dem sonnigen, ewig blauen Himmel zu.

Doch wild-übermütiges Volk, das hier hauste, das trotzte frech der christlichen Ordnung, die schon überall in Stadt und Land herrschte. Ruchlos wandten sich die Älpler von sämtlichen Geboten der Bibel und Kirche ab und nahmen die Bräuche ihrer Vorfahren wieder an. Heiden mit Haut und Haar, errichteten sie in der Mitte des irdischen Paradieses einen stolzen Tempel zu Ehren ihrer alten Berggötzen. Mit Spott und üblen Lästerungen verjagten sie von nun an jedermann, der noch den Mut hatte, auch nur mit einem Wort des Schöpfers von Himmel und Erden zu erwähnen.

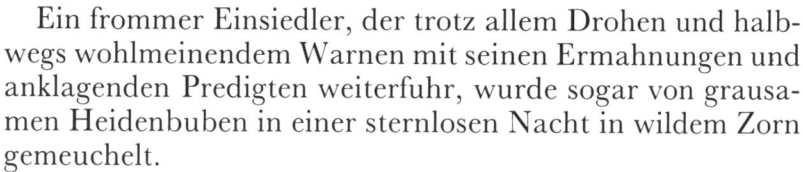

Ein frommer Einsiedler, der trotz allem Drohen und halbwegs wohlmeinendem Warnen mit seinen Ermahnungen und anklagenden Predigten weiterfuhr, wurde sogar von grausamen Heidenbuben in einer sternlosen Nacht in wildem Zorn gemeuchelt.

Doch Gottes Strafe folgte der blutigen Tat auf dem Fusse: Ein schrecklicher Bergsturz überschüttete das einmal glückliche Land mit seinem Getrümmer und verwandelte es in das schaurige Grab einstigen Glücks.

Kein Gras wuchs von da an im verfluchten Heidengebiet, und nicht einmal ein mageres Geisslein könnte dort, wo doch einmal das irdische Paradies gelegen war, seine bescheidene Zehrung finden.

Wie die Bündner die Pest besiegen konnten

Zauberkundige Heiden

Schrecklich tobte einst die Pest, die man unter dem Namen der «Schwarze Tod» kannte, in den Tälern Graubündens. Ganze Höfe starben aus, und in manchem Dorfe fand man auf den Friedhöfen keinen Platz mehr, die zahllosen Toten der Erde zu übergeben.

Da sahen die Talleute auf einmal, dass noch kein einziger aus dem Volke der Wilden Leutlein von der furchtbaren Seuche angefallen worden! Man war sich einig: «Die Männlein und Weiblein in ihren Bergverstecken, die müssen ein treffliches Pestmittel kennen...»

Unmöglich schien es, dem geheimnisvollen Volke seine Wissenschaft abzulocken – es war nun einmal auf seine uralten Kenntnisse eifersüchtig. Doch da fiel endlich einem klugen Bündner eine List ein.

In einem einsamen Stein war ein Loch; da hinein pflegten die Leute einem der Wilden Männlein, als verdienten Lohn für seine Hilfe bei der Hirtenarbeit, regelmässig Speise zu schütten. Jener listige Mann änderte aber ein wenig den angestammten Brauch und leerte starken Wein in die Vertiefung.

Nach geraumer Weile, da er genau wusste, dass das Wilde Männlein zu seinem Mahle gekommen war, trat der Schlaumeier aus seinem Verstecke und traf richtig das Männlein an – gründlich berauscht von dem ihm fremden Labsal.

«Was ist gut gegen die Pestkrankheit?» fragte der Mann. «Ich weiss es wohl», lachte verschmitzt der Wilde, «Eberwurz und Bibernell, aber das vernimmst du von mir noch lange nicht.»

Voll Freude eilte der Mann nach Hause und machte sofort unter seinen Nachbarn das sichere Mittel bekannt; kein Mensch mehr erlag von nun an dem Schwarzen Tod.

Mancher war aber ob dem Verlauf der ganzen Geschichte alles andere denn zufrieden: «Was hätte das Männlein noch alles für nützliche Geheimnisse ausgeplaudert», dachte solch unersättliches Volk, «wenn sein Überlister nicht sofort nach dem ersten Bescheid weggerannt wäre und noch manche weitere Frage gestellt hätte? Schade, eine ähnliche Gelegenheit bekommen wir wohl nimmermehr...»

Pest: Schlimmste Seuche des mittelalterlichen Europas. Suchte die Schweiz und Deutschland im 6. Jh. und dann vom 9. bis 18. Jh. in verschiedener Heftigkeit heim. Im Volksmund wurden auch typhöses Fieber und Cholera zuweilen als Pest bezeichnet.

Eberwurz: (lat. carlina) Distelähnliche Pflanze der Gattung Korbblütler (Silberdistel, Golddistel). Die bitteraromatische Wurzel wirkt harntreibend und ist ein Wurmmittel. Der Blütenboden ist essbar (wilde Artischocke).

Bibernelle: Geschätztes Volksheilmittel. Das aus den Wurzeln gewonnene ätherische Öl wirkt auswurffördernd bei Katarrhen der Luftwege.

Ewige Völkerwanderung

Die Sarazenendörfer im Walliserland

Nicht nur die Volkssage, die sich an das Geschehen von Jahrtausenden erinnert, auch die Chronisten wissen allerhand über die Sarazenendörfer im Walliserland zu berichten.

Gegen das Ende des ersten nachchristlichen Jahrtausends stiessen Volksscharen aus dem Gebiete des Mittelmeeres, das damals ohne Ausnahme von den Anhängern Mohammeds beherrscht wurde, gegen unser Land vor, ja sie vermochten sogar, sich für sehr lange Zeit in der Gegend der Alpenpässe festzusetzen.

Bis auf den heutigen Tag finden wir Dörfer in den Walliser Bergen, wo man das dunkle Aussehen, die Hautfarbe und die schwarzen Haare der Einwohner mit ihrer Abkunft von den morgenländischen Kriegern in Zusammenhang bringt. Auch wird behauptet, dass die Einwanderer mancherlei geheimnisvolles Wissen besassen und den Ureinwohnern der Alpentäler vermittelten und dass ihre Nachkommen noch heute Bücher mit unleserlichen sarazenischen und ägyptischen Schriftzeichen in ihren Truhen verwahren und die Zeichen zum Segen ihrer und ihrer Herden Gesundheit zu verwenden wissen.

Wegen seiner günstigen Lage kam dem Lande Wallis zu gewissen Zeiten eine besondere Bedeutung als Verbindung zwischen Norden und Süden zu. Trotz ihrer anscheinend von aller Welt abgeschlossenen Lebensweise verstanden es viele

Familien, grossen Nutzen aus den sich entwickelnden Handelswegen zu ziehen. Ihr geschicktes Vorgehen, das von einer reichen Erfahrung zeugte, wurde ebenfalls mit der Abstammung von den listigen Sarazenen in Verbindung gebracht. Womöglich haben aber das weitervererbte fremdländische Aussehen und die gutgehüteten Kenntnisse über Handel und Wandel der Länder bei diesen Menschen noch einen anderen Ursprung als allein die Magie der fernen Länder zwischen Nil und Ganges. Jene Menschen nämlich, die von sich behaupten, von aus weiter Ferne eingewanderten Vorfahren abzustammen, bewahrten allen rasch wechselnden Umständen ihrer Umwelt gegenüber einen wachen Geist, sie waren fleissig und überaus anpassungsfähig. Sie stiegen, so heisst es, immer gerne von ihren Bergen herab.

Dank der heissen Sonne ihrer Walliser Heimat waren sie selbst in jenen Zonen imstande, schwerste Arbeiten zu verrichten, wo ihre Miteidgenossen aus nördlichen Tälern rasch von grosser Erschöpfung übermannt und für allerlei Krankheiten anfällig wurden.

Die Walliser wetteiferten daher in den heissen Landstrichen rings um das Mittelmeer mühelos mit den dortigen Eingeborenen, traten in fremde Kriegsdienste und brachten es mit den Jahren zu Ansehen und Reichtum. In der Ferne nah-

Ewige Völkerwanderung

Sarazenen: Im Altertum die einen Teil der Steppe des nordwestlichen Arabiens und der Sinai-Halbinsel bewohnenden Araber. Im Mittelalter Bezeichnung für alle Araber und später für alle Muslims der Mittelmeerwelt, besonders für die Gegner der Kreuzfahrer.

Ewige Völkerwanderung

men sie sich Frauen, so dass die verwandtschaftlichen Bande zu den Ländern in Richtung Mittag bei den Walliser Älplern nie ganz abrissen. So kam es, dass viele Walliser ihren einst eingewanderten sarazenischen Urahnen im Aussehen bis in unsere Tage ähnlich geblieben sind.

Die überlieferten und stets neu geknüpften Verbindungen schufen unter den Bewohnern der Dörfer und Burgen reiche Erfahrungen im Umgang mit Fremden, namentlich mit romanischen Herrschern und Völkern. Die Kontakte der Älpler sollen sich sogar bis in die Türkei erstreckt haben. Mancher Wanderer wurde daher in Erstaunen versetzt, wenn er über Pässe und Pfade zu den abgelegensten Walliser Alphütten gelangte und in ihnen Wohlstand und hohe Bildung vorfand, wie sie gewöhnlich nur bei weitgereisten, welterfahrenen Menschen anzutreffen waren. Verwundert und mit Wohlbehagen empfand der Besucher die grosse Gastfreundschaft, die ihm zuteil ward, wenn er auf bunten Teppichen ruhen durfte und Bequemlichkeiten genoss, die an das Leben jenseits des grossen Meeres erinnerten.

Die Ahnen der Appenzeller

Im schönen Appenzellerland soll es noch Menschen geben, denen gar seltsame Geschichten von ihrer Abstammung überkommen sind, ohne dass sie indessen sagen könnten, in welch fernen Zeiten solche Sagen entstanden sein mögen. Sie Fremden zu erzählen, davor freilich schrecken diese Leute zurück, sei es aus Angst, verspottet zu werden, oder aus Scheu, wegen einer dunklen Abkunft als etwas Besonderes zu erscheinen.

Nun fügte es sich, dass ein junger Appenzeller unlängst in Südfrankreich einem Stamm Zigeuner begegnete, die wunderbare fremdländische Weisen spielten. Auf der Stelle habe er bei der Musik mitmachen können, weil er darin Klänge vernahm, die er noch von seinem Grossvater gehört hatte.

Die Zigeuner hätten sehr gestaunt und ihm dann erklärt, ihr Spiel sei mit ihnen aus dem Osten gekommen, aus fernen unbekannten Ländern, wohl noch weiter östlich als Ungarn. Überaus verwundert waren die Fahrenden auch über den Ring, den der Jüngling nach Appenzeller Art an einem Ohr trug. An diesem Ring, der Nachbildung einer Schlange, hing ein kleiner Löffel. Solche Ringe zu tragen, sei, so wussten die Zigeuner zu berichten, in ihrem fernen Heimatland einst bei hoch und niedrig allgemein Brauch gewesen, und sie bewirteten an ihrem Lagerfeuer den Gast aus den Alpen, als wäre er ein lieber Freund und Verwandter, über dessen langersehnten Besuch man sich ungemein freute.

Ewige Völkerwanderung

Fahrende: Zigeuner, unstetes Volk. In Europa vor allem im Südosten. Beheimatet in Nordwest-Indien. Seit dem 14. Jh. in Europa bekannt. Zum fahrenden Volk gehören auch die Gaukler, Seiltänzer, Hellseher und Wahrsager, die man im Mittelalter als Spielleute bezeichnete.

Grenzland Burgund

Die Römer hatten, wie man weiss, im Mittelmeerraum alle Überreste des früheren griechischen, ägyptischen, phönizischen und syrischen Reiches beseitigt. Allerorts standen römische Festungen, in deren Schutz den römischen Bürgern in den wärmsten und auch sonst in mancherlei Hinsicht bevorzugtesten Gegenden der Erde ein Wohlleben ohne Grenzen vergönnt war. Bis an das Ende der Welt sprach sich das Glück vom süssen Nichtstun herum, dem die Römer frönten, und rauhe Volksstämme im Norden und Osten, die in unwirtlichen Wäldern lebten, drängte es ebenfalls an die südliche Sonne. Dass irgendwo an einem herrlichen Meer Länder liegen sollten, in denen nicht ein grosser Teil des Jahres kalt und dunkel war, erschien ihnen geradezu wie die Nachricht vom irdischen Paradiese. Da die Barbarenstämme in ihrer wilden Landschaft im dauernden Kampf um das Überleben sehr stark und zäh geworden waren, fanden sie, dass die glücklichen Länder am sonnigen Mittelmeer eigentlich ihnen, den stärksten der Menschen, gehörten.

Barbarenstämme: Aus dem Griechischen. Die Griechen nannten jeden Nichtgriechen einen Barbaren. Hier die nördlichen und östlichen Stämme Europas während der Römerzeit.

Ewige Völkerwanderung

Die Römer erkannten die Gefahr und liessen nichts unversucht, ihren paradiesischen Lebensraum vor den wilden Rekken aus den winterlichen Wäldern zu bewahren. Gerade das Gebiet in den Alpen, das sie Helvetien nannten und das wir heute als Schweizerische Eidgenossenschaft kennen, nahmen sie in ihren Besitz, um den Barbaren den Zugang zur Provence und nach Italien abzuschneiden.

Die natürlichen Gegebenheiten unseres Alpenlandes und der vorgelagerten Gebiete des waldreichen Germanien kamen den Römern in ihren Absichten sehr entgegen. Die Felsberge, die Sümpfe und die reissenden Bäche wurden von geschickten Baumeistern, die aus Ägypten, Syrien, Babylon und Indien gekommen sein sollen, mit allerlei Türmen und Gemäuer zu einem einzigen Wall verbunden.

Bewundernswürdige Strassen durchzogen das ganze Hinterland und ermöglichten es, in kürzester Zeit Verstärkungen an jede gefährdete Stelle zu entsenden, wenn irgendwo der Einbruch eines verwegenen Barbarenfürsten drohte. In den Burgen auf den Bergen Helvetiens lagen besonders erfahrene Kämpfer aus der ganzen römischen Welt, die jede Stelle im Festungsring zu überblicken vermochten.

Wer zählt die Kämpfe an diesem eisernen Wall? Unermüdlich wie Meereswellen brandeten die Barbaren gegen die Festung. Liess die Verteidigungsbereitschaft der Römer auch nur für kurze Zeit nach, drangen die wilden Krieger bis weit nach Helvetien vor und trugen bis in das westliche Gallien Schrecken und Verwüstung. Die römische Regierung, die in ihrem Geiz und ihrer Geldgier geglaubt hatte, an der Verteidigung sparen zu können, musste nun alle gehorteten Schätze aufwenden, um die eingedrungenen Horden mühsam zurückzudrängen.

Mit den Jahrhunderten aber, in denen sich Perioden blutiger Auseinandersetzungen und angespannter Wachsamkeit abwechselten, vergassen die Leute in den schönen Villen am sonnigen Meer, dass sie nur einer klugen Verteidigung und Voraussicht ihre Annehmlichkeiten verdankten.

Der Festungswall, der die helvetischen und gallischen Länder verteidigte, wurde brüchig.

Mehr und mehr Häuptlinge der nördlichen und östlichen Stämme drangen in das Gebiet der Berge und Alpseen ein, wo sie ebenfalls feste Burgen errichteten, um nicht mehr vertrieben werden zu können.

Von Rom und den geniesserischen Anverwandten am Mittelmeer vergessen, leisteten die Grenzverteidiger immer seltener Widerstand und suchten in friedlichen Verhandlungen Einigung zu finden. Die germanischen Fürsten waren dazu auch immer häufiger bereit, da sie die schmucken Bäder und geräumigen Häuser der Römer, die sie erobert hatten, ganz und gar nicht mit irgendwelchen noch in den kalten Wäldern hausenden Stämmen zu teilen gedachten.

Also schlossen die Sippen in den freundlichen Gegenden der westlichen Schweiz – vor allem um den Genfer-, Neuenburger- und Thunersee – immer festere Bündnisse, gingen miteinander Eheverbindungen ein, vermischten römische und germanische Rechtsgewohnheiten und erlernten gegenseitig ihre Sprachen.

Aus dem Raume der sich ehedem bekämpfenden Burgen entstanden, wie schon der Name sagt, die Länder von Burgund. Während gegen Ende des römischen Zeitalters im Norden und Süden die Völker um neue Fürstentümer stritten, wuchsen in der heutigen Westschweiz und auch in den angrenzenden Gebieten des späteren Frankreich friedliche Reiche heran, die sich durch viele Menschenalter eines gewissen inneren Gleichgewichts erfreuten. Hier paarte sich die überlieferte römische Bequemlichkeit mit einem den nordischen und östlichen Stämmen eigenen, ungebrochenen Unternehmungsgeist zu einem festen Willen, das Leben frohgemut zu geniessen.

Die Geschlechter in den burgundischen Burgen hatten nach den langen Grenzstreitigkeiten endlich gelernt, miteinander auszukommen und sich zu gemeinsamem Nutzen zu verbinden. Aus den mutigen Römern und den Volksstämmen im Norden und Osten waren die mächtigen Völker der Burgunder entstanden.

Ewige Völkerwanderung

Burgunder:
Teil eines germanischen Volkes, das um 100 v. Chr. von Bornholm (Borgundaholm) kommend im 2. Jh. n. Chr. zwischen der mittleren Weichsel und Oder bezeugt ist. 278 taucht ein Teil der B. als Gegner der Alemannen am oberen Main auf. Ausdehnung im 4. Jh. im W bis an den Rhein, im S bis Schwäbisch Hall. 406–407 Überschreiten des Rheins und Niederlassung zwischen Mainz und Worms unter röm. Oberherrschaft. Vordringen der B. in die röm. Provinz Belgica endete 436 mit schwerer Niederlage durch Aetius und dessen hunnische Verbündete. 443 siedelte Aetius Reste der B. in Savoyen an. (In der Volkssage oft mit dem späteren Burgunderreich 888–1032 eng verbunden!)

Ewige Völkerwanderung

Vergrabene Schwerter

Zu den im Mittelalter – einige sagen, zu dessen Beginn gegen Ende der Römerzeit – eingewanderten Sippen sollen auch die Michel gehört haben. Es seien kriegerische Leute gewesen, die nach der Sage aus fernen Gegenden kamen – einige meinen, aus dem östlichen Wenden- und Hunnenreich, andere glauben, aus dem Norden, von den Schweden und Friesen her.

Das östliche Wendenreich: Der Begriff «Wenden» ist die Sammelbezeichnung für alle in Mittel- und Ostdeutschland und in den Alpenländern ansässigen Slawen, im engeren Sinne die Sorben.

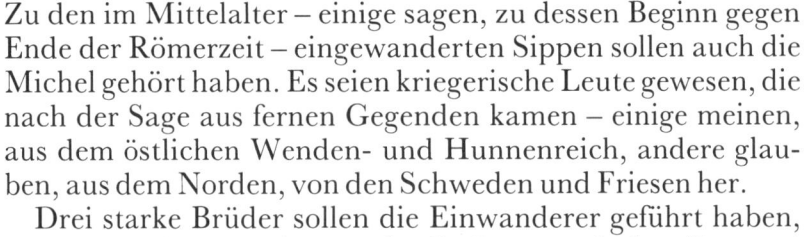

Drei starke Brüder sollen die Einwanderer geführt haben, und alle drei waren sie, so geht die Sage, nach dem Erzengel Michael benannt, der die Menschen gegen bewaffnete Gefahren, kurzum, gegen alle Nöte bei Feldzügen beschützt. Wie sie in unser Land kamen, glaubten sie, die Schrecken ihres langen Wanderweges hinter sich gebracht zu haben, und so steckten sie ihre Schwerter in den Boden. Darauf gingen sie auseinander und zogen in drei Gegenden – nach Obwalden, Brienz und Bönigen –, wo die Familien noch heute blühen.

Die drei Schwerter, die in der Erde stecken, sind auf dem Wappen zu sehen, wie es verschiedene Michel führen.

Erzengel Michael

Wellenritter vom Mittelmeer

Hugenotten: (franz. huguenots) Seit ca. 1560 allg. Bezeichnung der franz. Protestanten. Während der Hugenottenverfolgungen im 17. Jh. wanderten über 200 000 H. aus Frankreich aus. Im Toleranzedikt von Versailles (1787) erhielten die H. die Duldung, aber erst nach der Revolution von 1789 die Gleichberechtigung (Code Napoléon).

Die Familie mit dem alten Geschlechtsnamen Barben soll von mächtigen und kriegerischen Seeräubern abstammen, wie sie im Mittelalter von Spanien aus das Mittelmeer befuhren. Die Seepiraten seien dann als Söldner über Südfrankreich eingewandert. Ein Schloss südlich von Avignon trägt noch immer ihren Namen. Die Mitglieder eines Zweiges der Sippe kamen später als Hugenotten nach Spiez am Thunersee und liessen sich, in den Tagen der Ritter von Strätlingen, Bubenberg und Erlach, dort nieder. Der Wein der Gegend, und selbstverständlich das Seewasser, gemahnte sie an die sonnige Heimat ihrer Ahnen. So erzählt man bis zum heutigen Tage.

Die grossen Glaubensboten

Der Alpenapostel

Beatus soll als schottischer oder irischer Königssohn im Jahre 20 unserer Zeitrechnung, nach einigen noch früher, geboren worden sein. Man behauptet, dass ihm der Erlöser in einem Traumgesicht erschienen sei und ihm geboten habe, in den Süden zu ziehen und dort die neue Wahrheit zu suchen. Er habe aber auch den Apostel Petrus in eigener Person getroffen, sei von ihm getauft und ausgesandt worden, den Alpenvölkern den Glauben zu bringen.

Beatus durchwanderte den Aargau, den Thurgau und die Gebiete von Zürich und Unterwalden. Besonders aber in den Gegenden, wo später die Städte Luzern, Aarau, Solothurn und Bern sich erheben sollten, strömte ihm das Volk zu, und es entstanden rasch wachsende Gemeinden. Mehr als seine Worte und Lehren wirkte aber das gute Beispiel, das er jedermann durch sein mutiges und gottgefälliges Dasein gab.

Als er sein grossartiges Werk vollendet hatte, zog er in die Gegend des Thunersees, dort auf sein Ende zu warten. Aus einer Höhle, die noch heute seinen Namen trägt, vertrieb er einen scheusslichen Drachen, der das ganze Land blutig geknechtet hatte. Einige weise alte Leute deuten dieses Ungeheuer als Erinnerung an die geldgierige und grausame römische Unterdrückung und den damit verbundenen Götzendienst. Wie man weiss, hatten die Statthalter der fremden Macht versucht, das Alpenvolk zu überreden, ihre teuflischen Kaiser als Götter anzubeten.

Heiliger Beatus: Der fromme Einsiedler Beatus soll in den Beatushöhlen am Thunersee seine Klause gehabt haben. Dort 112 †. Wallfahrt nach «Sankt Batten» seit dem 15. Jh. nachweisbar.

Die grossen Glaubensboten

Als der grosse Glaubensbote neunzig Jahre alt war, man sagt im Jahre des Herrn 110, rief ihn Gott zu sich. Aber die Leute, zu denen er in den verschiedenen Tälern unseres Landes gepredigt hatte, blieben dem Gedächtnis an den edlen Königssohn aus dem Norden treu. Von überall kamen sie zu seinem Grab, wenn sie Rat in ihren Schwierigkeiten finden wollten, Männer und Frauen aus dem Oberlande wie aus dem Thurgau, Berner wie Innerschweizer.

So hatte der heilige Beatus Menschen aus den verschiedensten Gegenden zusammengebracht, auf dass sie am Ort seines Sieges über den Drachen sich immer besser kennenlernten, einander immer besser verstünden und damit lieb gewännen.

Immer vertrauter wurde damit den Leuten aus dem ganzen Alpenland schon damals der grosse Gedanke, sich gegenseitig als Verbündete und Brüder zu betrachten.

Mauritius im Wallis

In den Bergtälern der Alpen lebten seit dem heiligen Beatus viele Menschen, die die masslose Macht und den gottlosen Reichtum der römischen Kaiser verachteten. Hier, in den abgeschiedenen Tälern der Alpen und nicht in den lärmigen Städten am Mittelmeer, breitete sich der neue christliche Glaube mit grosser Kraft aus.

Die römischen Vögte und Verwalter wollten aber die trotzigen Eingeborenen unter das römische Joch zwingen und ihnen die eigenwilligen Gedanken austreiben. Um das störrische Bergvolk in die Knie zu zwingen, forderten sie Truppen aus dem ägyptischen Winkel ihres riesigen Reiches an. Sie waren überzeugt, dass zwischen Menschen verschiedener Sprache und Hautfarbe keine engen Beziehungen möglich wären und dass die fremden Soldaten mit der erwarteten Grausamkeit gegen die Stämme der Alpen vorgehen würden.

Wie entsetzten sich aber die römischen Statthalter, als der ritterliche Hauptmann der Thebäischen Legion – er trug den

Thebäische Legion: Legion christlicher Soldaten, die Kaiser Maximian (286–305) zu Christenverfolgungen einsetzen wollte. Da sie sich weigerte, erlitt sie mit ihrem Anführer Mauritius bei Agaunum (St-Maurice) den Märtyrertod.

Namen Mauritius – erklärte, er und die meisten seiner Soldaten teilten die heilige Überzeugung der ungehorsamen Bergler! Indem sie nun Mauritius und viele seiner Gefolgsleute kurzerhand ermorden liessen, glaubten die römischen Götzenanbeter, der neuen Gefahr schnell Herr zu werden. Vergeblich, waren doch die Tage des Römischen Reiches gezählt.

Zwischen West und Ost, Süd und Nord gab es keine Provinz mehr, in der das Christentum und seine Lehre der Nächstenliebe nicht schon Einzug gehalten hatte. Immer mehr christliche Führer weigerten sich, in einem mörderischen Bruderkrieg gegen glaubensverwandte Völker das Schwert zu erheben. Der thebäische Hauptmann Mauritius wurde zum Heiligen jener Ritter, für die der Kriegerstand nicht mehr grausames Unterdrücken und Ausbeuten bedeutete, sondern dem Schutz der Menschen dienen sollte, die, dem göttlichen Gesetz entsprechend, in Frieden zu leben wünschten.

Die burgundischen Könige und andere christliche Herrscher zogen in späteren Jahrhunderten regelmässig ins Märtyrerland Wallis, um hier der Tat des Mauritius und seiner standhaften Gefährten zu gedenken. Sie erschien ihnen als die eigentliche Morgenröte eines neuen Zeitalters.

Der heilige Gallus

Zahlreiche Glaubensboten, die trotz bitterer Verfolgung beim Volk der Alpenländer Widerhall fanden, stammten aus irischen und schottischen Geschlechtern. Daraus erklärt sich vielleicht auch die Sage, nach welcher die Menschen in abgelegenen Tälern, so auch des heutigen Landes St. Gallen, noch immer die uralten helvetischen Mundarten sprechen, die der Sprache des heiligen Gallus und seiner Gefährten eng verwandt seien.

Diese Talbewohner waren ursprünglich Leute, die von dem Prunk und der Sprache der Städte und auch vom Latein des Römischen Reiches nichts wissen wollten und darum das rau-

Die grossen Glaubensboten

Heiliger Mauritius: Anführer der thebäischen Legion unter Kaiser Maximian. Starb mit seiner Legion den Märtyrertod, weil keiner den heidnischen Göttern opfern wollte. Die Stätte des Martyriums, jetzt St-Maurice im Kanton Wallis, ist als solche bereits im 5. Jh. erwähnt.

Glaubensbote: Missionar. Die Iroschottische Mission (keltische Kirche, irische Kirche bis zum 12. Jh.) erfasste zunächst die Westküste Schottlands (563 Columban d. Ältere). Eine zweite Missionsrichtung ging nach Gallien (590 gründete Columban d. Jüngere von Bangor das Kloster Luxeuil) und über die Schweiz (St. Gallen) nach Italien (Bobbio, gegr. 622).

Die grossen Glaubensboten

Heiliger Gallus: Irischer Mönch, * um 550, † um 645 Arbon. Einer der 12 Gefährten von Columban, Missionar der Alemannen; seine Einsiedelei wurde später das Kloster St. Gallen.

he Leben in abgeschiedenen Tälern und Wäldern, inmitten von Bären und anderen wilden Tieren trotzig jedem Reichtum unter fremden Verwaltern und lasterhaften Götzendienern vorzogen.

Bereitwillig nahmen sie darum die Lehre des heiligen Gallus vom Ende der Ausbeutung und der Gewalt an, namentlich auch, weil sie im grossen Glaubensboten einen entfernten Verwandten zu willkommen glaubten. So wurden die letzten zu den ersten: Die Bewohner entlegenster Gegenden, die die Städter in ihrem verlogenen Pomp lange genug verlacht und verspottet hatten, gehörten auch im Lande St. Gallen zu den allerersten, die den Anbruch einer neuen Zeit und ihrer Gesetze freudig anerkannten.

Der Einfluss der Vorbilder

Heiligenbild: Plastisches oder gemaltes Bild einer heiligen Person oder eine Szene aus ihrem Leben oder eine Legende darstellend. Dem Heiligenbild werden Kräfte zugemessen, und es wird häufig als Talismann oder Amulett getragen.
Es werden Legenden von wunderwirkenden Heiligenbildern erzählt.

Als in unserem Jahrhundert der rücksichtslose Geschäftssinn mancherorts die alten Bräuche verdrängte, sollen gleichgültige Künstler, denen es weniger um ihre Überzeugung ging als um leichterworbenen Lohn, sich angewöhnt haben, die Heiligenbilder in den Kirchen so oberflächlich zu malen oder in Stein zu bilden, dass die Bilder hässlich anzusehen sind.

«Solche hässlichen Darstellungen zerstören nicht nur jede Andacht», sagte ein kluger Mann aus dem Walliser Lötschental, der selber die alte Kunst des Bildschnitzens erlernt hatte, «sie zerstören mehr. Als die schwangeren Frauen früher in die Kirche gingen, für das Glück ihres kommenden Kindes zu beten, blickten sie dabei das Bild jenes Heiligen an, das ihnen besonders gefiel, oder versenkten sich in das Antlitz des Herrn selbst oder der himmlischen Gottesmutter. Darum gab es einst viele Menschen, die wegen des frommen Wunsches ihrer Mutter in ihrem späteren Dasein so schön aussahen, als hätten sie etwas vom Glanze der Engel mitbekommen.

Fängt aber der Mensch heute an, die Bilder seiner Andacht immer liebloser und hässlicher zu gestalten, so wird es sicher auch bald immer weniger Frauen und Männer geben, deren Anblick uns daran erinnert, dass unsere Vorfahren im Paradies als Gottes edelstes Kunstwerk gebildet wurden.»

Die grossen Glaubensboten

Urchristentum in den Waldstätten

Die Iberger sollen bereits Christen gewesen sein, als in Schwyz, ja fast in allen übrigen Waldstätten noch die heidnischen Bräuche das Land beherrschten. Darum kämpften die Iberger stets darum, bei feierlichen und frommen Umzügen mit ihren Fahnen den Vorrang zu besitzen.

Ihr Kreuz und die Fahne pflegten sie bei solchen Gelegenheiten mit Kränzen von Blumen zu schmücken, die besonders in den Höhen gepflückt wurden. «Dies ist ein Zeichen und Andenken», also wurde die schöne Überlieferung erklärt, «dass diese uralte Christgemeinde in den hohen Bergen und den wildesten Alpen ihren Ursprung hat.»

Fromme Menschen und deren Gründungen

Die Raben im Einsiedler Wappen

Der fromme Meinrad, lange Zeit Mönch zu Reichenau, erbaute auf dem Etzel eine Kapelle. Später entschloss er sich sogar, Einsiedler zu werden, erbaute in der nahen Wildnis eine Klause und lebte dort von seiner Hände Werk und von Almosen, die ihm das Volk der Umgebung darbrachte.

Almosen: Griech., lat., galloromanisches Wort für milde Gabe, dürftiges Entgelt.

Er mied jede nähere Berührung mit den Menschen und verkehrte nur mit zwei Raben, die er mit viel Liebe ernährte. So lebte er lange Jahre, bis ihn zwei grausame Mörder in seiner winzigen Zelle ruchlos umbrachten.

Die Bösewichte begaben sich darauf nach Zürich – doch unermüdlich folgten ihnen in der Luft mit drohendem Krächzen die beiden wütenden, nach Rache für ihren menschlichen Gefährten schreienden Vögel. Diese ungewohnten Begleiter machten die beiden Schurken immer unsicherer, weckten ihre Gewissen und machten alle Leute gegen sie misstrauisch. In einem Gasthaus erreichte endlich die zwei Mörder das verdiente Schicksal: Sie bekannten ihre scheussliche Tat und wurden dafür zum Tode verurteilt.

Die Wirtschaft erhielt von diesem denkwürdigen Geschehen den Namen «Zum Raben». An dem Orte, wo Meinrad den Tod von feiler Bubenhand fand, steht heute das Kloster Einsiedeln, welches wegen der grossen Treue jener Raben zwei solche in seinem Wappen führt.

Der heilige Theodul im Wallis

Fromme Menschen und deren Gründungen

Der heilige Theodul hatte dem römischen Papste einen grossen Dienst erwiesen, und dieser gab ihm dafür in seiner Dankbarkeit einen Wunsch frei. «Gib mir für meine lieben Walliser jene Glocke, die schon Sankt Peter getauft hat», sprach der kluge Mann, «sie ist schliesslich für das Wetter gut und kann darum unserem Lande viel Segen bringen.»

Der Papst musste sich einverstanden erklären; die Römer waren aber in heller Wut, dass sie nun einen so kostbaren Schatz an die rauhen Bergler verlieren sollten. Rasch vergruben sie ihre Glocke tief im Erdboden.

Vergeblich bat und warnte sie sogar der Papst selber, ihn doch am Einlösen seines Versprechens nicht unchristlich zu hindern. – «Er soll die Glocke selber finden, dann wollen wir sie ihm lassen!» antworteten die Römer ihrem Oberhaupt mit selbstsicherem Spott.

Da begann die Glocke, als sei es ihr innigster Wunsch, mit dem Heiligen zu ziehen, auf einmal tief in der Erde zu erklingen. Nichts blieb jetzt den armen Römern übrig, als sie wieder ans Licht zu heben und dem Fremden zu übergeben.

Eine Hoffnung blieb ihnen noch – wie sollte es dem Theodul möglich sein, das schwere Erz ohne viel Hilfsmannschaft über Berg und Tal in sein fernes Land zu bringen? Doch gross war des heiligen Mannes Macht über die Geisterwelt. Mit starken Worten beschwor er einen Teufel, der, wie uns getreulich überliefert wird, den schönen Namen Frauendank trug. Schnell wie der Wind trug ihn dieser mitsamt der Glocke durch die Lüfte ins Wallis, nach Sitten.

Dort ehrt man noch heute Theodul als Patron wider die Hochgewitter: Wenn man seine Glocke mit reinem Herzen läutet, dann werden von ihrem lieblichen Klang und ihrem reichen Tönen die bösen Wetter still und verziehen sich auch die allerschlimmsten Hagelwolken.

Heiliger Theodul: Eigentlich Theodor. Im Volksmunde Joder. Bischof von Octodurus (Martigny), † um 391. Landespatron des Wallis gegen Hochgewitter. Am 17. Februar isst man im Wallis Theodulbrote.

Fromme Menschen und deren Gründungen

Die Gründung von Luzern

In der römischen Kaiserzeit und noch zu Lebzeiten des heiligen Benedikt wurde am Orte des heutigen Luzern, auf der Hofstatt, wo man später die St.-Leodegar-Kirche erbaute, ein seltsames brennendes Licht gesehen.

Von diesem Licht, in lateinischer Sprache «luceria», das da gebrannt hatte und das man als Zeichen nahm, dort ein Gotteshaus zu errichten, erhielt die spätere Stadt ihre Bezeichnung:

> Luzern, die edle Stadt,
> von Licht und Schein den Namen hat.

Heiliger Benedikt: Benedikt von Nursia (480–547) gründete um 529 auf dem Monte Cassino ein Kloster, das zur Urzelle des Benediktinerordens wurde. Seine Regeln für das Leben im Orden wurden grundlegend für das gesamte abendländische Ordensleben. Grundsatz der Benediktiner: Ora et labora – Bete und arbeite. Bedeutende Tätigkeit in Wissenschaft, Schulwesen und Landkultivierung.

Vom Kloster Rheinau

An der Stelle, wo jetzt die Stadt Schaffhausen zu sehen ist, fischte in alten Tagen ein reicher Edelmann in den Rheinwassern. Darob nach und nach recht schläfrig geworden, lenkte er seinen Nachen in eine liebliche Bucht. Dann legte er sich in seinem Schiffchen nieder, liess sich sanft wie in einer Wiege schaukeln und fand sich bald im Land der Träume.

Doch der unbefestigte Nachen wurde unterdessen von den Wellen wieder in den Fluss getrieben, und schneller, immer schneller trieb er jetzt dem tosenden Rheinfall zu. Der Edelmann schlief noch immer und erwachte selbst dann nicht, als sein Kahn von den wilden Fluten in die schäumenden Tiefen gerissen wurde.

Als er die Augen wieder aufschlug, lag er ausgeruht und unbeschädigt in seinem Nachen am Rheinufer – doch eine Stunde unterhalb des mächtigen Wasserfalls.

Vom Wunder erschüttert, stiftete der Mann am Orte, wo er heil gelandet war, ein reiches Kloster – die später so berühmt gewordene Benediktinerabtei Rheinau.

Der Stier als Kirchengründer

Fromme Menschen und deren Gründungen

Die Bewohner von Düdingen im Kanton Freiburg hatten einst schwere Drangsal durch grausame Feinde zu erleiden.

Doch viel mehr als um ihre irdischen Besitztümer ging es den Leuten in jenen Tagen um ihre heiligen Schätze. Unbedingt wollten sie die ihnen gehörenden Reliquien des Sankt Peter retten und banden diese darum einem jungen Stier zwischen seine Hörner. Kein Mensch war später im wilden Schlachtgetümmel des Überfalls imstande, sich um das Tier zu sorgen; vom Lärmen erschreckt, entkam dieses auf einen Hügel, etwas abseits vom grausen Geschehen.

Als der Krieg sein Ende fand, sah man des Tieres weisliche Wahl seiner Zufluchtsstätte für einen Wink des Himmels an und beschloss, auf der Anhöhe, wo es die Gefahr überstanden hatte, ein Gotteshaus zu erbauen. Dieses ist auch ausgeführt worden, und die Hörner des so glücklich und göttlich geführten Stieres hat man noch lange in der Sakristei daselbst mit viel Sorgfalt aufbewahrt.

Reliquien: (lat., Überbleibsel) Asche und Gebeine von Heiligen, auch Gegenstände, die ein Heiliger gebraucht hat, z. B. heiliger Rock, Grabtuch usw. Die Reliquienverehrung ist eine Form der Heiligenverehrung und als solche dogmatisch geschützt.

Die Himmelstaube und das Kloster Pfäfers

Als ein Zimmermann, der für den heiligen Pirmin arbeitete, sich beim Holzfällen verwundete, kam vom Himmel eine Taube herab, nahm einen der blutigen Späne in ihren Schnabel und flog über eine waldige Anhöhe in das Taminatal.

Der Heilige folgte ihr, so rasch er nur konnte, und er sah, wie sie den Holzspan vom Wipfel einer Lärche zu Boden fallen liess. Pirmin verstand dies als himmlische Botschaft und sprach: «Hier will Gott seine Wohnung haben.»

Also wurde das Kloster Pfäfers gegründet.

Heiliger Pirmin: Wohl von westgotischer Herkunft, gründete er viele Klöster, darunter auch Reichenau (Bodensee), Murbach (Elsass), Niederaltaich (Bayern), Hornbach (Pfalz). Seine Ermahnungen an die Neubekehrten (Dicta Abbatis Pirminii) sind wertvoll für die Kenntnis des Christentums des 8. Jh.

Kaiser und Könige

Herr Attila in den Alpen

Attila:
König der Hunnen von 434 bis 453. Ausdehnung seines Reiches vom Kaukasus bis fast an den Rhein. Mittelpunkt war Ungarn.

Einige behaupten, der hohe Turm des Schlosses zu Spiez sei vom mächtigen Kaiser Attila oder Etzel erbaut worden, der am Ende des Römischen Reiches den ganzen Erdkreis mit seinen Scharen durchzog. Seine wilden Hunnen hätten schon in ihrer Urheimat die Kunst der Feuerzeichen in höchster Vollkommenheit beherrscht.

So hätte der gefürchtete Mann, zusammen mit Frauen und Gefolge, sich allen sinnlichen Zechereien am friedlichen See hingeben können und trotzdem gleichzeitig alles zu erfahren vermocht, was seine Heerführer nördlich des Rheins oder in Italien vollbrachten.

Von einem Berg zum andern hätten die wilden Krieger ihre Botschaften verbreitet, bis sie vom Wachtposten auf dem Niesen bemerkt und richtig gedeutet worden seien. Von dort wurden sie dann in entsprechenden Zeichen an die Krieger auf dem Turme von Spiez weitergegeben, und diese mussten sich überlegen, ob die Nachrichten wichtig genug waren, den Herrscher bei seinen lärmigen Lustbarkeiten damit zu stören.

Gerechtigkeit auch für das Gewürm

Kaiser und Könige

Kaiser Karl, der grosse Beherrscher des Abendlandes, hielt sich, wie man weiss, sehr gerne in Zürich auf, wo er auch das Grossmünster erbaute. Er wohnte unmittelbar daneben in einem Hause, das den Namen «Zum Loch» trug.

Der Kaiser wollte von ganzem Herzen, dass es in der weiten Welt nach Möglichkeit gerecht zuginge, und liess darum genau an der Stelle, wo man zur Römerzeit die Stadtheiligen von Zürich wegen ihres Christenglaubens enthauptet hatte, eine hohe Säule aufrichten und eine weitklingende Glocke daran aufhängen. Der Kaiser liess im Lande herum verkünden, dass jeder, der Recht begehre, die Glocke läuten dürfe, und sei es während des kaiserlichen Mittagsmahles. Er wolle dann von seiner Tafel aufstehen, um das Anliegen zu hören.

Also läutete es denn wirklich eines Tages zur Mittagszeit, aber der Diener, der hinauseilte, konnte weit und breit keinen Zürcher erblicken, und er kehrte enttäuscht zurück. Doch schon klang die Glocke der Gerechtigkeit von neuem, und wiederum eilte der Diener vergebens.

Erst beim dritten Läuten gewahrte man das Wesen, das sich unterdrückt fühlte und den Herrn des Abendlandes um Hilfe anflehte. Es war eine Schlange, die sich an der Säule emporwand, an den Strang hängte und so die Glocke zum Schwingen brachte. «Auch einem unvernünftigen Geschöpf muss Recht werden», sagte der weise Karl und stand, als er die Geschichte hörte, von seiner Mahlzeit auf.

Die Schlange verneigte sich vor dem Kaiser und kroch zu einer Stelle am Wasser, wo sie ihre Eier versteckt hatte. Doch auf diesen sass eine giftige Kröte, gegen die der unglückliche Wurm augenscheinlich machtlos war. Ein paar Tage nachdem der Kaiser die Schlangeneier befreit hatte, erschien die Schlange im Kaisersaal, kroch vor Karl auf den Tisch hinauf, verneigte sich vor dem Herrscher und liess einen ungemein edlen und strahlenden Stein in sein Trinkgeschirr fallen.

Durch dieses Geschehen fand Karl den Bau seines Gotteshauses besonders bestätigt, und er sah darin einen Beweis, dass auch die Welt der giftigen Würmer zur göttlichen Schöpfung gehört und voll von heiligen Wundern ist.

Kaiser und Könige

Karl der Grosse und der Zürcher Schlangenstein

Kaiser Karl hielt nun den Edelstein, den ihm die Zürcher Schlange für seine gerechte Gesinnung geschenkt hatte, schier für sein grösstes Kleinod. Aus Zuneigung gab er den Stein seiner Gemahlin, und diese kluge Frau entdeckte in ihm bald eine unvorstellbare Wunderkraft. Hatte Karl vorher auch mit anderen Frauen Blicke getauscht, so entbrannte er jetzt in leidenschaftlicher Liebe zur Kaiserin. Immer musste sie bei ihm oder in seiner Nähe weilen. Noch auf dem Sterbebette war ihr der Gedanke, ihr Mann könnte sie je vergessen, unerträglich. Sie verbarg daher den Wunderstein unter ihrer Zunge und nahm ihn also mit sich in den Sarg. Und siehe da, die magische Schlangenkraft bewährte sich in ungeahntem Masse: Der Herrscher empfand für die tote Geliebte die gleiche Leidenschaft wie zu der lebenden Frau! Durch weise Ärzte aus dem Morgenland liess er die Leiche behandeln, so dass sie von der Verwesung verschont blieb, und führte sie von nun an auf all seinen Zügen und Abenteuern mit sich...

So ging es ganze achtzehn Jahre, bis ein kluger Ritter auf den Gedanken kam, bei dieser unglaublichen Liebe könne es nicht ganz mit rechten Dingen zugehen. Er untersuchte sorgfältig die Tote und fand auch den geheimnisvollen Schlangenstein, die Ursache der ganzen Zuneigung. Kaum aber hatte der kühne Mann den Gegenstand geraubt und trug ihn auf sich, da erlosch die Zuneigung des Kaisers für die Tote, und er befahl, den Leichnam sofort der Erde zu übergeben.

Doch von nun an wandte Karl seine Neigung ganz dem klugen Ritter zu. Jeden noch so unbescheidenen Wunsch suchte er diesem von den Augen abzulesen und überhäufte seinen Günstling mit Ehren und Wohltaten ohne Zahl. Einige Zeit hatte der Ritter grosse Freude daran, doch bald musste er merken, dass man am Hofe über ihn und seinen gekrönten Freund dunkle Gerüchte und üble Verdächtigungen zu verbreiten begann. Also wurde ihm sein Glück lästig, und als er einmal mit dem Kaiser aus der Stadt Köln hinausritt, warf er den Edelstein in einen Sumpf, auf dass ihn nun niemand mehr besässe.

Im gleichen Augenblick verlor Karl jedes Interesse an dem Ritter, und seine ganze Leidenschaft galt jetzt dem Ort, in dessen nassem Boden das Geschenk der Schlange steckte. Er hatte keine Ruhe, bis er an der Stelle eine schöne Stadt erbaut hatte, deren Bewohner er auf jede nur denkbare Art mit den Beweisen seiner Gunst überhäufte.

Diese Stadt, er nannte sie Aachen, betrachtet man darum als eine Tochter unserer Stadt Zürich.

Kaiser und Könige

Karl der Grosse: * 2.4.742, † 28.1.814. König der Franken seit 768, röm. Kaiser seit 800. Seine Kaiserkrönung durch Papst Leo III. in Rom bedeutete die Erneuerung des röm. Imperiums, in dem sich Germanentum mit christl.-röm. Überlieferung verband.

Aachen: Kreisstadt in Nordrhein-Westfalen. In röm. Zeit ein Bad (Aquae Grani). 813–1531 Krönungsstadt der deutschen Könige. Bedeutender Dom mit Grab Karls des Grossen.

Kaiser und Könige

Der heimliche Kaiser

Rudolf II. von Burgund:
Er machte 919 dem Herzog von Schwaben den Zürichgau streitig, schloss aber Frieden und heiratete dessen Tochter Bertha.
922 bot der Graf von Bergamo R. die Krone von Italien an, indem er ihm die heilige Lanze, das Symbol der Souveränität, schenkte. Er eroberte 923 ohne Mühe Italien, das er 933 an Hugo von Arles abtrat, um sich ganz der Sicherung seiner Macht am Rhein zu widmen.

König Rudolf von Burgund, von dem viele behaupten, er sei dem Geschlecht nach einer der Strätlinger gewesen, besass bekanntlich die Lanze des heiligen Ritters Mauritius, der im Wallis den Märtyrertod gefunden hatte. Von dieser Lanze, in der ein Nagel vom Kreuze Christi eingeschlossen gewesen sein soll, behauptete man lange Zeit, dass sie dem, der sie trüge, die Macht über die Welt gäbe.

Unter der Obhut Rudolfs befanden sich tatsächlich nicht nur weite Teile der heutigen Eidgenossenschaft und daran anstossende, jetzt zu Frankreich gehörende altburgundische Ländereien – auch die ganze Provence neigte sich ihm zu, und so konnte er mannigfaltige Bindungen zu den Reichen des Morgenlandes unterhalten. Diese guten Beziehungen und sein grosses Glück in allen Dingen, die er unternahm, waren so bekannt, dass man ihn, als er nach Italien zog, zum römischen König wählte. Dies war, wie man weiss, die Voraussetzung dafür, dass ein Herrscher von allen romanischen und deutschen Königen zum Kaiser auserwählt wurde.

König Rudolf erkannte aber in Italien, dass jeder weitere Schritt zur Macht nur möglich wäre, wenn man die finstern Werkzeuge der Lüge und des Mordes mehr und mehr schliff. Endlos müsste man Widersacher aus dem Weg zu den immer prächtigeren Thronen räumen und gleichzeitig fürchten, dass einem ein gedungener Meuchler die täglichen Speisen und Getränke würzte.

Also verzichtete Rudolf auf weitere Kronen, überliess anderen den festen Besitz der Schlüssel- und Weltstadt Rom und kehrte wieder über die Pässe in sein Bergland zurück. Seine Gattin Bertha freute sich über alle Massen, und die beiden lebten zufrieden im Schloss Spiez am Thunersee.

Obwohl dies, kleinlichen Schriftgelehrten und Staatsrechtlern zufolge, nicht ganz richtig sein mag, sprachen einige Chronisten und auch die dankbare Volkssage bei Erwähnung des verehrten Burgundischen Paares immer vom Kaiserpaar. Sie behaupteten, Rudolf sei eigentlich viel weiser gewesen als all seine zahlreichen, nur zu häufig in ihren Vorhaben glücklosen Nachfolger. Er habe nur um die Macht gekämpft, solange sie ihn nicht beschwerte und ihm womöglich endloses Leid verursachte.

Die gute Bertha

Kaiser und Könige

In den letzten Jahrhunderten und vor allem in den letzten Jahrzehnten der ersten tausend Jahre nach des Erlösers Geburt lockerten sich die Bande der menschlichen Gesittung immer mehr.

Von Asien her stiessen heidnische Ungarn, die man als Hunnen zu bezeichnen pflegte, ohne nennenswerten Widerstand bis nach Frankreich vor. Von Süden kamen die mohammedanischen Sarazenen, und es soll Zeiten gegeben haben, da sie alle Alpenpässe besetzt hielten und nur denjenigen Reisenden nach Norden passieren liessen, der ihnen den geforderten Zoll zahlte und bereit war, ihre heidnischen Satzungen anzuerkennen.

Jahre, ja Jahrzehnte lang soll das Reich der Königin Bertha nur einen alten Turm umfasst haben, der an der Stelle der heutigen Stadt Neuenburg am Neuenburgersee stand. Treu erzog die gute Frau ihre Kinder in der Religion und der Sitte ihres Hauses, während im weiten Umkreis das wankelmütige Volk mehr oder weniger den fremden Herren aus Nordafrika und dem fernen Asien huldigte, sich vor deren Götzen verneigte und ihnen Opfer darbrachte.

Nach und nach fluteten die Scharen der Eroberer wieder zurück, weil sich, also sagt man, die Araber und die Hunnen gegenseitig fast ausgerottet, auf alle Fälle aber gründlich geschädigt hatten.

Das Volk zwischen Jura und Alpen und den provenzalischen Ebenen erkannte, in welchem Wahn es in all den Jahren befangen gewesen war, und schämte sich seines verwerflichen Wankelmutes sehr.

Stamm um Stamm versammelte sich wieder am Turm von Neuenburg, dessen Schutz die gute Königin Bertha ihre Kinder und die wenigen verbliebenen treuen Gefolgsleute, die Urkunden der einstigen burgundischen Überlieferung und auch die Sagen um die frommen und ritterlichen Boten wie Mauritius und Beatus anvertraut hatte. Bertha lehrte das reumütige Volk die Künste der Landwirtschaft und des Gartenbaus, des Spinnens und Webens.

Die Zeit, in der die Menschen wieder zu ihren einstigen Sitten zurückfanden, erschien ihnen wie ein neuer Frühling, in dem reicher Segen auf alle Siedlungen niederströmte.

Bertha: Königin von Burgund 922–937. Tochter des Herzogs Burkhard von Schwaben, vermählte sich 922 mit Rudolf II., dem König des transjurassischen Burgund. Die berühmten alten «Burgunderkirchen» um den Thunersee sind nach der lebendigen Volkssage von den Königen Rudolf und Bertha gestiftet worden.

Kaiser und Könige

Wenn man im Neuenburgischen, in der Waadt, in Genf und im Bernbiet um die oberländischen Seen von Thun und Brienz von einer glücklichen, goldenen und paradiesischen Vergangenheit sprach, pflegte man zu sagen: «Dies war in den Zeiten, als noch die gute Königin Bertha ihren Faden spann», oder: «Dies war, als Bertha noch durch das Land ritt.»

Königin Bertha in der Waadt

Futterschwinge: Ein aus Weiden oder Stroh länglichrund oder in Gestalt einer Muschel geflochtener, vorn offener, hinten aber tieferer und geschlossener Korb, worin der Knecht den Pferden den Haber oder anderes Körnerfutter bringt und diese vorher wiederholt aufschüttelt oder etwas in die Höhe schnellt, damit Staub und Spreu abfliegen.

Beim Turme von Gourze, nicht weit von Cully im fruchtbaren Waadtland, sollen schon viele Menschen die Königin Bertha gesehen haben, die noch immer ihr altes Land liebt, schützt und segnet. Jeden Winter, wenn feuchte Nebel sich an den Abhängen der Berge lagern, erscheint sie in weissem leuchtendem Gewande über jenen Gemäuern: Aus voller Futterschwinge streut sie die Saat ins Land, derart übers Jahr eine reiche Ernte versprechend.

Später in der Weihnachtszeit durchzieht sie, auch dann in weissleuchtendem Kleid, als schöne Jägerin ihr ganzes weites Gebiet. Scharen luftiger Geister folgen ihr auf dem Fuss, und in ihrer Hand trägt sie einen Zauberstab.

Vor jedem Hause hält der unsterbliche Zug, und überall wird nachgesehen, ob dort noch guter Brauch walte.

Der grosse Baumeister

Kaiser und Könige

König Ludwig II., dem die Zürcher ihr Fraumünster verdanken, war Kaiser Ludwigs I. jüngster Sohn und der Sohnessohn des grossen Kaisers Karl. Wenn auch der König viele Besitztümer in Germanien hatte, so liebte er es, wie seine Vorfahren, in der Gegend von Zürich zu wohnen. Seine beiden Töchter, Hildegard und Bertha, baten ihn, am Ort einer gewissen Kapelle ein würdiges Kloster zu bauen. Doch den Platz, den die Jungfrauen bestimmt hatten, befand er als zu eng und zu sumpfig.

Eines Morgens aber lag am heiligen Ort ein langes Seil von grüner Farbe und aus einem Stoff, den niemand im Kreis um den erstaunten König genau zu bestimmen vermochte. So war man allgemein überzeugt, Gott selber habe in der Umgebung der frommen Stadt Zürich den Ort und, durch die Länge des Seiles, auch den Umfang seines Klosters bestimmt.

Dieses aus einem unbekannten Material verfertigte Wunderseil wurde lange wie eine Reliquie über dem Choraltar des Heiligtums aufbewahrt. In der Reformationszeit indessen betrachtete man die Geschichte um das Seil als billiges Narrenwerk, und der seltsame Gegenstand, der durch viele Jahrhunderte unablässig Verehrung empfangen hatte, diente als einfaches Glockenseil und verschliss rasch.

Ludwig I., der Fromme: Dritter Sohn Karls des Grossen. * 778, † 840.

Ludwig II.: * 822, † 875. Fränkischer König, ältester Sohn Lothars I., Enkel Ludwigs I., regierte seit 850 mit seinem Vater und wurde im gleichen Jahr zum Kaiser gesalbt.

Mächtige Rittergeschlechter

Die Aargauer Grafen und der Emmendrache

Drachengeschichten, wie sie in alten Chroniken vorkommen und noch im Volke umgehen, gibt es in unserem Gebirgsland so viele, dass sie kaum zu zählen sind. Wenn man den Geschichten glaubt, frassen die Ungetüme der Urzeit den Hirten nicht nur ihr wertvolles Vieh weg, das sie für ihren Lebensunterhalt bitter brauchten, sondern schleppten auch diese selber in ihre unzugänglichen Höhlennester. Wahrhaftig, oft genug kam es den unglücklichen Menschen so vor, als hausten sie in einer teuflischen Schreckenswelt und seien nur dazu da, giftspeienden Flugechsen zum Frasse zu dienen.

Da wird uns – wahrscheinlich zuverlässig – berichtet, dass gerade damals die Herren aus dem Aargauer Besitz Lenzburg dem Namen ihres berühmten Erb- und Stammschlosses alle nur erdenkliche Ehre als fahrende Ritter erwiesen, die das Land durchzogen und mit mancherlei Ungeheuern und gespenstischen Bösewichtern zu kämpfen wagten. Auf diese Weise brachten sie sozusagen den Lenz, also den freundlichen Frühling, für alle leidenden Menschen des Alpenlandes.

So erzählt man von den beiden Aargauer Grafen, die im Volk Bertram – oder Baltram – und Syntram heissen, dass sie an dem noch ganz mit wildem Wald und Sumpf umgebenen Emmenfluss, an der Stelle des heutigen Städtchens Burgdorf, einem gar unheimlichen Urzeitdrachen begegneten.

Grafen Bertram und Sintram:
Im 8. Jh. erbauten zwei Grafen aus Lenzburg – Sintram und Bertram – bei Burgdorf ein Schloss. Kirche zu Oberburg (Burgdorf bis 1401 kirchgenössig), war dem heiligen Georg geweiht. Vermutlicher Anlass zu obiger Sage.

Aus der Fluh an der Emmen, die man einst Geissenau genannt haben soll und die heute allgemein als Gysnaufluh bekannt ist, stürzte sich das grimmige Ungetüm auf den unvorsichtigen Bertram. Es war so gross und mächtig, dass es den Ritter trotz seiner vergoldeten Rüstung in einem Augenblick gepackt und ins Maul gesteckt haben soll.

Doch Syntram gab nicht auf. Er ritt dem schuppigen Scheusal nach und forderte es am sogenannten Kesselgraben, einem Ort, wo selbst noch in unseren Tagen gelegentlich kluges Volk beim Lagerfeuer sich die Geschichten aus vergangener Zeit erzählt, zum entscheidenden Kampfe.

Auf die ritterliche Einladung hin fuhr der Drache wie ein feuriger Blitz aus seinem Loche und hätte wohl auch den zweiten der Heldenbrüder verschlungen, wenn dieser nicht seine wohlabgerichteten starken Hunde bei sich gehabt hätte. Beinahe hatte das Mordtier schon den Grafen erreicht, da bissen dessen kühne Helfer in den stachligen Schuppenschwanz und zogen daran mit allen Kräften.

Mächtige Rittergeschlechter

Drache:
In der europäischen Vorstellungswelt hat der Drache oder Lindwurm gemeinhin die Gestalt eines überdimensionalen, geflügelten, feuerspeienden Krokodils. Der Drache ist jedoch keineswegs überall Symbol des Bösen, sondern viel häufiger ein Symbol der Fruchtbarkeit, der Macht und des Schöpferischen oder Hüter verborgener Schätze. In China ist er Regenbringer und Symbol des Kreislaufs von Werden und Vergehen.

Nun konnte Syntram auf den Drachen, als sich dieser zu den Hunden wenden musste, sein Schwert niederfallen lassen, und alsbald wälzte sich das Panzertier in seinem eigenen giftigen Blute. Noch in seinem Sterben freilich war der Drache eine Todesgefahr. Es wird berichtet, dass nur wenige Tropfen seines giftigen Lebenssaftes, auf des Grafen Hände gespritzt, genügten, diesen in eine tiefe Ohnmacht stürzen zu lassen.

Mächtige
Rittergeschlechter

Doch schon nahten seine Diener und wussten guten Rat im Unglück. Sie benetzten ihren Herrn mit dem heilsamen Emmenwasser. Rasch soll darauf Syntram seine Kräfte wiedergewonnen haben und zur grossen Freude von jedermann wiedererwacht sein. Ja, es gibt sogar Leute, die behaupten, Syntram habe den Leib seines schrecklichen Feindes aufgeschnitten und darin, noch gänzlich unverdaut, den Körper seines verschlungenen Bruders und Mitkämpfers gefunden.

Auch dieser sei dann mit dem heilkräftigen Emmenwasser von allen stinkenden Giften reingewaschen und zu neuem glücklichem Dasein geweckt worden.

Solche Geschichten wurden wohl ein ganzes Jahrtausend lang weitererzählt. Sie bewirkten, dass das Volk unseres Landes, das durch solche Taten nach und nach von allen drohenden Schrecken frei wurde und aufatmen konnte, zu den Herren von Lenzburg viel Vertrauen gewann. Viele aus diesem Hause und auch Familien, die nur weitläufig mit ihm verwandt waren, wurden allgemein geschätzt und hatten darum in friedlichen und kriegerischen Zeiten grossen Einfluss auf fast alle nördlichen Teile des Gebietes der späteren Eidgenossenschaft, den Aargau, den Thurgau und sogar bis in das heutige Bernbiet hinein.

Der weise Rabe

Mächtige Rittergeschlechter

Der mächtige Herr von Corbières im Freiburgischen, der hatte als seinen grössten Schatz einen treuen Raben: Ganz oben auf der hohen Warte sass er und wachte aufmerksam für seinen Meister, ob nicht aus der Ferne irgendein Unheil den Burgmauern nahe.

Auch sonst hatte der pechschwarze Vogel wunderbare Angewohnheiten: War die schöne Dame des Edelmannes in der Hoffnung, dann flatterte der Rabe zu einem nur ihm bekannten Schatzort und holte sich dort für den Schlossherrn ein zierliches Ringlein. War es aus Gold, so wusste man, dass bald ein kräftiger Sohn in der Wiege liegen würde. War es dagegen aus Silber, dann freute man sich auf ein hübsches Mädchen.

Was der treue Rabe sonst noch, wenn er von weiten Flügen aus der Ferne zurückkehrte, seinem menschlichen Freund an seltener Kunde zu berichten wusste, das ist für alle Zeiten ein Geheimnis der beiden geblieben.

Das Abenteuer der Edlen von Sax

Der Sohn des Freiherrn von Sax geriet einst bei der Jagd in eine unbekannte, sich zu schier endlosen Gängen und unterirdischen Gewölben weitende Höhle. Einem glänzenden Lichtlein mutig folgend, schritt er darin fort, bis er an eine halb offene Pforte kam.

Als er in den gewaltigen Saal blickte, war er von all dem gleissenden Gold und den glitzernden Edelsteinen wie geblendet; erst nach und nach erkannte er, dass er nun zu den seltenen Sterblichen gehörte, denen es vergönnt war, Einblick in die Werkstätte namenloser Naturwunder zu erhalten.

Zahllos, emsigen Ameisen gleich, bewegten sich am Boden die Zwerglein, in Feuergewänder gehüllt, Bärte, Gesicht und

Grafen von Sax, Freiherren: Dynastengeschlecht der Ostschweiz, das besonders für die Geschichte der Kantone Graubünden und St. Gallen Bedeutung hatte.

Mächtige Rittergeschlechter

Hände schwarz von Russ. Emsig meisselten sie klingendes Gold von den Wänden, warfen es in Körbe und stürzten dann diese, wenn sie bis oben voll waren, in ein grosses, rotglühendes Becken in der Mitte des Bodens. Dort schmolz das Metall im Nu und floss nun durch viele Rinnen in die Felsen...

Zu seinem Unglück musste der junge Jäger niesen. Da schossen die kleinen Bergmännlein, welche die unterirdischen Reichtümer zubereiteten, wie glühende Blitze durcheinander und verschwanden. Ein schrecklicher Donnerschlag erscholl, und ein Wirbelwind warf den Mann in ein dunkles Gewässer.

Unterwelt:
In der griech. Mythologie im allgemeinen das unter der Erde gelegene Reich der Toten, in dem Hades und Persephone herrschen.

Schon glaubte er sich verloren und verkauft, als er hoch über sich ein freundliches Lichtlein erblickte. Etwas zog ihn hinauf, und ehe er genau wusste, wie ihm geschah, sass er auf dem Brunnenrand im Burghof des Vaterschlosses! Eine der Mägde, die gerade dabei war, mit dem Eimer Wasser heraufzuholen, hatte ihn ahnungslos emporgehaspelt und aus der für Menschen verschlossenen Unterwelt gerettet.

Stolz über den Tod hinaus

Der Herr der Feste Solavers im Prättigau, die etwa eine Stunde von Malans entfernt liegt, versuchte das umwohnende Volk zu unterdrücken, bis es sich schliesslich, keinen anderen Ausweg aus der Not mehr sehend, mit der Waffe in der Hand wider ihn auflehnte.

Doch auch der Herr und seine Mannen waren von grossem Mut beseelt und verteidigten in einer furchtbaren nächtlichen Schlacht jeden Fussbreit ihres Bodens. Erst nach blutigem Ringen konnten sie von der Übermacht der Angreifer niedergezwungen werden, nicht ohne deren Reihen zuvor mit entsetzlichen Schwertstreichen gelichtet zu haben.

Bis zum letzten Atemzug fechtend, gab der von einem tödlichen Hieb ereilte Burgherr schliesslich seinen Geist auf, und über ihm verschlangen die gierigen Flammen die so hart verteidigte Feste.

Mächtige
Rittergeschlechter

Die Spuren jener Leidenschaften und Gemetzel in alten Tagen sind bis heute nicht erloschen: In den Trümmern der Burg erblickt man noch immer in gewissen finsteren Nächten den auch im Tode unbesiegten, keinen Augenblick um Gnade flehenden Grafen, wie er mit seiner starken Rechten wider die ihn immer enger bedrängende Übermacht des Feindes das blitzende Schwert schwingt.

Das alte Geschlecht

Zu den zahlreichen Geschlechtern, die durch die Jahrhunderte am gleichen Ort ihren Sitz besassen, gehörte, wie man sagt, auch die Waadtländer Sippe derer von Blonay, deren Geschichte bis in die Zeiten der savoyischen und burgundischen Fürsten zurückreicht, ja nach einigen sogar noch viel weiter, nämlich bis zum Beginn der christlichen Zeitrechnung.

Mächtige Rittergeschlechter

Sei dem, wie es wolle, man soll früher im Waadtlande sogar sprichwörtlich gesagt haben, wenn man zum Beispiel das ehrwürdige, kaum berechenbare Alter einer gewaltigen Eiche bezeichnen wollte: «Dieser Baum ist uralt – vielleicht ist er fast so alt wie die de Blonay.»

Schloss von Blonay

Der Freiherr von Weissenburg und die Kühe

Der Freiherr von Weissenburg im Simmental hatte, ob zur Abbusse von Ungerechtigkeiten oder aus angeborener Güte, in seinem letzten Willen den Armen hundert weisse Kühe und dazu noch eine herrliche Allmende für einige vierzehnhundert Kühe vermacht.

Die Reichen des Tales schlossen sich aber zu einem unfrommen Bunde zusammen und missbrauchten ihre Macht und ihre Künste in Rechtshändeln. Der Löwenanteil des Erbes fiel darum ihnen zu, dem betrogenen ärmeren Volk dagegen nur erbärmliche Reste des ihnen zugedachten Wohlstandes.

Diese Verhöhnung seiner edlen Absichten lässt aber bis zum heutigen Tag dem Freiherrn keine Ruhe in seinem längstens vergessenen Grabe. Als Geist wandelt er in der Nacht, häufig aber sogar am hellen Tage, durch seine ihrem gerechten Zweck entfremdete Allmend.

Aus seiner Lecktasche gibt er dem Vieh handvollweise Salz. Nehmen davon die Kühe der Reichen, so magern sie ab und sterben eines elenden Todes. Lecken davon aber die Tiere der Armen, so werden sie gesund und fett, und es bleibt ihnen jedes Siechtum fern.

Allmend: Bezeichnung für eine landwirtschaftliche Kulturfläche, meist Weide, Wald, Ödland, welche Gemeinschaftsbesitz der Bewohner einer Dorfgemeinde ist und gemeinsam genutzt wird.

Lecktasche: Beutel, in welchem man Salz oder ein Gemisch von Salz, Kleie, Hafer usw. für das Vieh bereithält.

Feen in La Sarraz

Mächtige Rittergeschlechter

Die Herren von Grandson sollen, genau wie die Grafen von Neuenburg oder die Herren von Strätlingen am Thunersee, die Nachkommen der frommen Burgunderfürsten, der Könige Rudolf und Bertha, gewesen sein. Allen diesen Geschlechtern rühmt die Sage nach, ihre Vertreter hätten mancherlei verborgene Dinge wahrnehmen können, die für den gewöhnlichen Sterblichen ewig Geheimnis bleiben.

Als im Schloss von La Sarraz, das ebenfalls einem Zweig der mächtigen Familie derer von Grandson gehörte, ein Sohn zur Welt kam, da hörte die junge Mutter, kaum dass sie sich von der Niederkunft erholt hatte, drei Feen an der Feuerstelle flüstern: «Das Kind ist schwach, es überlebt nicht dieses Scheit Holz, das bereits zu glimmen angefangen hat.»

Die kluge Mutter hatte genug Weisheit und Kraft, das Holz zu ergreifen und die Funken daran vollständig auszulöschen. Und siehe da – das Kind in der Wiege schien auf der Stelle an Kräften zuzunehmen und schrie nun kräftig mit einer wahren Lebensfreude in die Welt hinaus.

Der Ritter von La Sarraz, der nun heranwuchs, brauchte sich vor nichts zu fürchten, weder vor dem Zahn wilder Waldbestien noch vor dem Hagel der heidnischen Giftpfeile. Von England bis in das Morgenland erscholl die ganze Christenheit vom Ruhm seiner kühnen Taten.

Erst als er, in sehr hohem Alter, seiner zahllosen Abenteuer müde war, zog er das wohlgehütete Holz der Feen hervor. Nach kurzem Gebet warf er es in die Feuerflammen seines Schlosses, und wie es endlich ganz zu Asche geworden, da hatte auch der stolze Ritter aus eigner Wahl und freiem Willen seine Erdenfahrt vollendet.

Feen: Im Volksglauben, besonders ursprünglich keltischer Gebiete, niedere weibliche Gottheiten von grosser Anmut, in Quellen und Grotten wohnend. Sie sind kunstfertig, spenden den Menschen Hilfe, Schicksalsgaben, Zauberdinge, bisweilen auch Strafe. Gelegentlich deutete man sie als Erinnerung an die germanisch-keltischen Priesterinnen.

Vom Volk
der Vergangenheit

Noch in unserer Zeit trifft man auf mehr oder weniger deutliche Erinnerungen an jedes einstige Handwerk, den Alltag jeder gesellschaftlichen Schicht und Feste verschiedensten Ursprungs.
Auch wenn die Zivilisation der Neuzeit überall eine gewisse Gleichschaltung in Bauweise, Essgewohnheiten, Bekleidung und Arbeit mit sich brachte, finden sich in der Überlieferung noch deutliche Hinweise an die einstige Vielfalt: Jedes Geschlecht, jede Talschaft führte ihr Eigenleben; der Daseinskreis umfasste vor allem Verwandtschaft und Nachbarschaft, und beide Bezugsgruppen bildeten häufig genug eine Einheit.
Wie uns fremde und einheimische Schilderungen bis ins 19. Jahrhundert bezeugen, besass das Hirtenland zwar eine Reihe wichtiger Kleinstädte, aber keinen eigentlichen Mittelpunkt, der Gesellschaftsleben und Moden prägte: Nach heutigen Begriffen waren diese Städte im Grunde grosse, von malerischen Mauern umwallte Dörfer, wegen Hinterhöfen und Gärten überdies oft unvorstellbar locker gebaut.
Die Beziehungen zwischen Stadt und Land waren lange Zeit ausserordentlich eng: Nicht nur die Patrizierschicht, die noch stolz auf ihre Verwandtschaft mit den mittelalterlichen Burgherren war, zog im Sommer in ihre Landhäuser, sondern auch viele der Handwerker, die ohnehin in der Regel mannigfache dörfliche Verbindungen hatten. Ein alter Mann sagte mir, er hätte gehört, dass es «Städte eigentlich nur im Winter gab».

Die Kenntnisse von der einstigen Lebensweise ging ehemals vom Vater auf den Sohn, vom Meister auf den Lehrling über und gehörte sozusagen zur Berufsausbildung, und diese ursprüngliche Vertrautheit mit Handel und Handwerk von früher ist lediglich dort verschwunden, wo es nur noch einen einheitlichen Berufsschulunterricht gibt.

Land der Freien

Jörg in Chur

Einmal wurde der starke Jörg von Praden vor den gestrengen Magistrat der löblichen Stadt Chur zitiert und sollte sich dort wegen unbefugten Holzens verantworten. Auf dem Wege zum Gericht riss sich der Mann eine Tanne aus und benutzte sie als Wanderstab.

Vor dem Churer Rathaus angekommen, stellte er seinen Stecken an die Mauer, so dass die Tannzapfen daran durch das offene Fenster den Ratsherren auf den Tisch flogen.

Dann trat er in den Saal und fragte: «Was wollt Ihr?»

«Nichts», antwortete kleinlaut der Bürgermeister, «geht nur bitte wieder heim, Jörg.»

Der Starke von Trub

Millbacher von Trub im Emmental trank etliche Jahre länger die Muttermilch als andere Menschen. Darum geriet er auch viel stärker als alle seine Nachbarn und galt schon in frühester Jugend als der grösste Schwinger der Gegend.

Auf der Schanze in Bern wurde er beim munteren Kräftemessen der Hirten viele Jahre hindurch zum Schwingerkönig gekrönt und nur einmal von einem Länder, also einem aus den alten eidgenössischen Orten am Waldstättersee mit dem Namen Heineli Roth, besiegt. Doch man wusste, dass es dabei nicht ganz mit rechten Dingen zugegangen – der listige Roth hatte eben dem mächtigen Berner beim Schwingergruss unauffällig zwei harte Neutaler in die Hand gedrückt...

Immer weiter reichte die Glorie des unbesiegbaren Kämpfers, der nirgends seinesgleichen fand. «Und wenn der Tüüfel chäm, so wett ich em de zeiga, was Millbacher chönnt», lästerte der Kraftmeier in seinem Übermut. Bald wurde die Lust des Mannes, die ihn immer mehr erfüllende unstillbare Gier, seine überbordende Stärke an jedermann zu erproben, zum Schrecken des ganzen Landes. Jeden, der das Unglück hatte, ihm über den Weg zu laufen, packte er auf der Stelle und legte ihn stracks auf den Rücken.

Man sah sich bald gezwungen, einen besonderen Warner anzustellen. Ging Millbacher irgendwohin, lief ihm dieser Mann auf dem Wege voran und bat jedermann, der drohenden Begegnung auszuweichen.

Lange genug ging es auf diese Weise zu, bis eines Tages ein unansehnliches Männlein ob der ängstlichen Warnung der Vorhut nur lächelte und furchtlos weiterging, dem angriffigen Hünen entgegen. Es kam, wie man erwartet hatte – ohne viel Federlesens fasste Millbacher den andern mit Schwingergriff und warf ihn unsanft genug auf den harten Boden.
Doch mit einem Satz sprang das Männlein wieder blitzschnell auf seine Füsse, packte nun den gewaltigen Truber beim Kragen und schleppte ihn gleich einem stäubenden Mehlsack über Stock, Staude und Hag, bis er zerschlagen, ja für sein weiteres Leben ein armer Krüppel war.

Nie mehr konnte er sich im Schwingen schöne Lorbeerkränze holen: Er hatte darum, wie jedermann in der Umgegend, nicht den geringsten Zweifel, wer ihn da in der Gestalt des unscheinbaren Männleins gebodigt hatte.

Land der Freien

Schwingergruss: Vor dem Wettkampf der Schwinger reichen sich die beiden Gegner die Hand.

Land der Freien

Der Hirt als Landesretter

Zu einem Bündner Hirten, der den nicht ganz ungewöhnlichen Namen Hans trug, kam einmal eine schwerstbewaffnete Schar Krieger von der österreichischen Seite her. Gebieterisch forderten ihn die Feinde auf, ihnen gegen einen Haufen Geld den Weg zu ungeschützten Dörfern und reicher Beute zu zeigen.

«Kerl», schnaubten die blutgierigen Kriegsgurgeln, als der Hirte das in ihren Augen so grosszügige Anerbieten ablehnte, weil er nun einmal kein Verräter werden wollte, «sofort gehorchst du, oder wir hauen dich auf der Stelle in Stücke!»

«He», meinte darauf Hans nicht ohne eine gewisse Gutmütigkeit, «aber da müsste ich mich doch wehren.»

«Mit was denn?» höhnten seiner die Krieger, die bei dem Älpler nicht die einfachste Waffe erblicken konnten.

«Mit dem!» erwiderte der Hirte ergrimmt, rupfte sich eine Tanne aus dem Boden und schlug alles, was ihm da nicht aus dem Wege laufen konnte, zusammen und nieder.

Jene Kaiserlichen, die bei dieser Prügelei knapp am Leben blieben, haben's dann weitererzählt, und so war dank dem kräftigen Hans das Land lange Zeiten vor kriegerischen Einbrüchen und ähnlichen lästigen Überraschungen sicher.

Montafoner: Leute aus dem Montafon, dem Hochgebirgstal der oberen Ill in Vorarlberg, Österreich, zwischen Verwallgruppe im NO, Rätikon im SW und Silvrettagruppe im S. Reicht vom Quellengebiet bis zur Einmündung des Klostertals bei Bludenz.

Ritter Jeuch rettet Klosters

Eines Sonntags stand der Ritter Hans Jeuch an seinem Fenster und schaute gegen Schlapin hinauf, da sah er die kriegerischen Montafoner in hellen Haufen das Tobel herabkommen.

Schnell zog der Ritter seinen Lederharnisch an und bestieg seinen kampferprobten Schimmel. Damit er sich im Streit gut bewähre, gab er ihm eine Gelte Wein zu saufen – das ist ein Holzgeschirr, das seine acht bis zehn Mass fassen mag.

Dann ritt er vor die Kirche, denn die Klosterser waren eben alle zur Predigt gegangen. Doch kaum hörten sie den Kriegsruf des Ritters, eilte schon jeder zu seinen Waffen. Ohne auf die Leute zu warten, stürmte Hans Jeuch als erster den Montafonern entgegen, den Mannen von Klosters rief er nur noch zu: «Niedermachen will ich euch genug, nur lasset mir keinen wieder aufstehen.»

Wie ein Blitzstrahl fuhr darauf der Ritter in die kriegerischen Haufen der Montafoner und hieb mit scharfem Schwert und mit den Hufen seines trunkenen Rosses ganze Reihen der feindlichen Kämpfer nieder, und was er gemäht hatte, das zetteten die Klosterser; das heisst, keinen liessen sie wieder aufstehen. Die Überreste des Gegners flohen mit blutigen Köpfen das Tobel aufwärts wieder heimzu. Drei Tage floss der Schlapinerbach rot, so mörderisch war das Treffen.

Auf dem Rückwege rasteten die siegreichen Klosterser auf einer Wiese im Dörfli. Dort öffnete Ritter Hans Jeuch seinen Lederharnisch. Siehe da – eine ganze Menge von Flintenkugeln, die von feindlichen Schützen auf ihn abgeschossen worden waren, fielen zu Boden: Auch er war einer von denen, die da mehr konnten als nur Brot essen und welche die Kunst beherrschten, dank der man kugelfest werden kann.

Land der Freien

Die Freien Iseltwalder

In alten Zeiten gebot ein grosser Kaiser des Römischen Reiches Teutscher Nation den mit ihm verbündeten Völkern des Oberlandes, ihm bei einem Kriegszug die versprochenen Hilfsmannschaften zu stellen. «Wir senden der kaiserlichen Majestät», versprachen darauf die treuen Bergler, «drei Krieger aus der Gemeinde Iseltwald am Brienzersee.»

Der Herrscher glaubte nach solcher Antwort fast an Verrat und offene Verhöhnung, doch die Oberländer wussten ihn rasch zu beruhigen: «Unsere drei Mannen, die vermögen ein Mehrfaches von dem zu leisten, was sonst nur zahlreiches Volk zu erreichen vermag. Schaut zuerst nur einmal unsere drei Krieger an.»

Der Kaiser sah bald, dass man ihm nicht zu viel versprochen hatte: Die drei Iseltwalder waren gewaltige Riesen, die sich in die Felle der wilden Bergtiere, der Bären und Wölfe, kleideten. Als Waffen hatten sie sich in einem Buchenholz drei schenkeldicke Stämme geschnitten, sie von allen Ästen befreit und sich wie leichte Wurfspeere auf die Schultern gelegt. Wandelnden Türmen gleich, ragten die drei Oberländer aus den Heeren des Kaisers, als sich diese wider ihren Feind in Marsch setzten.

Der Kaiser merkte wohl – mehr der Verbündeten aus dem Bergland, die hätten einander beim Kämpfen nur gestört und damit den Sieg hinausgezögert: Die Keulen der drei Iseltwalder genügten vollauf, jeden Gegner in kürzester Zeit zusammenzuschlagen und das, was da noch einigermassen sein elendes Leben zu bewahren wusste, in blinde Flucht zu versetzen.

«Wählet euch zum Lohne», sprach darauf der Kaiser zu den Riesen, «was ihr nur möget. Jeden Dank habt ihr durch eure Dienste erworben!»

«Erlaubt uns nur», sprachen die Iseltwalder mit würdiger Bescheidenheit, «dass unsere Gemeinde den stolzen Kaiseradler auf ihrem Panner führen darf, vom Augenblick an, da sie dereinst mit hundert Mann in das Feld zu rücken vermag.

Wir selber wünschen uns nur das eine: Erlaube uns, wenn wir zu Land an unserem See im heissen Sommer durstig hinunterwandern, auf den Pflanzplätzen zu Bönigen, also auf Reichsboden, je drei Rüben auszuziehen, und eine in der Hand, zween im Gürtel davonzutragen.»

Der Kaiser gewährte gnädiglich die Bitten, und die Riesen erquickten sich von da an sehr häufig an den saftigen Rüben. Was aber das Wappenvorrecht von Iseltwald angeht – die Gemeinde blieb ewig zu klein und kam nie dazu, ein ganzes Hundert streitbarer Krieger ins Feld schicken zu können.

Aufmerksame Reisende haben übrigens in einem Hause des Dörfleins Matten bei Interlaken buntbemalte Fensterscheiben gefunden, die wahrscheinlich mit dieser alten Geschichte zu tun haben: Ein mächtiger Bär war dort vorgestellt, der seine paar Rüben im Gürtel trug.

Stammeskriege im Hirtenland

Das Rätsel um den Schweizer Käse

Von einem König sagt man, dass er in seinem Reich auch gar zu gerne den berühmten Schweizer Käse wollte hergestellt haben.

Also lud er eine Anzahl unserer Küher zu sich ein – doch trotz allem angewandten Fleiss war das Ergebnis ihrer Arbeit unvollkommen genug.

Die Küher empfahlen nun dem bekümmerten König, auch Schweizer Kühe kommen zu lassen, was er nicht ohne grosse Kosten bewerkstelligte. Nun hatte er also Schweizer Küher und Schweizer Kühe, Schweizer Käse bekam er aber gleichwohl nicht.

«Ihre königliche Majestät muss uns jetzt noch die Schweizer Berge kommen lassen», rieten nun die wackeren Küher nach mancherlei gescheiterten Versuchen.

Dem König fehlten aber dazu trotz seines unglaublichen Reichtums die notwendigen Mittel oder auch der Glaube, der doch bekanntlich Berge versetzen soll:

Also blieb er auch weiterhin ohne die für sein Land ersehnte Käsefabrikation, zu der es eben nicht nur die Künste der erfahrenen Küher braucht, sondern die hohen Alpen mit ihren vortrefflichen Bergkräutlein.

Stammeskriege im Hirtenland

Wettkampf um Grund und Boden

Vor etwa 600 Jahren hatten Schwyz und das Kloster Einsiedeln ständigen Streit um eine Weidestrecke, die zwischen beiden Orten lag. Wegen der ewigen, nur zu oft blutigen Handgemenge zwischen den Hirten erhielt das strittige Stück Land den Namen Kriegsmatt.

Schwyzerseits hauste in Iberg, «Im Hirschen», ein mächtiger Riese, der Hans Winz hiess. Zu der Hütte, die sich dieser starke Mann baute, trug er seelenruhig ganze Tannenstämme auf der Achsel herbei! Seine Schwester besass nicht geringere Körperkräfte – oft trug sie ihre zwei Mass Salz auf dem Kopfe von Schwyz «ins Iberig» und strickte dazu noch im Gehen.

Auch bei den dauernden Hirtenkämpfen stellte Hans Winz seinen Mann. Wagten die Einsiedler Klostermannen einen Einfall, so trieb er sie, als Waffe einen Tannengrotz schwingend, jedesmal mit blutigen Köpfen in ihr Gebiet zurück. Machtlos waren alle Gegner gegen den wehrhaften Riesen. Einmal gelang es zwar ihrem besten Streiter, dem Schützen Öchsli, Hans Winz mit einem scharfen Pfeil in den Bauch zu treffen – doch auf diesen machte ein solcher Unfall nicht den geringsten Eindruck. «Öchsli, Öchsli, du schiessest mir nur ein Löchli», soll er ob der für andere Sterbliche gewiss auf der Stelle tödlichen Wunde ausgerufen haben.

Endlich hatten beide Parteien von dem ewigen Zank und den mörderischen Überfällen genug und beschlossen, wie es damals häufig Sitte und Brauch war, die Entscheidung über den Handel dem Schicksal zu überlassen. Von jedem Dorf

Stammeskriege
im Hirtenland

sollte beim Hahnenkrähen der leichtfüssigste Mann den Weg unter die Schuhe nehmen – wo beide aufeinandertreffen würden, dort sollte die von nun an rechtmässige Grenze sein. Die Sache endete aber wiederum mit einem schönen Sieg der Schwyzer. Listig flössten sie ihrem Hahn am Abend Branntwein ein, so dass der trunkene, durchgedrehte Vogel bereits um Mitternacht erwachte und sofort auch loskrähte. Der Riese Winz stürmte sofort los und legte einen dreimal so starken Weg zurück als sein alter Feind Öchsli.

Noch heute steht der Marchstein an der Stelle, wo der Einsiedler dem glücklichen Läufer die Hand zur Begrüssung reichte. Die verhaltene Wut über seine so folgenreiche Niederlage verlieh dem Öchsli für Augenblicke fast übermenschliche Kraft: So stark drückte er dem Winz die Rechte, dass diesem das Blut unter den Fingernägeln hervorschoss.

Goethes dritte Schweizerreise: Zum dritten Mal betrat Goethe am 17.9.1797 bei Schaffhausen die Schweiz, reiste über Bülach nach Zürich (wo er im altgewohnten Gasthof «zum Schwert» mit dem Geschichtsschreiber Joh. v. Müller zusammentraf) und weilte vom 21. bis 28. Sept. mit dem Malerfreunde Heinrich Meyer in dessen Heimat Stäfa. Nach einer neuerlichen Bergreise zum Gotthard weilte er dann vom 22. bis 26. Okt. zum letzten Male in Zürich und verliess darauf über Schaffhausen die Schweiz für immer.

Hexereien um das Zürcher Wappen

Kein geringerer als Goethe erzählt es uns in seinem Tagebuch von seiner dritten Schweizerreise: Die guten Schwyzer, die nahe am Grenzstein gegen das Zürichbiet hausten, waren vollauf überzeugt, sie könnten ihren Nachbarn sehr leicht Leid zufügen.

Sie müssten nur – also glaubten damals die Schwyzer – den Grenzstein auf der Seite des Zürcher Wappens mit dem Stock schlagen – und schon würde sich der ganze andere Kanton übel fühlen.

Umkämpftes Grenzland

Stammeskriege im Hirtenland

Lange und heftig stritten auch die Urner und Glarner um die Grenzen ihrer Viehweiden. Endlich hatten beide Talschaften von den schlimmen Zwistigkeiten genug und kamen überein, bei der kommenden Tagundnachtgleiche die gerechte Entscheidung durch einen offenen Wettkampf herbeizuführen. Beim ersten Hahnenschrei sollte aus jedem der beiden Länder ein tüchtiger Läufer aufbrechen; wo sie zusammenstossen würden, sollten für alle Zeiten die unumstrittenen Marchen sein. Gewaltig wuchs die Spannung unter den Gegnern: Die besten Jäger wurden an beiden Orten für den langen Lauf auserwählt und die Hähne, auf die es ankam, mit viel Sorgfalt behandelt. Die Urner fütterten ihren Güggel nur ganz dürftig, damit er vor nagendem Hunger recht früh erwache und krähe – die Glarner dagegen stopften den ihren geradezu, weil sie überzeugt waren, wenn es dem Vogel gutgehe und er recht gefüttert werde, so handle er aus freudiger Dankbarkeit ganz nach ihren Wünschen.

Die Leute von Uri behielten aber mit ihrem Verfahren recht; der Hahn von Altdorf krähte schon in der ersten Morgendämmerung, und der Jäger rannte ohne Verzug los. Weit in die strittigen Matten kam er hinein, bis er endlich den unglücklichen Glarner erblickte, der lange genug auf den Ruf des faul gewordenen Vogels hatte warten müssen.

Nichts hatte es dem armen Manne genützt, dass er sich fast die Lungen aus dem Leibe rannte; die versäumte Zeit liess sich nicht mehr einholen, und entsetzt sah er, was für ein riesiges Stück Land sein Widerpart bereits erobert hatte. Obschon fast zu Tode ermattet, flehte er den Sieger mit bewegten Worten an, ihm noch eine Gelegenheit zur Wiedergutmachung des Versäumten zu gewähren.

«Schenk uns wenigstens noch so viel Land», bat er, «als ich dich auf meinem Rücken deinen Weg wieder zurückzutragen vermag.»

Der Urner liess sich erweichen, und der Glarner schleppte ihn mit letzter Kraft wieder ein Stück jener Passhöhe am Klausen entgegen, die der andere weit hinter sich gelassen hatte. Bis zum letzten Atemzuge gab er nicht nach und gewann so für sein Volk einen Teil der Viehweiden zurück. Dann sank er endlich entseelt auf den Pfad. Das vom Urner

Stammeskriege im Hirtenland

durchlaufene Land jenseits der Berglücke heisst aber seither der Urnerboden. So leben die beiden Jäger gleichermassen im Munde ihrer Nachfahren, der Urner und der Glarner.

Von Alpenkriegen

Zwischen den Hirten der Alpen an der Sulzfluh und den Montafonern jenseits des Gebirgszuges kamen durch Jahrhunderte mehr oder auch weniger gutmütige und lustige Neckereien vor, die mit der Zeit in immer boshaftere Zusammenstösse ausarteten.

Ein Küher, der im Partnun hütete, fasste den verwegenen Plan, sich ganz allein, auf eigene Faust, an den Montafonern zu rächen. Von seinem Vorhaben erzählte er seinen Kameraden kein Wort – sonst hätten sie es ihm sicher ausgeredet.

So machte er sich eines schönen Tages auf, überstieg den die verfeindeten Geschlechter trennenden Grubenpass und betrat die prächtigen, weiten Alpen der Widersacher. In einer Hütte kehrte er ein; deren Bewohner – Streitereien hin oder her! – hielten die Gastfreundschaft noch heilig. So freundlich wurde der Hirte aufgenommen und bewirtet, dass er beinahe seine böse Absicht aufgegeben und vergessen hätte – doch sein Hass gewann bald wieder die Oberhand.

In der Nacht erhob sich der Räuber von seinem Lager, schlich sich in den Stall und führte die zwei stattlichsten Kühe weg. Die Freude über seinen wohlgelungenen Plan übertönte die Stimme seines Gewissens.

Über die Passhöhe trieb er seine Beute und begrüsste den Knecht, der während seiner Abwesenheit das Vieh hütete, mit übermütigen Worten. Doch dieser erwiderte: «Gott, was hast du getan? Gib acht, das kostet unsere ganze Habe; du und wir alle müssen diese Tat entgelten.»

Schon in den Nachmittagsstunden erfüllte sich dieses schlimme Vorgefühl: Mit grossen Stöcken in den Händen nahten von der Passhöhe die Montafoner, in ihrer Mitte der wütende Eigentümer der beiden «Braunen». Nicht nur ihren Besitz wollten sie zurücktreiben, sondern zur Strafe noch das ganze übrige Vieh, das auf der Alp Partnun weidete. Nur einen Stier wollten sie zurücklassen – der hinkte und konnte darum kaum schnell und sicher genug über den Gebirgszug kommen.

Dem Küher, der nächtlich ihre Gastfreundschaft missbraucht hatte, überliessen sie die Wahl zwischen jenen zwei Todesstrafen, die damals bei den Älplern gebräuchlich waren: Entweder sollte er in heisse Milch springen und so den Tod finden – oder so lange ins Alphorn blasen, bis er zerspringe.

Er zog das letztere vor, stellte sich auf das Hüttendach und blies, dass es in Berg und Tal widerhallte: Oh! Oh! Oh!... Sie haben uns genommen die schwarzbraune Kuh und alle anderen dazu...»

Im Tale vernahm man wohl die seltsamen langgezogenen, zitternden Töne, aber ausser der Liebsten des Kühers vermochte niemand die Klage des Alphorns zu deuten: Nur das Mädchen, das eben am Brunnen Wasser schöpfte, verstand den Hilferuf und machte ihn den Männern kund.

Die Hirten im Tale begriffen endlich die Gefahr, die ihrer Habe drohte, und stürmten bergan den Alpen zu. Sie kamen zu spät: Tot lag der Küher, der doch mit seinen letzten Kräften seine Angehörigen und Genossen hatte warnen wollen, oben auf dem Hüttendach. Doch die Kühe waren alle weit weg, die Montafoner ganz sicher nicht mehr einzuholen.

Es war nun einmal so und nicht anders: Die Leute aus dem Tale wussten, dass sie ihr liebes Vieh nicht mehr sehen sollten – es sei denn, sie kauften es teuer von ihren Gegnern zurück.

Niedergeschlagen kehrten die Leute wieder heim in ihr Tal, mit ihnen zusammen die Knechte des Kühers, die nun auf einer Alp ohne Kühe nichts mehr zu tun hatten: Öde Stille herrschte in den schönen, verlassenen Gründen, wo noch vor wenigen Stunden das lustige Geläute der friedlich grasenden Herde ertönte.

Stammeskriege im Hirtenland

Stammeskriege im Hirtenland

Die kühnen Frauen von Lenk

Die starken Hirten der Berge glaubten eben, als sich unten in den Tälern schon mächtige Städte und Gotteshäuser erhoben, noch lange nur an ihre eigene Ordnung: Weniger aus bitterer Not als aus Übermut überfielen sie gern ihre Nachbarn, und wer unter ihnen dank Körperkraft, Waffenübung oder List dabei den Viehbesitz der Seinen am meisten zu mehren vermochte, den grüssten die schönen Mädchen am herzlichsten, der war bei Freund und Feind in der ganzen Umgegend wohl angesehen.

Einmal, da überfielen wie ein Blitz aus heiterem Himmel die Walliser die fruchtbaren Alpen der Lenker im Obersimmental und führten fröhlich ganze Herden als Beute mit sich. Nur die Weiber und die alten Männer waren bei den Beraubten in den Hütten, die ganze kampferprobte Jugend ging für sich irgendwo recht gefährlichen Abenteuern nach. Trotzdem brach alles, was sich einigermassen auf den Füssen zu halten vermochte, zur Verfolgung der frechen Gegner auf.

Bald erblickten schon die Lenker ihr weggetriebenes Vieh – die siegessicheren Walliser hatten es nun einmal nicht mit der Eile. Die neugewonnenen Herden liessen sie ruhig weiden und feierten in der Nähe den leichten Sieg mit Wein und Spottgesang. Vielleicht wollten sie, sich ihrer gewaltigen Übermacht wohlbewusst, ihre Verfolger sogar absichtlich in die Nähe kommen lassen – um dann schwache Weiber und Greise tüchtig verhöhnen zu können.

Da lösten die listigen alten Lenker heimlich die Glocken von den Kühen und schwangen sie selber hin und her, dass es auf der Weide lustig weiterbimmelte. Die Weiber unterdessen, die trieben die gestohlenen Herden rasch wieder heimzu.

Erst als Frauen und Vieh so weit weg waren, dass auch der Dümmste unter den Wallisern die Sinnlosigkeit einer wilden Verfolgung sofort einsehen musste, hörten die klugen Greise mit ihrem Schellen auf und liessen dafür ein schallendes Gelächter von allen Bergwänden widerhallen.

Für ihren Mut in der Not erhielten die Lenker Frauen von da an das ehrenvolle Vorrecht, die Kirche vor ihren Männern verlassen zu dürfen.

Der Teufelseid

Stammeskriege im Hirtenland

Wegen ihrer Allmend stritt einst die Gemeinde Walchwil mit den Zugern. Ein tückischer Mann beschloss, der schlechten Sache zum Siege zu verhelfen und mit einem tüchtigen Meineid zu beschwören, dass die Stadt Zug uralte Rechte auf das Land besitze. Listig überlegte er sich, wie er dabei Worte von doppeltem Sinne wählen könnte – damit er nichts Unrichtiges sagen müsste und doch von jedermann falsch verstanden würde. Der Teufel flüsterte ihm in dunkler Stunde schlimmen Rat ein. Keck trat der Mann vor das Volk und schwor, scheinbar aus redlichem Herzen, «beim Schöpfer und Richter» über seinem Haupte. Mit einigem Recht tat er das – hatte er doch vorher einen Schöpfer, das heisst einen Schöpflöffel, und dazu noch einen Richter, das ist ein Kamm zum Richten der Haare, auf seinem struppigen Haupt verborgen.

Das Volk ging in die Falle, und die Allmend wurde den Walchwilern abgesprochen. Nur hatte der listige Mann seine Rechnung ohne den wahren Schöpfer und Richter gemacht: Unselig war sein Ende – samt seinem Schimmel sah man ihn manche Mitternachtsstunde die ergaunerte Allmend durchgeistern, dabei erbärmliche Jammertöne ausstossend.

Sein Treiben wurde mit der Zeit so störend, dass das Volk endlich den Entlebucher Krummenacher rief, der gemäss seinem guten Ruf Abhilfe in der Not fand. Wie schon vorher manch andern bösen Geist, verbannte er den Meineidigen auf immer und ewig oder wenigstens bis zum Jüngsten Tag in höllische Gebirgsklüfte, wo er nächtlich wandelnden Bürgern nicht länger haarsträubende Angst einzujagen vermochte.

Von Geissenbürli und dem Bauernstolz

Das verlorene Glück

Erdmännlein:
Meistens gleichbedeutend mit Zwerg. Kann aber auch als Alp auftreten. In der Schweiz oft gleich dem Bergmännlein. Die Erdmännlein werden oft auch in Zusammenhang gebracht mit früher im Lande ansässigen Völkern, knüpfen sich doch die Sagen von Erdleuten sehr oft an alte Siedlungsstätten.

Narr:
Ein Narr ist im Sinne des Volkes entweder ein Geck oder Tor, also entweder ein Mensch, der zuviel vorstellen will oder nichts vorstellen kann.

Viele Geschichten wissen, wie die Erdmännlein wegen der Untreue und des zunehmenden Geizes der Menschen ihre Umgebung verliessen und darum immer seltener wahrgenommen wurden. Ebenso häufig sind freilich auch jene Mären, die geschickt dartun, dass es die Neugier der verderbten Leute war, die sie unerträglich belästigte, und der eitle Hochmut der Bauern, ihnen ihre Lebensart aufzuzwingen.

Ein Mann aus dem Thurgau, dessen Vieh ein Erdmännlein in verschwiegenen Nächten stets trefflich beschützt und besorgt hatte, verstand seinen Helfer heimlich zu belauschen. Da sah er voll Verwunderung, dass sein Freund aus der Felshöhle, der in allen Stallarbeiten so viel Geschick besass, nur jämmerlich ausstaffiert war und ein erbärmliches Lumpengewand nach verachteter Bettler Art trug.

«Du bedauernswerter Narr», dachte der Bauer, der sich solche Tracht kurzsichtig aus der Einfalt oder der Armut des Erdmännleins erklärte, «du trägst kein gutes Kleid, jetzt will ich dich für dein Werken belohnen.»

Er nahm sein bestes Sonntagswams und schneiderte es gewandt zu einem Röcklein für den nächtlichen Gast zurecht. Dieses legte er dann vor das Felsentor, aus dem jeweilen das Erdmännlein herkam, und versteckte sich wiederum, die Wirkung seiner vermeintlich grossherzigen Gabe zu beobachten.

Doch kaum sah der also unerwartet Beschenkte den blauen Rock daliegen, da ergrimmte er masslos. «Du eitler Bauer», rief das Erdmännlein, «wenn du wüsstest, wie wenig ich dein Bedauern brauche. Mag dir von jetzt an die Arbeit sauer werden, meine Hilfe hast du für immer verscherzt!»

Damit wich es höhlenein zurück und blieb von da an verschwunden.

Frevelhafter Richtertrug

Im Thurgau, am Fusse des Haselberges, stand einst mitten unter fruchtbaren Äckern und Wiesen ein stattlicher Eichenwald, der einer Witwe gehörte. Ein reicher Herr hatte auf ihn sein begehrliches Auge geworfen und suchte nach Mitteln und Wegen, ihn ganz seinen ausgedehnten Besitztümern einverleiben zu können.

Da die Frau ihn nun einmal gegen Geld nicht hergab, bewies der habgierige Mann sein Recht auf diesen Wald mit gefälschten Schriftstücken bei einem gründlich bestochenen Richter. Doch der Himmel vernahm den Fluch der betrogenen Witwe und strafte das Unrecht: In einer Nacht erbebte die Erde, und die herrlichen Eichen versanken in der Tiefe. An der Stelle des Waldes aber entstand ein See, den man später Bichelsee nannte.

Der Betrüger floh noch in der gleichen Schreckensnacht – er kam nie mehr in das Land, das er ausbeuten wollte, zurück.

Der Stolz des Thurgaus

Von Geissenbürli und dem Bauernstolz

Heiliger Meinrad: Priester und Mönch in Reichenau. * Ende des 8. Jh., † 861 (von Räubern erschlagen). Lebte seit 835 als Einsiedler im «Finstern Walde». Die Benediktinerabtei Einsiedeln wurde 934 über der Zelle des 861 ermordeten Meinrad gegründet.

Viele alte Thurgauer spotten grimmig über die Geschichtsbücher, die ihren Kanton im Bunde der Eidgenossen als «neu» bezeichnen. Sie wissen noch vielerlei Sagen und Geschichten über die ehemalige Bedeutung ihres Landes zu erzählen. So behaupten sie, dass in den Tagen des grossen Kaisers Karl und des heiligen Meinrad der Thurgauer Graf auch in der Stadt Zürich Recht sprach. Ihr Gebiet besass also, will man dieser Geschichte Glauben schenken, über die erst viel später so mächtige und reiche Stadt die Oberherrschaft.

Ja, vielleicht seien die ehemaligen Grafen und Ritter des Thurgaus auch gar nicht ausgestorben, so kann man weiter erfahren. Es soll da noch verschwiegene Bauern geben, die durch ihre stolze Gestalt und wohlgemessene Rede in den Dörfern auffallen und auch entsprechend im Volke geachtet werden. Obwohl sie sich nie ihrer hohen Abkunft rühmen und diese für den seltenen Kenner höchstens an den Wappen auf ihren alten Truhen ersichtlich ist, sollen sie und ihre Kinder die bis in entfernteste Zeiten zurückreichende Familiengeschichte kennen.

Selbstverständlich reden sie in ihrer schönen Bescheidenheit nicht gern zu Aussenstehenden davon und vergessen bei ihrem harten Tagwerk leicht ihre uralten Stammbäume und ihre einst im Sonnenlicht glänzenden Ritterrüstungen. Nur einmal im Jahr, um die Mitte des Sommers, versammeln sie sich nächtens in abgelegenen Bauten oder auch in selten besuchten Waldungen mit Verwandten von weither.

Sie kleiden sich dann in altväterische Trachten mit viel sonst wohlverstecktem Schmuck, lassen durch ihre Spielleute ganz eigenartige Musik aus Saiteninstrumenten ertönen, die sie das ganze Jahr über verborgen halten, und tanzen auf eine Art und Weise, wie man sie seit vielen Geschlechtern weder in der Stadt noch auf dem Lande erlebt.

Wer diese Sage nicht kennt und doch zu diesen nächtlichen Versammlungen kommt, wie etwa vor einem Menschenalter ein Schuhmacher aus Frauenfeld, der glaubt, ein Geistervolk zu erblicken, das zur Strafe für vergangene Taten ewig auf Erden bleiben und herumspuken muss.

Die Voraussicht der Geissenbauern

Von Geissenbürli und dem Bauernstolz

Kaiser Napoleon war klug genug, den Ländern, die ihm als Untertanen treu ergeben waren und auch Soldaten für die blutigen Schlachten stellten, gewisse Vorteile zu verschaffen. So hat er Europa gegen Erzeugnisse von England, wie Webstoffe und Stickereien, vollkommen gesperrt. Für die Weber und Sticker des Landes Glarus eröffneten sich damit ungeahnte Aussichten, und ihre Waren wurden auch bis in die Paläste des türkischen Sultans mit viel Gewinn verkauft.

Sultan: (arabisch, Herrschaft, Macht) Die Herrscher der osmanischen Türken nahmen diesen Titel um 1400 an und haben ihn bis 1922 getragen. Galt hier als höchster Titel.

Jedermann ergab sich nun in den Glarner Talschaften der gewinnbringenden Industrie und lachte über das zeitfremd bescheidene Volk, das dabei nicht mitmachen wollte. «Gross ist die Vergänglichkeit der Welt», soll ein bejahrter Geissenbauer gesagt haben, «hat nicht der Bruder Niklaus von der

Niklaus von Flüe: Bruder Klaus, Schweizer Einsiedler, Landespatron des Halbkantons Obwalden, * Flüeli 1417, † im Ranft (am Eingang des Melchtals) 21.3.1487. Er trennte sich 1467 von seiner Familie und lebte als Einsiedler. Er verhütete mit seinem der Tagsatzung in Stans übermittelten Zuspruch den Bürgerkrieg unter den Eidgenossen (1481). Niklaus v. d. Flüe wurde 1669 selig-, 1947 heiliggesprochen.

Flüe gelehrt, man solle seinen Zaun nicht zu weit machen und aus den Händeln der Welt keinen Nutzen ziehen?»

Als nun Napoleon geschlagen war, strömten wieder die englischen Fabrikate nach Europa und waren sogar viel wohlfeiler als die Waren der Schweizer, weil die klugen Briten unterdessen für das Weben und Sticken Maschinen erfunden hatten, die ohne jede Ermüdung arbeiteten. Durch das Land Glarus soll damals eine Hungersnot und ein Familienelend gegangen sein, wie man sie in solchem Ausmass in unserem Lande kaum je gekannt hat.

Zu den armen Geissenbäuerlein, über deren bescheidenes Wesen man so lange gespottet hatte, kamen nun die Menschen wie zu reichen Herren mit der flehentlichen Bitte um etwas Milch für die unmündigen Kinder. Aus diesem Grunde, so scheint es, ist damals die Verehrung für Niklaus von der Flüe von neuem gewachsen, und seine auch für künftige Zeiten gültigen Worte haben neue Bedeutung gewonnen.

Alteidgenössisches im Lande St. Gallen

Mehrfach, so auch aus dem St. Gallischen, vernahm ich die Geschichte, mit der man zeigen will, wie treuherzig einst die Landleute miteinander zu verkehren pflegten.

Zwei Bauern hatten einen Rechtsstreit wegen einer besonders schönen Weide und mussten darum an einem bestimmten Tag gemeinsam vor dem gestrengen Gericht erscheinen. Bei einem der beiden kalbte gerade eine Kuh, und also bat er seinen Nachbarn und Widerpart, vor den Richtern doch auch seinen Standpunkt zu vertreten.

Der andre versprach es herzlich und tat es auch so ehrlich und gründlich, dass ausgerechnet der Mann, der wegen der Notlage zu Hause im Stall geblieben war, den Rechtsfall gewann und die umstrittene Wiese zugesprochen erhielt.

Von Winzern und Wein

Wein im Bergland

Einige der ältesten Rebberge scheint man im sonnigen Lande Wallis noch mit «den Heiden» in Verbindung gebracht zu haben. Manche Leute, die man nach dem Ursprung dieser alten Bezeichnung befragt hat, behaupten, dass dieser Name

Von Winzern und Wein

von einem Volk stamme, das hoch über den Tälern in den Bergen seinem Lebensunterhalt nachging, dabei aber lange ganz von der Welt abgeschnitten blieb und darum eigenartige Bräuche aus ferner Vergangenheit bewahrte.

Andere wiederum, die sagen, man habe fremde und flüchtige Stämme so genannt, Sarazenen oder Zigeuner, Hunnen oder Ungarn, denen man für Landwirtschaft oder Viehzucht nicht sonderlich geeignete Hänge zugewiesen hatte.

Die Gäste, die bei uns Zuflucht suchten, hätten aber aus ihrer Heimat besondere Weinreben mitgebracht, sie sorgsam gepflegt und es so mit den Jahren, trotz ihres scheinbar unwirtlichen Bodens, zu grossem Wohlstand und hohem Ansehen gebracht.

Schön ist aber auch die folgende Geschichte, und wenn sie ein Scherz sein mag. Der Altvater Noah barg in seiner Arche, die in der grossen Sündflut alle überschwemmten Länder durchzog, auf Gottes Geheiss allerlei Tiere und Pflanzen. Wohl wegen seiner heute noch allgemein bekannten Schwäche für einen guten Tropfen nahm er sich ganz besonders der besten Reben an und rettete sie auf die sorgfältigste Art vor den erschrecklichen Fluten.

Wie dann die Wasser nach und nach wieder verschwunden sind, da waren er selber und auch seine Nachkommen fleissig bedacht, diejenigen Höhen, die zuerst aus den Fluten emporragten, zu den Heimatgärten der auserlesensten Weine zu machen.

So halten die Walliser Rebbauern ihr Handwerk häufig für einen der allerersten und darum ehrwürdigsten Berufe. Einige waren sogar fest überzeugt, dass ihre Pflanzen noch unmittelbar aus der Heidenzeit vor der Sündflut stammen und von Noah selber gerettet wurden.

Altvater Noah

Herr Bacchus am Genfersee

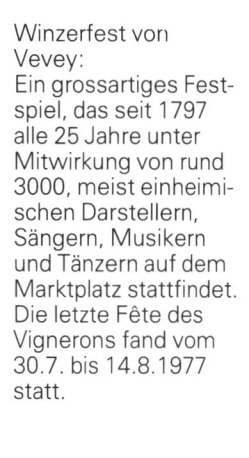

Von Winzern und Wein

Noch heute feiert die Stadt Vevey ihr berühmtes Winzerfest, das begeisterte Besucher aus vielen Ländern der Welt anzieht. Im Volk wird behauptet, dass das Fest noch in den Zeiten entstand, da im Waadtland die Klöster mit den Rittern aus altem Burgunderstamm um die besten Rebberge stritten. Kenner der uralten Volkssagen beteuern, dieses Fest habe die gute Königin Bertha gestiftet, die auf ihrem Schimmel überall in der westlichen Schweiz herumgeritten sei, derart die Bräuche des Friedens und des ländlichen Glückes begründend.

Gestern wie heute wird das Winzerfest recht übermütig gefeiert, und manche der wunderschönen Trachten sollen noch aus den Tagen vor dem 18. Jahrhundert stammen.

Winzerfest von Vevey: Ein grossartiges Festspiel, das seit 1797 alle 25 Jahre unter Mitwirkung von rund 3000, meist einheimischen Darstellern, Sängern, Musikern und Tänzern auf dem Marktplatz stattfindet. Die letzte Fête des Vignerons fand vom 30.7. bis 14.8.1977 statt.

Von Winzern und Wein

Bacchus:
Gott des Weines und der Fruchtbarkeit. In der griech. Mythologie Dionysos genannt. Sohn des Zeus und der Semele.

Nun liessen die Rebbauern in jener fernen Zeit neben dem biblischen Urvater Noah, dessen recht unvorsichtige Zecherei dem Leser des Alten Testamentes bekannt sein mag, auch den heidnischen Römergott Bacchus auftreten, und das soll Ärger bereitet haben.

Vor allem solche Leute, denen die Geschichte des Genfersees fremd war, erhoben den Vorwurf der Ketzerei. Die Rebbauern trieben indessen keinen Götzendienst, sondern ihre Ahnen, die Bacchus geliebt und ehedem mit grossem Fleiss ein glückliches Weinland begründet, hatten den lockigen Gott besonders geehrt.

Wie schon mancher frühe Chronist, so nahm auch der zeitgenössische Gewährsmann an, dass dieser Herr Bacchus nicht das übernatürliche Geschöpf gewesen sei, zu dem er später von abergläubischen Käuzen gemacht wurde. Mit grosser Wahrscheinlichkeit handelte es sich wohl um einen unternehmungslustigen, klugen Mann, der in vielen Gegenden den Grund zum Rebbau legte und manches Geheimnis wusste, wie man den Wein gut wachsen lassen und zubereiten kann.

Im Waadtland soll es noch immer Familien geben, die die bewährten Weinregeln des Bacchus genau kennen und daraus den Erfolg für ihre Weinberge ableiten. Noch heute sollen einige Rebbauern, wenn sie ihre neue Ernte feiern, den ersten Becher dankbar auf Bacchus leeren.

Hakenmann:
Der Hakenmann sitzt, meist unsichtbar, am Grunde fliessender und stehender Gewässer und zieht Menschen, die sich dem Wasser nähern oder darin schwimmen, mit einem Haken in die Tiefe; bes. Kinder werden vor ihm gewarnt. In der Schweiz haust ein Hakenmann auch im Kornfeld, auf dem Heuboden und in Abtritten.

Der behütete Wein

Wenn im alten Zürichbiet die köstlichen Trauben reiften, dann trat allemal ein ganz eigenartiges Gespenst in Erscheinung, nicht weniger gefährlich als der unheimliche Hakenmann der unberechenbaren Wässer.

«Wenn du in die Reben gehst und verbotene Trauben pflückst» – also warnte man auf alle Fälle jedes übermütige Kind –, «kommt der Traubenhänsel mit seinem Hakenstock und haut dich viele Klafter tief in Grund und Boden hinein.»

Weinopfer an der Furka

Von Winzern und Wein

Von Zeit zu Zeit trifft man an der Furka zwischen Ursern und Goms, aber auch in andern Berggegenden, seltsam rote Flecken auf dem Schnee, ganz als wäre dieser mit rotem Wein oder menschlichem Lebensblut getränkt worden.

Die Bergler erklären diese wunderbare Erscheinung mit den Untaten der alten Säumer. Statt den köstlichen Wein Italiens beim Kaufherrn gehörig abzuliefern, pflegten sie ihre Saumrosse um einen nicht geringen Teil der wertvollen Last zu erleichtern – indem sie nach und nach den Labetrank ihren eigenen durstigen Kehlen anvertrauten.

Säumer: Lastenträger (Saum = althochdeutsch «soum», Tragtierlast, aus provinzlat. «sauma», Packsattel, «saumarius», Lasttier, das in althochdeutsch «soumari» entlehnt wird, neuhochdeutsch Säumer, Saumtier).

Dazu erlaubten sie sich voll Spott und Übermut schier jede Nachlässigkeit: Die Fässlein wurden schlecht genug wieder mit ihrem Spund versehen, und der Wein tropfte bei jedem Schritt und Tritt auf den Felsweg. Es ist nun ohne weiteres verständlich, dass der gerechte Himmel solche Untreue und ein Verschleudern edler Gottesgabe nicht dulden konnte.

Die rotfarbenen Flecken im Schnee sind aus diesem Grunde nichts anderes als die Seelen jener zuchtlosen Säumer, die in ewiger Kälte und Einsamkeit ihre Verfehlungen abzubüssen haben. Unfähig sind sie in solcher Gestalt, ihren gewaltigen Durst auf gewohnte Art und Weise zu stillen, und sie erleiden zur Strafe für ihr Unrecht unvorstellbare Höllenqualen.

Die Bergler pflegen darum, wenn sie mit einer Flasche Rebensaft in der Tasche oder im Rucksack durch die Gegend wandern, stets einige der stärkenden Tropfen auf die verwunschenen Stellen zu vergiessen. Die Geister pflegen dann dem Opfernden wichtige Gegendienste zu erweisen und ihn gar auf gefährlichen oder verirrlichen Pfaden aus schlimmen Nöten und Gefahren zu erretten.

Schicksal der Städte

Die böse Stadt

Im bernischen Simmental, in jener Gegend, wo jetzt Weissenburg, Oberwil und andere kleine Ortschaften liegen, soll in ganz alten Zeiten eine grosse und reiche Stadt gestanden haben. Dorthin kam eines späten Abends ein zerlumptes Männlein und flehte von Haus zu Haus um eine milde Gabe.

Überall traf es aber auf Gleichgültigkeit oder kalten Hohn – nur in einer schlechten Hütte, etwas ausserhalb der mächtigen Stadt, war ein armer Greis mit seiner Tochter ohne viel Federlesens bereit, mit dem seltsamen Bettler sein karges Mahl zu teilen.

Doch das Männlein packte sofort eine Hacke und begann mit viel Eifer und Fleiss einen Graben um das Hüttlein seiner Wohltäter aufzuwerfen. Mit duldsamem Lächeln betrachteten Greis und Tocher das närrische Treiben des verhudelten Zwergleins.

Aber kaum war dieses mit seiner Arbeit fertig, da ertönte von den Bergen her ein Tosen und Donnern. Erde und Felsen stürzten wie ein schwarzes Meer über die geizige Stadt; sie begruben ihren Reichtum und all ihre hartherzigen Bürger.

Nur das gastliche Hüttlein der beiden freundlichen Menschen wurde dank seinem schützenden Graben von dem allgemeinen Verderben und Strafgericht verschont.

Verderblicher Reichtum

Schicksal der Städte

Durch die Lage ihres Städtleins und durch die Erdschätze ihrer Berge waren die Bewohner von Plurs, einst gelegen an der Mera oberhalb Cleven, reich und mächtig geworden. An der Spitze des Rothorns, oberhalb Churwalden, waren Silbergruben von unerschöpflicher Ergiebigkeit entdeckt worden – Tag und Nacht war ein endloser Zug von Maultieren unterwegs, die das Erz zur Schmelze schleppten. Sogar kleine Bäche, voll des fliessenden Goldes, soll es damals gegeben haben, in denen jeden Morgen und Abend je eine Masskanne des edlen Metalls gefasst wurde. Die Bewohner von Plurs konnten sich sogar des ganzen Seidenhandels nach dem Süden bemächtigen, und die Stadt und deren Umgegend hiessen im Volke nur Belfort oder Schönflecken.

Doch bald vergass das Volk vollkommen der Tugenden seines alten Älplerlebens, wurde hartherzig und goldgläubig. Wer kein Geld hatte, oder was kein Geld einbrachte, wurde für ein Nichts angesehen und mit billigem Spotte überhäuft. Man schämte sich gar bald der Erinnerung, dass man von einfachen Hirten abstammte und vor nicht allzu fernen Zeiten, wie das treue Gedenken der Menschen wohl zu bezeugen wusste, in demselben groben Wollrock einhergegangen war wie die Sennen der benachbarten Alphütten.

Voller Verachtung blickte man auf diese einstigen Brüder hinab und behandelte sie, wohl um das hie und da mahnende Gewissen zu übertäuben, oft niederträchtiger, als es die schlimmsten Zwingherren hätten tun können.

So standen die Sachen, als man im Jahre 1618 in Plurs wieder einmal eine Hochzeit zur Gelegenheit nahm, der ganzen Umgebung die Macht und den Reichtum des Städtleins vor Augen zu führen. Unter goldgestickten Baldachinen wanderte man in die Kirche, speiste dann auf Silbergeschirr und lustwandelte nach aufgehobener Tafel am Ufer der Mera.

Da hörte man auf einmal auf einer nahen Wiese ein Lämmlein kläglich nach seiner Mutter blöken; das Geschrei des verirrten Geschöpfleins missfiel indessen den Ohren der reichen Braut. «Ein verlaufenes fremdes Tier», an solch harten Rechtssatz hielten sich die Plurser nur allzu gerne, «darf man auf eigenem Gute wegnehmen und totschlagen.» Herzlos banden sie, dies noch als eine Hochzeitslustbarkeit ansehend, das

Masskanne: Mass – früheres deutsches Hohlmass. Als Flüssigkeitsmass in Baden und der Schweiz = 1,5 Liter.

Baldachin: Ursprünglich ein kostbarer Seidenstoff aus Baldac (Bagdad), später die daraus gefertigte Prunkdecke oder Bedachung, vor allem über Altar und Thron, auch der an vier Stäben befestigte Traghimmel bei Prozessionen.

> Schicksal der Städte

> Frevel:
> Überhebliche Versündigung gegen göttliche oder menschliche Ordnungen.

Lamm an vier Pflöcken fest, zogen ihm bei lebendigem Leibe das Fell über die Ohren und schickten das blutig geschundene Wesen voller Hohn seinem Besitzer zurück.

Das Mass der Frevel der grausamen und gewinnsüchtigen Plurser war aber mit dieser Tat endgültig voll. An den beiden gegenüberliegenden Bergen, Simetta und Gonto, zeigten sich plötzlich grässliche Spalten, bodenlose Risse taten sich auf, ringsum bebte und dröhnte es in Höhen und Tiefen – gewaltige Felsmassen setzten sich in Bewegung und fuhren donnernd auf das verderbte Städtlein nieder.

Unter dem Bergschutt liegt noch heute Plurs begraben, die Paläste und Landhäuser der Reichen mit Truhen und Schränken voll Gold und Seide. Bis in unsere Tage erzählt man von diesem Untergange zur Warnung für alle Nachgeborenen, und immer noch graben habgierige Leute, die von ungehobenen Goldschätzen fabeln, im tiefen Schutt nach den märchenhaften Reichtümern.

Der giftige Basilisk

> Basilisk:
> Vom 14. bis zum 17. Jh. wurden in Europa mythologische Tiere aller Art erfunden und vor allem in mythischen Traktaten gezeigt. Basilisk, Phönix, Greif.

In einer schlimmen Übergangszeit gegen Ende des Römischen Reiches – andere sagen im 10. Jahrhundert, als Basel von wilden heidnischen Ungarn gebrandschatzt wurde – hatte sich in den Kellern und Brunnenschächten der in Trümmer gesunkenen Rheinstadt ein scheusslicher, giftiger Basilisk eingenistet.

Allemal wenn Schuld und verrufene Künste des Menschen die Oberhand gewinnen, wird die natürliche, Gottes Schöpfung durchwaltende Ordnung auf den Kopf gestellt. Dann kann es geschehen, dass ein Hahn ein Ei legt und diesem ein widerliches Wesen entkriecht, welches keinem der Tiere unserer Welt gleicht. Einen Hahnenkamm soll ein solcher Basilisk über seinem Adlerschnabel tragen, dazu Fledermausflügel, einen Krötenbauch voller Warzen und einen langen Eidechsenschwanz. Schon die Blicke des Scheusals vermögen auf grosse Entfernung jedes Lebewesen zu töten, und sein giftiger Atem lässt Wälder im Augenblick dahinwelken.

Der Teufelshahn von Basel nun flog nächtens in die Jurahöhen und auf die Weiden des Aargaus und hinterliess überall, wo er erschien, für Mensch und Tier mörderische Seuchen. Erst ein unerschrockener Mann, ein in allen Weisheiten des Morgenlandes bewanderter fahrender Schüler – einige behaupten, es sei der junge Graf des Frickgaus gewesen – soll dem ganzen Unheil ein Ende bereitet haben. Mit einem spiegelnden Schild trat er dem Satanswurm entgegen, und dieser erschrak zu Tode, als er zum erstenmal seine grauenhafte Hässlichkeit erblickte.

Basel aber wurde darauf für Jahrhunderte eine gesegnete Stadt, deren blosser Anblick Glück und Gewinn verhiess.

Aberglaube in der Stadt

Unter Dachdeckern und Schornsteinfegern, Feuerwehrleuten und Polizisten, die waghalsig und zuverlässig schwindelfrei sein müssen, soll in der Stadt Genf ein eigenartiger Brauch verbreitet gewesen sein. In einem Laden der Altstadt, der leider schon vor dem Ersten Weltkrieg verschwunden ist, pflegten sie Bergkristalle oder versteinerte Schneckenmuscheln, wie sie in den Gebirgsfelsen gefunden werden, zu erstehen und als Glücksbringer zu tragen.

Wenn unauffällig auf dem Leib getragen, sollen solche Talismane ihrem Besitzer ermöglicht haben, ungesichert und ohne Schwindelanfall auf den höchsten Dächern herumzuturnen. Ja, diese Glücksbringer gaben ihren Trägern in luftiger Höhe eine Sicherheit, als bewegten sie sich auf der festen und gefahrlosen Erde.

Der Brauch, der von dem Volke aus den Waadtländer Alpen stammt, soll in Genf noch sehr lange weitergelebt haben, und vor jeder halsbrecherischen Bewährungsprobe wurde dem betreffenden Mitbürger ein solcher Talisman geschenkt.

Schicksal der Städte

Die Stadthüter

Adrian von Bubenberg:
* um 1424 zu Spiez,
† zu Bern im August 1479. Zuerst ein Freund Burgunds, verteidigte er 1476 Murten gegen Karl den Kühnen. Diese Entscheidung für das eigene Land galt lange als bestes Beispiel der Heimatliebe.

Rudolf v. Erlach:
† 1360. Ritter, nach der Berner Chronik Konrad Justingers Sieger in der Schlacht bei Laupen 1339, in der die Berner mit Hilfe der Waldstätte (Urkantone) ihre verbündeten Feinde besiegten.

Ritter Nägeli:
Hans Franz Nägeli, * um 1500, † um 1579. Herr zu Bremgarten (BE) und Münsingen, war während 40 Jahren der einflussreichste Mann in Bern und mit zahlreichen erfolgreichen diplomatischen Missionen betraut. Hauptmann bei der Eroberung der Waadt 1536, Schultheiss der Stadt Bern 1540–1568.

Wenn der Wirt und seine Helfer schon längstens in ihren Federn liegen, da zechen im Kornhauskeller zu Bern die drei alten Helden Adrian von Bubenberg, Rudolf von Erlach und Ritter Nägeli. Exakt wie in alten Schulbüchern und auf ihren Standbildern schauen die drei aus, und darum weiss man auch so genau, was für Gäste nächtens die Fässer leeren.

Einer, der soll einmal im Zibelemärit-Trubel fest auf seiner Bank eingeschlafen sein und wurde darob vom müden Wirt beim allgemeinen Rauswurf übersehen.

Wie er nach ein paar Stunden erwachte, erblickte er die drei alten, einander zutrinkenden Berner Helden.

«Muss man bald weggehen?» fragte der gute Mann, dem es aus einigermassen verständlichen Gründen nicht ganz klar war, wo er sich befand, ob es noch Abend oder bereits Morgen sei und mit wem er die Rede führte.

«Wir gehen noch sehr lange nicht fort», erklärte mit tiefer Stimme der Ritter Nägeli, «wir warten, bis man unser noch einmal braucht!»

Der gute Mann verstand diesen Bescheid in dem Sinne, dass es bis zum Wirtshausschlusse noch gute Weile habe. Zufrieden legte er seinen Kopf auf das für einen festen Bauernschädel gar nicht besonders harte Holz und schnarchte bis in den freundlichen Morgen hinein.

Erst dann begriff er, wen er in der Nacht angetroffen und dass er Einblick in ganz geheime Dinge erhalten hatte.

Seltsame Musikanten und andere Fahrende

Vom Geiger im Schanfigg

Auf der Tschiertscher Alp Farur im Schanfigg liegt ein kleines Tal, einfach das Thäli genannt. Viele haben dort schon geigen gehört, und zwar so unglaublich schön, dass jeder, der die Töne vernahm, dahin musste, wo die Musik herzukommen schien. Doch immer war der unsichtbare Musikant an einer ganz andern Stelle, als wo man ihn glaubte fassen zu können.

Seltsame Musikanten und andere Fahrende

Ein alter Küher hörte einmal den Thäli-Geiger so rassig und auflüpfisch spielen, dass er auf der Stelle zu tanzen begann, dabei seine Holzschuhe verlor und so lange hüpfte und sprang und schwenkte und drehte, bis er vor Müdigkeit auf den Boden fiel.

Das gleiche stiess sogar einem Schreiber zu, der sonst gar kein Freund des Tanzens war. Eine ganze Stunde folgte der ohne Besinnung den Tönen des geheimnisvollen Spielmannes, dann sei die Musik auf einmal verstummt. Er aber war ob der ungewohnten Beschäftigung so sturm und müde geworden, dass er viele Tage kaum mehr stehen noch gehen konnte.

Seltsame Begegnungen in einer Freiburger Berghütte

Pottaschenbrenner: Pottasche: Holzasche (18. Jh. aus dem Niederländischen), ein aus Pflanzenasche ausgelaugtes alkalisches Salz, auch Kesselasche genannt, weil das Sieden der Lauge in zwei eisernen Töpfen (Potts) und einem kupfernen Kessel geschieht. Die Pottasche wurde u. a. von Seifensiedern gebraucht.

Im Freiburgischen, am Käsenberg, liegt der tiefe Plasselbschlund. Im Sangernboden stand da eine alte Hütte, wo oft am Abend die Küher der Nachbarschaft zusammenkamen, sich auf mancherlei Art und Weise die Zeit zu vertreiben.

Zu ihnen gesellten sich nicht selten die Pottaschebrenner, die Kräuter- und Harzsammler; zuweilen kam auch ein seltsames Männlein, dessen Herkunft und Name kein Mensch genau wusste.

Es hatte eine blassgelbe Gesichtsfarbe, aschgraue, blinzelnde, tiefliegende Augen und einen roten Haarschopf. Eine grüne Kappe trug es auf dem Kopfe; als Bekleidung einen grauen Kittel, lange, enge Hosen von hellblauem Zeug und kurze

Stiefel. Unter dem linken Arm hielt es stets eine Fiedel, so dass es von jedermann als das Spielmannli bezeichnet wurde.

Meist sass es ruhig und still in einer Ecke der Hütte, oder es wärmte sich am knisternden Feuer. Gab man ihm aber etwas zu essen und zu trinken, dann wurde es auf einmal munter und dankte herzlich in einer sonderbar fremden Sprache, von der man nur bei ein paar Worten den richtigen Sinn erahnte.

Zum Schluss nahm es seine Fiedel und spielte den Hirten und Kräutersammlern eine ganze Reihe von köstlichen Tänzen und Liedern. So gut vertrieb es seinen Hörern die Zeit, dass sie oft genug ihre ganze Arbeit darüber vergassen.

An bestimmten Tagen blieb aber das Spielmannli vollkommen unsichtbar, und doch musste man auch in solchen Fällen seine Musik keineswegs missen: Sein Saitenspiel vernahm man trotzdem im Sangernboden – bald diesseits, bald jenseits des wilden Ärgerenbaches.

Der unsichtbare Bettler

Im Prättigau war einst ein Fänggenmannli, das aber keinen festen Wohnort hatte, vielmehr immer talein, talaus wanderte. Auf seinen Wegen flocht es unermüdlich Körblein aus Moos, und diese hängte es dann den erwachsenen Mädchen des Tales vor ihre Fenster.

Kam das Fänggenmännlein nach einiger Zeit wieder am Hause einer dieser Schönen vorbei, so war es neugierig, ob dieselbe sein Körblein hübsch in Ordnung gehalten hatte. War dies der Fall, so freute es sich und füllte das Moos mit Erd- oder Heidelbeeren.

War das Körblein aber lieblos behandelt worden und darum verwahrlost, dann warf der Fängg der Schuldigen faule Pilze durch das offene Fenster und liess dazu noch sein helles Gelächter ertönen.

Es war unmöglich, ihn bei solchen Streichen zu erblicken – der Bettler hatte eben die Gabe, sich unsichtbar zu machen.

Fänggenmännlein: Fänggen heissen in Bayern, Liechtenstein, Tirol, Graubünden und St. Gallen (Sargans) riesenhafte und zwergenähnliche Naturgeister, auch «wilde Leute» genannt. Sie zeichnen sich durch Gewandtheit und Schlauheit aus, sind wetter- und kräuterkundig und vertraut mit den Geheimnissen der Viehzucht.

Vergessene Ansichten und Meinungen

Für Theophrastus von Hohenheim, im Jahre 1493 zu Einsiedeln geboren und heute für viele der grösste Wissenschaftler des Abendlandes, war die Natur lebendig, die ganze Landschaft erfüllt von unsichtbaren Wesen. Was das Volk bis zum heutigen Tag als Erdleutlein (Härdlütli) bezeichnet, waren für ihn die Gnomen. Die geheimnisvollen Feen oder Weissen Frauen nannte er Sylphen; im Feuer lebten für ihn die Salamander und im Wasser schliesslich die Wasserfrauen, die Nixen und Undinen.
In der Eidgenossenschaft mit ihrer jahrhundertelang unberührten Landschaft, mit ihrem ewigen Schnee der Alpen und den schicksalhaften Lawinen, den Wasserfällen und den heissen, aus dem Innern der Erde sprudelnden heilsamen Quellen galt die Natur lange Zeit als belebt: Blättert man in wissenschaftlichen Werken, so kann man noch bis ins 18. Jahrhundert, etwa bei Athanasius Kircher oder bei Scheuchzer, ein Nebeneinander von exakter physikalischer Beobachtung und Volksglauben feststellen.
Die Waadt und die gebirgigen Gegenden der übrigen Schweiz spielen bei den Hexenverfolgungen, die erst gegen Ende des Mittelalters an Grausamkeit zunahmen, eine besondere Rolle – ganz offensichtlich deshalb, weil sich hier ganz und gar ursprüngliche Vorstellungen erhalten und, trotz teuflischen Verleumdungen, sehr lange behauptet hatten: Die Vorfahren sahen nun einmal die Natur nicht als eine Anhäufung seelenloser Materie, sondern als ein Kunstwerk Gottes, ein Zusammenspiel lebendiger Kräfte. Es ist wichtig, nochmals festzuhalten, dass unsere Jugend, die seit etwa einem Jahrzehnt immer mehr für die Achtung

gegenüber der Umwelt und all ihren Lebewesen eintritt, auch für die fast verstummten Sagen Empfänglichkeit zeigt: Junge Menschen aus der Stadt, für die das Leben auf dem Land wieder attraktiv geworden ist, besuchen in ihrer Freizeit alte Bauern oder die letzten Sippen des Fahrenden Volkes – von ihnen wollen sie erfahren, «was man einst über die Gegend erzählte».
Solche unternehmungslustigen jungen Menschen haben in den siebziger Jahren in vorher fast entvölkerten Tälern im Jura, Zürcher Oberland, Tessin und in Graubünden Sagen erzählen hören, wie wir sie zuvor höchstens aus ganz alten Büchern in Bibliotheken kannten.

Altes von Steinen, Kräutern und Wäldern

Die guten Würzlein

Auf dem Berge, der Saanen und Abläntschen voneinander trennt, liegt eine Bergweide, Rudersberg geheissen. Hier hat ein Hirte manchen Sommer seine Kühe geweidet.

Einst im Herbst ist ein wildes Bergmännlein vor ihm erschienen und hat ihn freundlich gebeten, ihm ein Stück von seiner Herde den Winter über zu Nutzen zu geben. Dem Hirten gefiel dieser Vorschlag nicht gerade wohl. «Einerseits», dachte er bei sich, «erhalte ich mein Gut im kommenden Sommer wohl kaum zurück. Anderseits, willfahre ich dem Wilden Männlein nicht, dann bin ich wahrscheinlich mein Glück mit dem Vieh bald ganz los...»

Zum Schluss fand er weder einen Ausweg noch Ausreden und versprach seinem Gaste, ihm bei der Abfahrt eine Kuh zurückzulassen. Er nahm sich freilich vor, dem andern nur das erbärmlichste Stück aus seiner Herde herauszusuchen.

Bei der Kühscheid vor der Alpabfahrt kam dann der merkwürdige Handel zustande. Das Wilde Männlein nahm sein Kühlein am Seil und führte es daran durch die Felswände der Rudersberger Flühe, dass es dem erstaunten Älpler nur schon vom Zuschauen schwindelte. Die beiden trotteten seelenruhig über Stock und Stein, an Flühen und Klüften vorbei, wo sonst nur die klettergewandten Gemslein durchkommen.

Im andern Jahr, als der Hirte mit seiner Herde wieder auf den Berg fuhr, ist das Männlein mit dem schäbigen Kühlein, das unterdessen prächtig genug gediehen war, zurückgekommen – sogar ein Kälblein brachte es auf dem gleichen schauerlichen Gemsenweg mit. «Nun habe ich Käse für meinen Lebtag machen können», meinte es voller Dankbarkeit.

«Wie hast du denn dein Vieh gewintert?» fragte der Älpler. «Bei lauter Würzlein», antwortete der andere, «die ich den Sommer hindurch gesammelt und getrocknet habe.»

Kein Wunder, dass bei solchem Heu die Kuh sich so trefflich anliess!

Altes von Steinen, Kräutern und Wäldern

Erz vom Himmel

Im Besitz eines Herrn von Planta aus dem bekannten Bündner Geschlecht soll sich ein seltsames, längliches Stück Eisen befunden haben, mit dem der Mann, wenn man ihn darum bat, seine Gäste aus aller Welt in Erstaunen versetzte.

Er legte dann das Eisen auf die Tischplatte, so dass seine Spitze in eine frei gewählte Richtung wies. Betrachtete man den Gegenstand, so war es selbst bei genauer Beobachtung nicht möglich, die geringste Veränderung zu bemerken. Vergass man ihn aber auch nur für einen Augenblick, so hatte er, augenscheinlich aus eigener Kraft, seine Stellung geändert, und seine Spitze zeigte in eine andere Richtung.

Man vermutete, das Eisen sei von einem Stern zur Erde gefallen und zeige mit grosser Hartnäckigkeit immer noch nach jener Stelle des Himmels, von der es gekommen sei.

Altes von Steinen, Kräutern und Wäldern

Das gefährliche Kraut

Nördlich vom Weiler Wintersberg, im Sankt Gallischen, liegt ein grosser Wald, in dem herrliche Beeren aller Art zu finden sind – freilich auch das unheimliche Irr-Kraut.

Wer drauftritt, der findet sich nicht mehr in all den Bäumen, Sträuchern und Büschen zurecht und läuft stundenlang sinnlos im Kreise herum. Das beste Mittel dagegen wäre, sofort die Schuhe zu wechseln – aber wer trägt schon ein zweites Paar mit sich herum?

Die Waldschwestern von Einsiedeln

Am Anfang des 13. Jahrhunderts pilgerten einst fromme Jungfrauen zur schwarzen Muttergottes in Einsiedeln. In der Umgebung des berühmten Gnadenortes liessen sie sich dann einzeln in der Einsamkeit nieder, und bald waren sie unter dem Namen Waldschwestern bekannt.

Eine von ihnen, sie hiess Anna Amin, suchte einmal in ihrem Walde nach Kräutern und fand dabei eine gar seltsam gewachsene Wurzel. Die hatte ganz und gar die Gestalt eines Kreuzes, und an ihr hing, ebenfalls in der Erde aus der Wurzel entstanden, ein menschlicher Leib, welcher wiederum aus Wurzeln gebildete Haare und einen Bart, beides ganz nach Menschenart, aufwies.

Klause:
(lat. clusa, die «Geschlossene») Enger, abgeschlossener Raum, Klosterzelle, Einsiedelei.

Die Waldschwester schnitt die Wurzel sorgfältig ab und brachte sie in ihre Klause. Dort fand das Naturwunder bei dem andächtigen Volke aus der Umgebung und den von nah und fern herbeiströmenden Pilgerscharen grosse Verehrung.

Später ist diese Wurzel bei einem Brande leider unwiederbringbar verlorengegangen.

Paradiesischer Reichtum

Altes von Steinen, Kräutern und Wäldern

Das Bödeli, der flache Boden zwischen dem Brienzer- und dem Thunersee, mit den Gemeinden Unterseen, Bönigen, Wilderswil und Matten, war früher für seinen Reichtum an besonders heilsamen und seltenen Kräutern wohlbekannt. Berühmte Doktoren kamen wegen dieser Kräuter ins Oberland, und die Einheimischen konnten sich einen Batzen Geld verdienen, wenn sie sie an die geheimen Fundstellen führten.

Man sagt, dass der liebe Gott, als er diesen Ort schaffen wollte, zu seinem treuen Helfer, dem heiligen Petrus, gesprochen habe: «Und jetzt gib mir vom Paradiesmödeli – wir wollen jetzt machen das Bödeli.» Nach diesen Worten seien auf dem Boden die heilkräftigen Kräuter so zahlreich gewachsen wie im Paradies selber.

Auch wird behauptet, dass der heilige Beatus, als er in der Endzeit des Römischen Reiches unser Land durchzog, hier von einem frommen Hirten dieser Gegend auf die Höhle am Thunersee aufmerksam gemacht wurde, die er dann als Wohnstätte wählte.

Zum Dank soll der Heilige das Bödeli gesegnet haben, worauf die für Mensch und Tier heilsamen Kräuter in Fülle sprossen. Im Mittelalter sind sie dann Studiengegenstand der klugen Mönche vom Kloster Interlaken geworden, von deren Künsten in der Heilmittelbereitung noch immer manches Rezept unter dem Volk des Oberlandes bekannt sein soll.

Ja es heisst, dass eine handschriftliche Sammlung dieser Kräuterlehre, «Das Beatusbüchlein» genannt, bei den Oberländern von Hand zu Hand gehe. Diese gute Erbschaft der Klosterleute bewirke aber noch immer, dass die alte Wissenschaft nicht ganz verlorengehe! Viele Menschen in den Alpentälern sollen ihr bis heute gute Gesundheit bis in ihr hohes Alter verdanken.

Genaues ist darüber freilich nicht zu erfahren.

Altes von Steinen, Kräutern und Wäldern

Burgunderblut

Bekanntlich ist der Murtensee von Algen verschmutzt, die das Volk noch immer Burgunderblut zu nennen pflegt. Diese Gewächse sollen am schicksalhaften Tage der Schlacht gesprossen sein, als Tausende der Söldner Karls des Kühnen über das Wasser zu fliehen versuchten und mit ihren schweren Rüstungen darin ertranken. Noch lange war der See voller Leichen, umgeben von rostigen Panzern.

In Vallamand wird behauptet, dass früher die Leute am Jahrestag der Murtenschlacht zum Seeufer eilten und dort den Sonnenaufgang abwarteten. Wenn dann die ersten Strahlen des jungen Morgens das Wasser berührten, sei dieses den Betrachtern wie von Feuer und Blut gemischt erschienen.

Der heilige Baum im Luzernischen

Auf der Bramegg bei Malters, im Luzernischen, stand durch viele Menschengeschlechter eine uralte, mächtige Tanne. Wurde auch ringsum jeder Baum abgeholzt, diese schonte man immer, dunkle Warnungen von Vater zu Sohn und Enkel weitergebend: «Es sei ein Geist hineingebannt», hiess es etwa, «das Umhauen würde darum mit grosser Sicherheit Unglück bringen.»

Ein Mann, der Sagen der Vergangenheit verlachte, liess trotz aller Abmahnungen die Tanne fällen: Als der Baum zu Boden stürzte, fühlte der Ungläubige im Bein plötzlich einen furchtbaren Schmerz, an dem er unter Qualen den Tod fand.

Das Geheimnis um die Tiere

Strafe für den schlechten Hirten

Auf der Stutzalp in Bünden sind die Sennen darauf bedacht, dass jede Kuh zuverlässig ihren verdienten Teil Salz zu lecken bekommt. Will einmal einer diesen tierfreundlichen Brauch vergessen, dann erinnern ihn seine Gefährten an das schreckliche Los des Nebelmännleins, das schon zu vielen Malen auf jener Alp erblickt wurde.

Meistens erscheint es an trüben Tagen, wenn dunkle, drohende Regenwolken über der Gegend schweben. Es trägt dann einen Hut mit einem mordsbreiten Rand, Holzschuhe, eine weisse Jacke – und nie vergisst es seine Tasche, in der sich das vom Vieh so geliebte und begehrte Salz befindet. Das Männlein streckt den Kühen unermüdlich lockend die Hand mit der weissen Leckerei hin und ruft so laut es nur irgendwie vermag.

Doch die Tiere weiden ruhig weiter, keins davon vermag das unglückliche Gespenst zu hören oder sonstwie wahrzunehmen. Keine Kuh nimmt trotz all seinen Bemühungen auch nur ein Krümlein von seinem Salze, und so bleibt ihm jedesmal nichts anderes übrig, als bald wieder voll Traurigkeit zu verschwinden.

Die Hirten wissen es wohl: Das Nebelmännlein war zu Lebzeiten ein ungerechter Hirte, der den verdammenswürdigen Brauch übte, sein Salz ganz und gar ungerecht zu verteilen. Gewissen Kühen gab er überhaupt keines, seine Lieblingstiere erhielten dagegen einen wahren Überfluss.

Nebelmännli: Das Nebelmännlein ist ein Wettergeist. Am bekanntesten ist das N. von Bodman (Bodensee). Es wohnt am «Löchli», einer niemals zufrierenden Stelle im Bodensee. In stillen Nächten steigt es empor, narrt die Schiffer und schädigt die Reben mit kaltem Reif.

Das Geheimnis um die Tiere

Jetzt muss er zur Strafe für solchen Unfug bei regnerischem Wetter durch die Alp streifen, und zwar so lange, bis das Vieh endlich seine verzweifelten Lockrufe vernimmt und ihm Gelegenheit gibt, sein Unrecht gutzumachen.

Bestrafte Tierquälerei

Auf der Valenser Alp Laasa war einst ein leichtsinniger Küher, dem eine lebhafte Kuh aus einer andern Gegend viel Arbeit und Verdruss bereitete. Da beschloss er, sich endlich Ruhe zu verschaffen, und jagte das lästige Tier in ein Weidegatter, an dessen einer Seite ein offener Abgrund gähnte. Die Kuh rannte blindlings in die heimtückische Falle und stürzte, genau wie er es erwartet hatte, zu Tode.

Als aber der Küher starb, zeigte sich schon bald, dass er sich damit eine Schuld aufgebürdet hatte, die ihm im andern Leben nicht leicht zu verzeihen war. Noch nach Jahren sah man den ruhelosen Älpler jede Nacht die von ihm in den Abgrund gestürzte Kuh mit riesenhafter Anstrengung wieder den Berg hinaufschleppen.

Doch die gewaltige Mühe erwies sich jedesmal als vergeblich und sinnlos – kaum oben, entglitt ihm das tote Tier und polterte von neuem in die Tiefe.

So musste der Unglückliche, bis er endlich seine Schuld irgendwie abgebüsst hatte und erlöst wurde, Nacht um Nacht die gleiche Heidenarbeit von vorne beginnen.

Von den Eigenschaften der Bienen

Das Geheimnis um die Tiere

Im Luzernischen war man einst fest überzeugt, dass die Bienen nichts mit Geld und Geschäft zu tun haben dürfen. Wenn man sie käuflich erwirbt oder gegen Geld abtritt, sind sie beleidigt, und ihr Grimm ob der Missachtung des guten Brauchs geht auch auf die andern Völker des fehlbaren Imkers über. Sie arbeiten nun einmal nicht gern für klingende Münzen.

Nicht nur machen gekaufte Bienen zusehends schlechteren Honig, vielmehr stecken sie mit ihrer Faulheit bald die ganze neue Umgebung an. Mehr noch – der Verkäufer, ihr einstiger Herr, hat gleichzeitig, als Strafe für die unterlassene Sitte, fortan nur noch Unglück und Verdruss mit seinen Bienen.

Also soll man sie früher nur verschenkt haben – selbstverständlich an Verwandte oder Nachbarn, mit denen man auf bestem Fusse stand.

«Mit dem Brauch», meinte eine Entlebucherin, «wollten unsere weisen Altvorderen der Nachwelt einen wichtigen Hinweis geben: Der Honig der Bienen besitzt durch Gottes Beschluss heilsame Eigenschaften, die man mit keiner Bezahlung vergelten kann.»

Der Tiergarten am Matterhorn

Hoch oben auf den fast unersteigbaren Felsen und Schneerücken des Mattenbergs, am Matterhorn, liegt ein seltsamer, geräumiger Platz, worin die schönsten Steinböcke und Gemsen friedlich miteinander weiden. Man sieht dort aber auch ganz wunderbare und fremdartige Tiere; von der Art, wie man sie nur noch auf alten Chronikstichen und Malereien erkennt, die das irdische Eden zeigen.

Nur ganz mutige und geschickte Männer finden den gefährlichen Weg in dieses zauberische Bergland. Unter zwanzig

Das Geheimnis um die Tiere

kühnen Gemsjägern mag das nur einem einzigen gelingen, und dies nur alle zwanzig Jahre ein einziges Mal.

Darum weiss man auch, wie unendlich lange dieses geheime und herrliche Paradies schon bestehen muss: Denn fast zahllos sind die Namen der Menschen, die bis zum märchenhaften Tiergarten vordrangen und die jeder neue Gast an den nie gesehenen prächtigen Bäumen eingeschrieben findet.

Schützende Adlerfedern

Suworow, Alexander: * 1729 in Moskau, † 1800. Russ. Feldmarschall. Er erwarb sich in den Kriegen Katharinas II. Ruhm und Volkstümlichkeit. Er vertrieb die Franzosen aus Oberitalien. Sein Übergang über die Alpen und der Rückzug über den Pragel nach Glarus erregten Aufsehen.

Der russische Feldherr Suworow bekämpfte, wie man weiss, nach dem Niedergang der Alten Eidgenossenschaft die Armeen Frankreichs in den Alpen. Seine Soldaten sollen es dabei, obwohl sie zumeist aus flachen Ländern stammten, den Gemsen und Steinböcken gleichgetan und wahre Wunder der Kletterkunst vollbracht haben.

Namentlich an der Teufelsbrücke in Uri erinnert man sich noch lebhaft ihrer Taten und erwähnt immer wieder, dass die besten Soldaten des tollkühnen Feldherrn an ihren Kopfbedeckungen Adlerfedern getragen hätten. Wenn auch allgemein angenommen wurde, die Federn gehörten zu ihren Uniformen, weil die russischen Soldaten einen zweihäuptigen Adler auf ihren Feldzeichen und Fahnen trugen, will man auch gewusst haben, dass ein Urner Jäger, erbost über die Grausamkeiten der französischen Eroberer, Suworow ein Geheimnis verraten habe. Adlerfedern geben denen, die sie aus den hohen Bergnestern der Vögel zu holen vermögen und anstekken, nach Überzeugung der Jäger völlige Schwindelfreiheit. Auch ist der Träger fähig, einen Feind ohne Mühe in weiter Ferne zu erspähen, möge sich dieser noch so geschickt verborgen haben.

So soll uralter Wildererglaube den Soldaten geholfen haben, schlafwandlerisch sicher am Rande der schauerlichen Abgründe dahinzuschreiten und den Blicken der französischen Wächter regelmässig zu entgehen.

Die Raben des Meinrad

Das Geheimnis um die Tiere

Ein junger Zuger, der einst das Klostergebiet von Einsiedeln besuchte, geriet wegen Geldmangel in üble Versuchung. An einem der Andenkenstände, wie sie sich in der Nähe des Gotteshauses befinden, erblickte er ein feines Silberkettlein mit schmuckem Anhänger. Wie er sich noch überlegte, dass er damit ein hübsches Mädchen erfreuen könnte, da handelte er bereits entschieden und mit Geschick. Ein Griff, und schon war das feine Silber in seiner tiefen Tasche verschwunden.

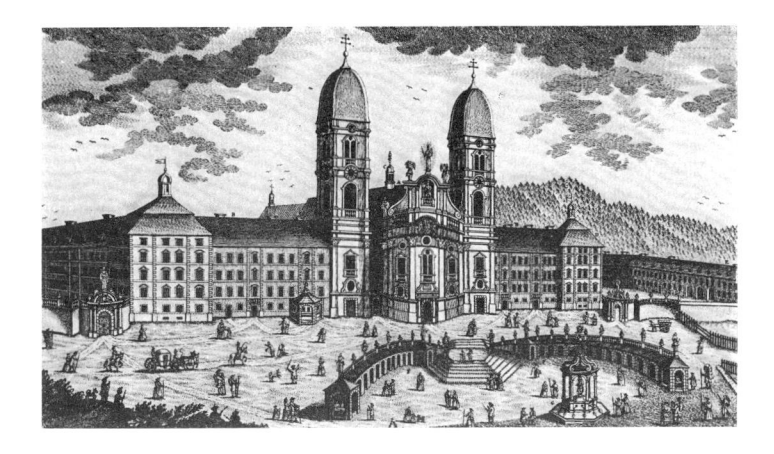

Kloster Einsiedeln

Doch als der junge Mann den Heimweg unter die Füsse nahm, hörte er in einem Walde einen recht unheimlichen Vogellaut. Er schaute um sich und sah zwei mächtige pechschwarze Raben, die nebeneinander auf einem Baumast sassen und die Augen unverwandt auf ihn hefteten. Der Dieb erinnerte sich bei diesem Anblick an den heiligen Meinrad von Einsiedeln, von dem das Volk weiss, dass er seine Raben heute noch ausschickt, auf dass sie ihm über die Taten und Untaten der Menschen Bericht erstatten. Es fiel ihm sogar ein, dass es in der Innerschweiz alte Leute gibt, die darum das Töten eines solchen Vogels als schweres Vergehen ansehen...

Obwohl es ihn einen weiten Umweg kostete, kehrte der junge Mann um und brachte unbemerkt das Kettlein mit dem Anhänger wieder an den alten Platz zurück. Er war nun ganz und gar überzeugt, dass jede Schuld des Menschen, auch wenn sie kein Sterblicher wahrnimmt, unerbittlich zu Strafe und Sühne führen muss.

Rabe:
Seit jeher ein sagenumwitterter Vogel. Heilbringer der nordamerikanischen Indianer und Mayas. Für den Iran verkörperter Siegesgenius. Bei den Griechen waren die Raben Begleiter Apolls und Helios. Den Sumerern, Babyloniern und Chinesen war er der Gottesvogel. Dem gallischen Gott Lugus und dem galloröm. Merkur soll er heilig gewesen sein.

Das Geheimnis um die Tiere

Von beseelten Tieren

Aus der Nähe von Rothenthurm im Lande Schwyz erinnerte sich noch ein alter Mann an eine Geschichte, die einer seiner Landsleute kurz vor der Jahrhundertwende beim Gotteshaus in Einsiedeln erlebt hatte.

Der Schwyzer wallfahrte zum heiligen Ort der einstigen Waldklause jenes frommen Grafensohnes, der als heiliger Meinrad noch heute vom Himmel aus die Geschicke der Eidgenossenschaft lenken soll. Wie erschrocken war der Pilger, als er auf den breiten Treppenstufen, die zur Kirche führen, eine dicke, hässliche Kröte erblickte, die mühsam kletternd ebenfalls zum Heiligtum emporzustreben schien. Angeekelt hob er seinen Stab, sich anschickend, den breiten Kopf des Lurchs zu zerschmettern. Da hielt ein bejahrter, bärtiger Mann, der fast aussah wie der heilige Meinrad selber, seinen Arm zurück. «Die Alten glaubten», so sprach der Bärtige, «dass arme Seelen, als Sühne für unmenschliche Vergehen, zuweilen in solcher Gestalt zu einem geweihten Ort kriechen müssen, derart Abbusse für ihre Untat zu tun.

Auch wird gesagt, dass jedermann, der ein Wesen roh am Ausüben seiner reinsten Absichten verhindert, und möge das Wesen noch so niedrig sein, die eigne unsterbliche Seele in den Zustand schwerer Schuld bringt.»

Im Kreislauf des Jahres

Osterwasser

Als besonders heilkräftig und segenbringend gelten die Wasser der Quellen und Bergbäche, wenn das Eis der Alpen zu schmelzen beginnt und die ganze Umwelt der Menschen sich verjüngt und erneuert.

Gerade auf dem berühmten, heutzutage leider stark überbauten Bödeli zwischen Thuner- und Brienzersee war einstmals das Holen des Frühlingswassers gang und gäbe. Aber nicht bloss dort pflog man den schönen Brauch. So kannten ihn auch Kinder aus alten Berner Geschlechtern, die bei ihrer Suche nach dem Osterwasser vor allem zum Glasbrunnen im Bremgartenwald gegangen sein sollen.

Man musste, so heisst es, am Ostertage vor Sonnenaufgang losziehen, ja noch vor diesem wieder daheim sein. Beim Gang zu Brunnen oder Quellen durfte man nie zurückblicken und mit keinem Menschen ein Sterbenswort sprechen. Ruhig musste man das Wasser in sein Gefäss schöpfen und dann sogleich, wiederum ohne auf Mensch und Tier zu achten, heimzu streben.

Die Leute, so wird erzählt, glaubten früher, dass boshafte Mächte in vielerlei Gestalt auf die Wassersucher lauern und sie auf alle Arten abzulenken und zu erschrecken suchen. Geht der Mensch auf deren höllisches Treiben auch nur im geringsten ein, so kann er gleich umkehren – sein Wasser wird auf alle Fälle wertlos sein.

Das richtig gewonnene Osterwasser sollte, wenn man es sorgfältig trank, Gesundheit bringen. Früher sollen es die Bauern sogar unter den österlichen Frass ihres Viehs gemischt oder tropfenweise in den Ställen versprizt haben.

Osterwasser: Nach der Sage hat das O. besondere Kraft. Wer sich am Ostersonntag im fliessenden Bache wäscht, bleibt immer jung und schön. Das O. heilt Wunden, Augenkrankheiten, Kopfschmerzen, Flechten, Krätze, Sommersprossen und alle Hautübel.

Im Kreislauf des Jahres

Der Frühlingsvogel

Unter den Vögeln gilt besonders der Kuckuck als echter Frühlingsvogel und damit auch als der wahre Glücksbringer.

Im Zürcher Oberland war man einst überzeugt, dass man, wenn sein erstes Rufen erschallt, Geld in den Taschen haben und dieses auch sofort berühren müsse. «Dann kannst du sicher sein – du wirst das ganze kommende Jahr, bis zum nächsten Frühling und Kuckucksruf, keine Not leiden und stets Frankèn in Hülle und Fülle verdienen.»

Der Maientau

Mit dem Frühling, dieser schönsten der Jahreszeiten, waren einst zahllose Bräuche verbunden, die heute fast völlig in Vergessenheit geraten sind.

In Pratteln im schönen Baselland und sicher auch andernorts wurde geglaubt, dass man in der Nacht der heiligen Walpurgis – der Nacht vor dem ersten Tag des Monates Mai – unmittelbar vor Sonnenaufgang auf eine Matte hinausgehen müsse, dort seinen völlig entblössten Körper im Maientaue zu baden. Menschen, die dies zustande bringen, sind dann angeblich das ganze Jahr hindurch kerngesund, und ganz sicher bleiben sie zwölf Monate frei von jeder Erkältung.

Im Aargau soll es noch heute Mädchen geben, die in der gleichen Jahreszeit den köstlichen Tau in Fläschchen füllen. Benetzen sie damit morgens beim Aufstehen ihr Gesicht, werden sie von unreiner Haut und Fältchen verschont.

Walpurgisnacht: Die Nacht vor dem 1. Mai, dem Tag der hl. Walburga, soll nach altem Volksglauben von gespenstischen Umtrieben erfüllt sein. Sehr lange hielt sich der Brauch, drei Kreuze und bestimmte Kräuterbüschel an die Stalltüren zu heften, um das Vieh vor den Hexen zu schützen.

Vorzeichen beim Alpaufzug

Die meisten Tiere sind nicht fähig, dem Menschen ins Angesicht zu blicken. Um so bedeutsamer ist es, wenn sie es dennoch tun. Auch ist es verständlich, dass man in einem Hirtenlande, als das sich die Schweiz bis ins letzte Jahrhundert mit viel Stolz ansah, alle Äusserungen des Viehs wachsam beobachtete.

Wenn die Kühe zu Beginn der schönen Jahreszeit zu den hochgelegenen Weiden ziehen, deren Kräuter der Milch dann gesundheitsspendende Kraft geben, kann es geschehen, dass ein Tier aus der Herde läuft, vor einem entgegenkommenden Menschen einen Augenblick lang verharrt und ihn mit gespannter Aufmerksamkeit betrachtet.

Im eigentlichen Herzgebiet des Alpenlandes, so erzählte uns ein Mann aus Schwyz, war man ehedem fest überzeugt, dass es von ganz besondrer Bedeutung sei, wenn bei einem Aufzug drei Kühe gleichzeitig auf jemanden schauen. Man glaubte dann, dass in den kommenden Monaten, noch bevor das Vieh wieder von den Bergen zurück ist, das Dasein des Menschen, den die Tiere so erstaunt angeblickt hatten, eine entscheidene Änderung erfahren wird.

Im Kreislauf des Jahres

Asche vom Sommerfeuer

Viele alte Bräuche sind verschwunden, besser, sie sind in neuen aufgegangen. So brennen seit dem letzten Jahrhundert in der ersten Nacht des August auf allen Bergen des Schweizerlandes Scheiterhaufen zum Gedenken an die Gründung der Eidgenossenschaft, an Tell und das Rütli. Sind diese Freudenfeuer auch unbestritten sehr schön, so sind sie doch vielerorts aus den Bränden entstanden, die zur Zeit der Sonnenwende entzündet wurden und um die einstmals jung und alt tanzte.

Von solchen Mittsommerfeuern wussten in den fünfziger Jahren Leute in Vallamand und Salavaux am Murtensee, dass man die Asche des verbrannten Holzes einst fleissig sammelte und dann etwas davon auf Feldern und Rebbergen verstreute – sogar ein wenig den Hühnern unter die Körner mischte. Wenn man so tat, sollen die Ernten darauf reicher und die Eier schmackhafter gewesen sein.

Vom Neuschnee

Im Kreislauf
des Jahres

Vom Schnee hatten die Leute recht freundliche Vorstellungen. «Dichter Schnee im Winter», sollen die Landleute im Entlebuch gewusst haben, «ist für das Feld besser als der fetteste Dünger.»

Vielleicht erklärt sich daraus auch die Begeisterung, mit der früher im Luzernischen und in andern Gegenden die Kinder beim ersten Schneefall ins Freie eilten. Wenn man etwas vom Neuschnee auf der Zunge zergehen lässt, so glaubte man, geht einem ein Wunsch, an den man dabei fest denkt und den man mit keinem Sterbenswörtlein einem andern verrät, in Erfüllung – und zwar ehe die Kirchenglocken das neue Jahr einläuten werden.

Im Kreislauf des Jahres

Die Heilige Nacht

Noch bevor in der Christnacht die Hirten und die drei Magierkönige kamen, den neugeborenen Sohn von Mutter Maria zu preisen, hatte schon das Vieh im Stalle zu Bethlehem das göttliche Kind erkannt und bemühte sich, ihm Wärme und Geborgenheit zu geben.

Dies ist auch der Grund, warum man bis in unsere Tage häufig erzählt hat, in der Heiligen Nacht besässen die Haustiere menschliche Stimmen und sprächen miteinander über ihr Leben im verflossenen Jahr.

Im Thurgau und sicher auch in andern Landschaften wurden ihnen darum von frommen Bauern am Weihnachtsabend Speise und Trank besonders sorgfältig gereicht, und es soll sogar vorgekommen sein, dass man für sie im Stalle, wegen der drohenden Brandgefahr mit viel Vorsicht, eine Kerze entzündete.

Darauf liess man das Vieh in Ruhe und ging zum eigenen Fest. Es galt als klug, die Tiere mit ihren nächtlichen Geheimnissen allein zu lassen. Es soll aber in alten Zeiten gleichwohl geschehen sein, dass ein neugieriges Kind zum Stalle schlich und dort ein seltsames Stimmengewirr vernahm.

Gelegentlich hat man auch gesagt, dass zu dieser Zeit ein heller Himmelsengel durch die Bauernhöfe schreite und dabei im Buch des Lebens aufschreibe, ob die Tiere ihre menschlichen Herrschaften lobten oder vielmehr über deren Eigensucht und Herzlosigkeit bitterlich klagten.

Silvesterzeichen

Im Kreislauf des Jahres

Besonders wichtig genommen werden alle Vorzeichen in der Silvesternacht, in der mit den zwölf Schlägen vom Kirchturm das neue Jahr anfängt. Alles wird beachtet, vom Augenblick an, da die Sonne niedergeht – vornehmlich aber in den Minuten der Spannung, wenn die Glocken zu klingen anheben, um den Beginn des neuen Jahrs anzukünden.

Eine Frau erzählte vor wenigen Jahren in der Basler Wirtschaft Hasenburg: Beisst es dich in der Silvesternacht am rechten Augenlid, dann wird dir im neuen Jahr ein besonders erfreulicher Augenblick vergönnt sein. Beisst es dich aber am linken Lid, musst du damit rechnen, dass du etwas Trauriges zu sehen bekommst.

Beisst es einen gleichzeitig in der Fläche der rechten Hand, so bringt einem das neue Jahr viel Geldgewinn. Beim Beissen in der linken Handfläche hingegen wird man sehr viel von seinen Ersparnissen sinnlos verlieren.

Beisst es dich in der Neujahrsnacht an der Sohle des rechten Fusses, so wirst du im kommenden Jahr frohgemut Boden betreten, der dir neu zugefallen ist. Beisst es dich aber am linken Fuss, wirst du aus der Wohnung, die du noch im vergangenen Jahr inne hattest, mit Nachteil ausziehen.

Um Zeugung, Geburt und Liebe

Geschlecht nach Mutterwunsch

Im Glarnerlande erzählte man sich, dass man aus dem Verhalten der schwangeren Frau ziemlich leicht das Geschlecht ihres kommenden Kindes zu erraten vermöge.

Sass die Mutter recht häufig vor Gegenständen, die ausgesprochen männlichen Verrichtungen dienten, zum Beispiel vor Waffen wie dem Schwert, der Hellebarde oder dem Gewehr, dann war man überzeugt, dass da ein Knabe in ihrem Leib heranwachse. Blickte sie aber unermüdlich auf Dinge, die zum weiblichen Tagwerk in Haus und Hof gehörten, dann erwartete man die Geburt eines Mädchens.

Nun gab es auch Volk, das darin nicht nur ein zuverlässiges Vorzeichen zu erkennen glaubte, sondern gar eine alte und wohlüberlieferte Kunst, das Geschlecht des Kindes aus freiem Willen zu bestimmen. Die Gattin sollte sich vom Augenblick an, da sie Nachkommenschaft ersehnte, mit den Gegenständen, die dem erwünschten Geschlecht entsprachen, besonders eingehend beschäftigen. Ganz nach ihrer Wahl würde so Knabe oder Mädchen gezeugt und dann nach neun Monaten zur Welt gebracht werden.

Der Ahn in der Wiege

Um Zeugung, Geburt und Liebe

In der Nähe des Ortes Schwanden im Glarnerland soll sich recht lang eine Sitte erhalten haben, von der man behauptet, dass sie in den Alpentälern sehr weit verbreitet war und erst beim Herannahen der Neuzeit verschwand.

Man gab dem neugeborenen Kind den Namen, den schon einer der Grosseltern trug – freilich nur, wenn dessen Besitzer schon mehr als ein Jahr sein Zeitliches gesegnet hatte. Dazu soll dann gesagt worden sein: «Man muss den Verstorbenen ein wenig in Ruhe lassen, bevor man seine Gesichtszüge und seine Art in den Nachkommen zu suchen und solchermassen den Vorfahr wieder zurückzurufen beginnt.»

Zeichendeuterei mit Neugeborenen

Mancherorts glaubte man noch felsenfest, dass sich in jedem neugeborenen Kinde die Anlagen eines ganz bestimmten Vorfahrs äussern. Einige meinten, dass sich allein die Eigenschaften des zuletzt verewigten Ahns vom gleichen Geschlecht vererben würden – andere aber waren sicher, dass auch das Wesen andrer Verwandter aus der Sippe hervortreten könne, sogar dann, wenn sich diese gar nicht unter den unmittelbaren Grosseltern des Kindes befanden.

Eine Frau aus der Nähe von Herisau wusste zu erzählen, dass neugieriges Volk einst sogar den Brauch gepflegt habe, im Neugeborenen nach dem Vorfahr unter den verstorbenen Ahnen zu suchen, der im Kind weiterlebte.

Ausserhalb der Familien schwieg man darüber, aus Furcht vor unduldsamen Nachbarn, die solch Treiben für heidnische Wahrsagekünste hielten.

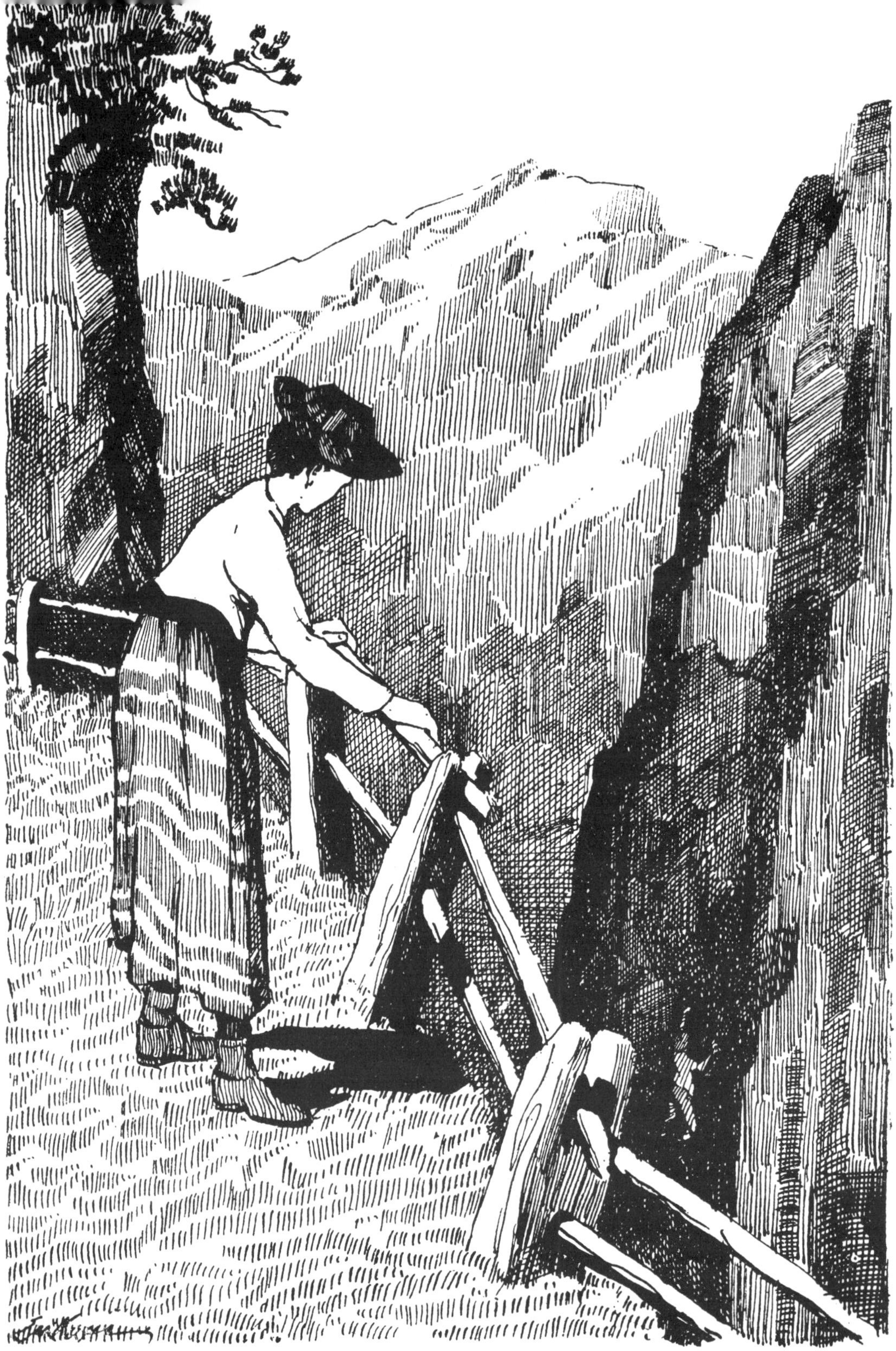

Das kleine Kind wurde also von mancherlei Gegenständen umgeben, die man sorgfältig aufbewahrt hatte, weil sie zum liebsten Besitz verstorbener Sippenmitglieder zählten. Bewegte nun der Säugling seine Hände beharrlich in der Richtung eines der ihm vorgelegten Dinge, die ihn umgaben, so war man fortan überzeugt, dass sich in dem Kinde die Anlagen des betreffenden Ahns regten.

Um Zeugung, Geburt und Liebe

Die Prüfung der Kilter

Die schöne Aurikel oder Schlüsselblume blüht an Felsen der Alpen und Voralpen und heisst darum in den Waldstätten Fluhblume. Die Unterwaldner erzählen, der höllische Meister sei es, der diese lieblichen Pflänzlein voll teuflischer Lust an den gefährlichsten Orten, den steilsten, wildesten Flühen wachsen heisse: Noch herrlicher, als sie in Wirklichkeit sind, lässt sie der böse Geist den Menschen von Ferne erscheinen.

Doch vergeblich warnten oft die Eltern mit solchen Geschichten die übermütige Jugend vor dem tückischen, die Wagemutigen ins Verderben lockenden Zauber: Besonders die kühnen Burschen des Entlebuchs wählten diese anmutigen Blumen zum Unterpfand herzlicher Liebe.

Ganze Sträusse der Fluhblumen, an den verrufensten Stellen des Gebirges gepflückt, brachten sie ihren staunenden Mädchen, auch wenn mancher von ihnen solch Abenteuer mit seinem Leben bezahlen musste.

Schlüsselblume: Die mit der S. nahverwandte Felsenaurikel, auch «Flühblume» genannt, gilt bei den Jägern als Mittel gegen den Schwindel, weil sie nicht selten in schwindelnden Höhen wächst. Gegen das «Hinfallen» (Epilepsie) soll der Tee aus den an der «Auffahrt» (Christi Himmelfahrt) gesammelten Flühblumen helfen.

Um Zeugung, Geburt und Liebe

Der Stern der Liebe

Der Ritter Adrian von Bubenberg soll in Liebesdingen sehr erfahren gewesen sein, und man erzählte einst an den Seen von Thun und Brienz mit viel Bewunderung von den Abenteuern, die der Herr von Spiez und Strätlingen auf den Alpen und den malerischen Herrensitzen erlebt habe.

Vielleicht beziehen sich derlei Geschichten auf den einsamen Stern – den Stern von Bubenberg –, der sein Wappen zierte. Diesen Stern verglich man gerne mit dem Abendstern, bei dessen Schein die Kilter im Oberland loszogen, ihre Liebsten mit einem nächtlichen Besuch zu beglücken.

Aus dem liebenswerten Geschichtenkranz, der sich um den See, seine Ritter und Fischer, besonders aber die Hirtenmädchen in der Umgegend rankte, entstand ein eigenartiger Glaube, über den eine Frau aus Faulensee berichtete.

Einst gab es junge Leute, die, namentlich an Freitagen, in den Hof des Schlosses von Spiez gingen, in der Dämmerung den Aufgang des Abendsterns zu erwarten. Wenn nämlich jemand dessen Schein unverwandt anblickte und dabei fest an einen Menschen dachte, den er in seinem Herzen liebte, so konnte er sicher sein, dass jener sogleich mit der ganzen Kraft seiner Seele an ihn zurückdenken musste.

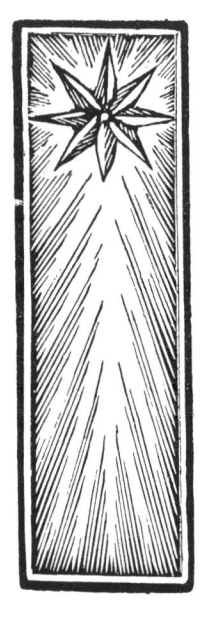

Angekündeter Tod

Die Vorschau von Rapperswil

In Rapperswil war es der Brauch, mit der dortigen Kirchglocke das Endzeichen zu läuten, das heisst, dem Volke der Umgegend mit langsamen Glockenschlägen anzuzeigen, dass gerade jemand im Verscheiden sei.

Als nun die Rapperswiler zur Näfelser Schlacht auszogen, da schlug die gleiche Glocke ganz von selber dreissigmal an – und wirklich fielen darauf genau so viele Mannen in mörderischem Kampfe.

In der Nacht vor der Schlacht sah der Mesmer alle die Krieger, Mann um Mann, jeder sein Haupt wie einen Hut unter dem Arme, zur Kirche hin zum Totenopfer gehen.

Schlacht bei Näfels: Bei N. besiegten die Glarner am 9.4.1388 ein österr. Ritterheer und sicherten sich damit ihre Zugehörigkeit zur Eidgenossenschaft. Grosse jährliche Erinnerungsfeier am ersten Donnerstag im April.

Über den Berg gehen

«Wenn ich jemanden im Traume schaue», erzählte einer von Thun, der da mehr verstand als nur seine Gipfel in den Kaffee zu tunken, «und der Mann hat dabei in der Hand einen festen Stecken, wie man ihn gewöhnlich braucht, wenn man zu Berge geht – dann weiss ich genau, dass er schon sehr bald sein Zeitliches segnen muss...»

Angekündeter Tod

Solche und ähnliche Erfahrungen scheinen zu beweisen, dass jenes geheimnisvolle Land, in das man nach seinem leiblichen Ableben kommt, von der Seele auf einsamen Pfaden hinter Klüften und stotzigen Höhen gesucht werden muss.

Gefahr beim Kilten

Übermütige Kilter von Seengen waren in Lenzburg bei ihren Liebsten gewesen. Wie sie nun in nächtlicher Stunde am Friedhof, am Rosengarten, vorbeigingen, kam einer auf den frevlerischen Einfall, einen der Toten zu wecken. Er stellte sich auf der Stelle vor das nächste Grab und rief dreimal: «Stehe auf und wandle!»

Eine weisse Gestalt erhob sich darauf langsam von der Erde und sprach mit dumpfer Stimme: «O Mensch, lass du die Toten ruhen...»

Dann sank sie wieder in ihr Grab zurück.

Der Kilter tat einen entsetzlichen Schrei und stürzte entseelt auf den Boden. Seine beiden Freunde flohen in sinnloser Flucht heimzu und lagen noch wochenlang gefährlich fiebernd in ihren Betten.

Die Toten im Sarganserland

Angekündeter Tod

Ein neugieriger Schulmeister in Flums im Sarganserland hörte einmal gegen Mitternacht, dass der Zug des Nachtvolks sich seinem Hause näherte. Hastig stürzte er aus dem Bett und wollte in die Hosen schlüpfen, doch fand in der Eile und Dunkelheit nur ein Bein seine Hosenröhre. Rasch blickte er dann aus dem Fenster.

Ein unübersehbarer Leichenzug, vorne die schwarze Flumserfahne, schritt vorbei. In den vorderen Reihen erkannte er viele seiner verstorbenen Bekannten, weiter hinten erschienen ihm aber die Menschen immer fremdartiger – es waren wohl die Toten aus früheren Geschlechtern.

Doch am entsetzlichsten war ihm der Anblick eines Mannes, der fast an der Spitze der Schar einherwanderte: Dieser trug einen Fensterflügel am Halse, war nur mit einem Hosenbein bekleidet – und war er selber.

Der arme Schulmeister erzählte am Morgen allen vom Gesehenen. Bald erkrankte er und war über kurze Zeit ebenso tot wie alle die andern zahllosen Dorfgenossen, die er im Zuge des Nachtvolkes erblickt hatte.

Nachtvolk: Ausschliesslich bekannt in Süddeutschland, Tirol und der Schweiz. Das N. erscheint als Zug von Seelen Gestorbener, die im Geisterzug, meist als betende Prozession, vorüberziehen. Neben den Toten gehören zu ihm die Schatten noch Lebender, deren Tod bald zu erwarten ist. Überhaupt kündigt das Erscheinen des Nachtvolkes einen Todesfall oder den Ausbruch der Pest an.

Angekündeter Tod

Der Tod des Genfers Lefort

Zahlreiche Berichte kennen wir von Schweizern, die es in fremden Diensten zu sehr hohen Ehren gebracht hatten. Einer der berühmtesten unter ihnen war zweifellos der Genfer Lefort, der in die Dienste des russischen Zaren Peter trat und dessen engster Berater wurde.

Peter der Grosse: Zar und Kaiser der Russen. * Moskau 9.6.1672, † St. Petersburg 8.2.1725. 1721 Kaisertitel. P. war bestrebt, durch zielbewusste Reformen die neuzeitl. Errungenschaften auf Russland zu übertragen. P. schuf das neuzeitl. Russland als europ. Grossmacht und gilt als grösster Herrscher der Frühaufklärung.

FRANÇOIS LE FORT.
General, Amiral et 1er Ministre de Pierre Ier Empereur des Russies.
Né à Genève le 2 Janvier 1656. Mort à Moscow, le 12 Mars 1699.

Lefort/Le Fort: Ein aus Cuneo (Piemont) stammendes Genfer Geschlecht. Jean Antoine Lifforti flüchtete sich des Glaubens wegen nach Genf und wurde daselbst 1565 ins Bürgerrecht aufgenommen. Pierre Lefort, 1676–1754, Offizier in russischen Diensten 1699–1732, Generalleutnant 1728, zog sich nach Mecklenburg zurück, wo seine Nachkommenschaft noch blüht.

Wie wir wissen, war Peter der Grosse ein sehr fortschrittlicher Zar, dem es gelang, bedeutende Änderungen in seinem Reich durchzusetzen. War Russland noch bis in das 17. Jahrhundert hinein ein Tummelplatz wilder Nomadenstämme aus Asien, so führte Zar Peter das riesige Reich nun dem Abendlande zu, und es entwickelte sich in wenigen Jahrzehnten zu einer europäischen Grossmacht. Die Russen besiegten nicht nur die Türken und Tataren, sie setzten sich auch gegen die schwedischen Heere durch, eroberten die Ufer des Baltischen Meeres und gründeten dort die Stadt Petersburg. Der kluge Lefort beriet den unternehmungslustigen Zaren aufs trefflichste in allen seinen Entscheidungen und übte so einen anhaltenden Einfluss auf die Weltgeschichte aus.

«Man muss lustig leben, dann ist auch der Tod lustig», soll die Lebensweisheit dieses in vieler Hinsicht bedeutenden Mannes gewesen sein. Als er merkte, dass es ans Sterben ging, liess er schöne Damen kommen, um sich durch das Bild holder Weiblichkeit die letzten Momente des Lebens zu versüssen. Mit hocherhobenem, randvollem Becher beging er seinen letzten Augenblick, als ob er dem Tod zuproste.

Viele Zeugen waren ob dieser Gottlosigkeit entsetzt und meinten, so treibe es nur ein verworfener Götzenanbeter oder verwegener Teufelsbündler. Andre hingegen fanden, Lefort sei trotz vieler umstrittener Taten in seinem Leben doch im Grunde ein guter Mensch mit einem ruhigen Gewissen gewesen. Denn nur wer ein gutes Gewissen hat, der kann ohne Angst vor den Dingen, die nach der Schwelle zum Totenreich kommen, sorglos vor das letzte Gericht treten.

Käse beim Leichenmahl

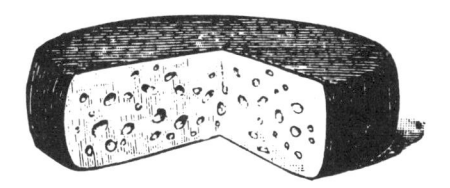

Wenn im Berner Oberlande ein Kind geboren wurde, war es mancherorts der Brauch, in die harte Rinde eines grossen Käses Geburtstag, Geburtsjahr und den Taufnamen zu ritzen. Sorgfältig wurde der Käse darauf von der Sippe aufbewahrt und erst herausgerollt, wenn nach vielen Jahren das irdische Dasein des betreffenden Erdengastes seine Erfüllung gefunden hatte.

Beim gemeinsamen Leichenmahl ward nun auch der ein Menschenleben alte Käse verspeist. Die Leute glaubten fest, dass gerade durch das Verzehren des Käses die Erinnerung von allen Anwesenden leicht in das ferne Jahr zurückfliegen könne, in dem der Verstorbene in der Wiege gelegen.

Also sprach man beim Mahle, während man den alten Käse genoss, vom Laufe und Zustand der Welt, wie sie der beklagte Verstorbene zur Zeit seiner Geburt angetroffen, und allen bemerkenswerten Ereignissen, die das Leben seither verändert hatten. Man erinnerte sich an Zeiten der Üppigkeit und der Armut, an Frieden und blutigen Krieg und an allerlei mehr, was für das menschliche Dasein von Bedeutung erschien, derart jedem Anwesenden vor Augen führend, wie der Verewigte die verschiedenen Stationen seines Lebens gemeistert hatte.

Vom Zustand der Gestorbenen

Das Totenvolk in Graubünden

Eine Mutter lag weinend, so berichtet eine alte Sage aus Graubünden, auf dem Grabe ihrer achtzehnjährigen Tochter. Vollkommen hatte sie Zeit und Stunde vergessen und merkte kaum, wie es vom Turme Mitternacht schlug.

Doch plötzlich sah sie Schatten dahinziehen – das dunkle Totenvolk, das sich anschickte, nach altem Brauche dreimal durch sein Dorf zu ziehen: Aus den Mienen der ihren Gräbern entstiegenen Verstorbenen sprach stille Ruhe. Voller Freude grüssten und segneten sie die Häuser ihrer Sippen, die einst auch ihre Wohnungen gewesen.

Im Zuge der Toten erkannte die Mutter auch ihre schöne Tochter – doch des Kindes Gesicht zeigte nicht jenen glücklichen Frieden wie das seiner Gefährten, sondern Kummer und Ängstlichkeit. Ein silbernes Becken trug das arme Mädchen in seinen Händen und war schweigend bemüht, Perlen auf dem finstern Boden zu suchen und diese emsig in sein Gefäss zu werfen.

«Was ist dir, Kind, findest du nicht Ruhe wie die andern?» rief da die entsetzte Mutter.

«Liebe Mutter», seufzte die Tote voller Wehmut, «wie soll ich ruhig werden, wenn du soviel weinst? Sieh, so muss ich jetzt alle deine Tränen von der Erde sammeln...

Liebe Mutter, erkenne doch, wie wir empfinden, und weine nicht um Tote – denn deine Trauer allein ist es, was mich in meinem Frieden stört.»

Die Eishölle des Rhonegletschers

Vom Zustand der Gestorbenen

Wie erklären wohl die Bergler jenes schreckliche Donnern und Krachen, welches sie aus den grünschimmernden Eismassen des Rhonegletschers vernehmen?

«Allemal trägt sich dieses Tosen zu», so behaupten sie, «wenn Menschen, die in zügelloser Üppigkeit ihre Erdentage verlebten, endlich ihren Tod erleiden müssen. Dann trifft sie das verdammende Urteil, hier, in den frostigen Behausungen des ewigen Eispalastes, ihre Sünden wider Gott und Mitmenschen abzuverdienen und zu verbüssen.

Ein frommer Mann traf einmal auf seiner einsamen Wanderung beim Gletscher zu seiner nicht geringen Überraschung ein wunderschönes Weib. Dieses gab sich ihm als eine ihrem Stand nach hohe Frau zu erkennen, die es nun für ihren sündhaft ausschweifenden Lebenswandel getroffen habe, nicht weniger als dreitausend Jahre im Eis zu verbringen.

Kaum aber hatte das schöne Weib seine mitleiderregende Geschichte erzählt, da verschwand es spurlos – gleichzeitig tönte aus dem Gletscher ein furchterregendes Gekrache.»

Der gefährliche Bürgenstock

Vom Bürgenstock am Waldstättersee weiss man genau, dass er durch und durch gespalten ist. Kunstfertige Meister der Vorzeit, die übermenschliche Mächte in ihren Diensten besassen, haben ihn nur notdürftig geflickt. Wie sie es taten, weiss man freilich nicht – die einen sagen, sie hätten die Teile mit einer Eisenstange verbunden, die andern, sie hätten den ganzen Berg mit einer Goldkette umschlungen.

Einmal werde aber dieses Rettungswerk nichts mehr zu nützen vermögen: Dann werde ein riesiges Felsstück in den See stürzen und die Stadt Luzern in den Fluten untergehen.

Vom Zustand der Gestorbenen

Auf den Juraweiden

Ein alter Jurabauer, dessen Familie wohl durch viele Menschengeschlechter mit der Zucht stolzer Rosse verbunden gewesen, wehrte sich wider jede Bemühung engstirniger Zeitgenossen, die Freiheit der wilden Weiden seiner Heimat durch irgendwelche Zäune zu beschränken. «Die Alten kehren in gewissen Nächten wieder in ihr Land zurück», pflegte er zu erzählen und auch mit Geschichten über die Erlebnisse seiner Vorfahren zu bekräftigen; «und sie reiten dann durch die freien Berge, Ausschau zu halten, ob ihre Nachkommen sich geändert hätten. Wie würden sie unsereinen verachten, wenn sie sehen müssten, dass wir ihre Heimat in unserem kurzsichtigen Geiz zerstückeln und einengen.»

Ein alter Reiter, der diese Geschichte erzählte, schrieb in sein Testament, dass man bei seinem Verscheiden den Leichnam verbrennen und die Asche in weitem Schwung über die Juraweiden verstreuen solle. Ebenso müsse man sein treues Ross töten, mit dem er viele Jahre lang herrliche Abenteuer erlebt und das nun in seinen Stallungen den wohlverdienten Altershafer erhalte.

«Eigentlich ist das Tier bei aller Schwäche viel älter geworden», fügte er hinzu, «als es sonst bei seinem Geschlecht üblich ist. Ich glaube eben, es ist nur noch da, weil es auf mich wartet.

Wie gross wird meine Freude sein, wenn wir uns, nachdem wir zusammen durch das finstere Tor des Todes gegangen, im Jenseits wiedertreffen. Beide von neuem mit den Kräften der Jugend belebt, sprengen wir dann bis zum Jüngsten Tage über die grünen Juraweiden.»

Jenseits:
In der religiösen Vorstellung ist das Jenseits derjenige Bereich, welcher die sichtbare Welt und ihre Erfahrung (das Diesseits) übersteigt. Das Jenseits gilt vor allem als der Bereich Gottes, in den nach dem Jenseits- oder Unsterblichkeitsglauben die Menschen nach ihrem Tode eintreten.

Vom Jericho-Pintli

Vom Zustand der Gestorbenen

Bei einem seiner Ausritte in die Umgebung von Bern erlitt der Reiter, von dem hier die Rede sein soll, als erste Ankündigung seines nahen Todes einen Herzschlag. Als ihm das Unglück widerfuhr, ritt er gerade mit einem Gefährten durch eine Waldung. Vom Schlage gerührt, glitt er vom Pferd, konnte aber mit letzter Kraft seinem Begleiter noch auftragen, das Tier heimzubringen und ihn dann mit einem Gefährt zu holen.

Als der Freund eilig zurückkehrte, sah er zu seinem Erstaunen, wie der Todkranke nahe einem gefällten Baume stolz aufgerichtet stand, ohne auch nur den Versuch zu unternehmen, sich anzulehnen oder zu setzen. «Man muss doch stehend mit ihm sprechen, wenn er kommt», erklärte der Kranke seinem verständnislosen Gefährten und versank in tiefe Ohnmacht.

Später, als er für einige Tage zu sich gekommen, berichtete der sterbende Reiter, dass er den Tod leibhaftig gesehen habe, wie dieser im Wald auf ihn zugeritten sei, ihn ruhig und freundlich gegrüsst und höflich zum Mitkommen aufgefordert habe. «Die Bäume wurden zusehends durchsichtiger, und mit einemmal sah ich in der Ferne das Jericho-Pintli, wie es mir aus den Geschichten meiner Kindheit in Erinnerung ist. Wappen und Schwerter hingen an den Holzwänden, und an einem gewaltigen runden Eichentisch sassen alle berühmten Eidgenossen, ganz als wären sie aus Gemälden getreten. Aus ihren Hörnern und Bechern tranken sie mir zu und forderten mich lachend auf, nicht mehr länger das störrische Kalb zu spielen und zu ihnen zu kommen. Obwohl mich die lustige Tischrunde immer mehr anzog, bat ich den Tod um eine kleine Frist, in der sterblichen Welt alles zu ordnen und Abschied von meiner Familie zu nehmen.»

So geschah es. Wie der Mann kurz darauf verschied, waren seine Freunde überzeugt, dass er ihnen aus dem Jericho-Pintli fröhlich zutrinke.

Wesen
in Nacht und Nebel

Der bejahrte Wissenschaftler Dr. A. Brüschweiler aus Thun erzählte mir als ganz jungem Mann, er habe nebenamtlich im Volk 25 000 Angaben über Volksbräuche und Volksglauben gesammelt. Diese Hinweise von alten, mit der Überlieferung verbundenen Menschen, die sich in der «versachlichten» Welt verloren vorkamen, bewogen uns, bei den öffentlichen «Heimatkundlichen Abenden» in der Stadtbibliothek Burgdorf (1958 bis 1968) jedermann zu bitten, «uns kurzerhand zu erzählen, was ihm von seinen Eltern und Grosseltern überliefert worden sei». Diese Aufforderung wiederholten wir im abenteuerlichen Diskussionspodium, das bis 1975 in verschiedenen der schönen Keller an Junkerngasse, Kesslergasse und Münstergasse in Bern stattfand.
Im Rahmen dieser Begegnungen haben wir uns von 110 der Gäste, die rege teilnahmen und die wir erfassen konnten, notiert, wie viele unter ihnen Geschichten, und zwar erstaunlichen Inhalts, erzählt hatten: Nur ein Dutzend Leute hatte uns im Lauf der Jahre versichert, keine von den Vorfahren überlieferte Sagen zu kennen. Durch diese Tätigkeit wurde ich in den sechziger und siebziger Jahren zu einer Art beruflichem Sagenerzähler, der auf Einladung fast in jedem Ort unseres Landes seine Geschichten vortrug, und was ich in Bern erlebt hatte, wiederholte sich nun ständig.
Wenn ich an solchen Abenden mit Menschen aus allen Ständen zusammensass, erfuhr ich von vielen Leuten die unglaublichsten Erlebnisse und Begegnungen, die Ahnen oder «ein guter Freund» gehabt hatten. Fast jedermann

versicherte, an all den Dingen, an die das Volk früher glaubte, «müsse etwas Wahres sein».
Diesen Teil des vorliegenden Buches könnte man also leicht zu einem dicken Band erweitern. Aber eigentlich kann das jeder Leser, der in vertraulichen Stunden ein wenig bei seinen Nachbarn oder Verwandten herumfragt, selbst tun. «Man darf sich nicht abschrecken lassen, wenn jemand anfänglich erklärt, er wisse von alten Sitten und Bräuchen gar nichts», meinte seinerzeit der Psychologe und Dichter Hans Zulliger, «vielleicht ist gerade für solche Leute der Volksglauben besonders heilig, und sie haben Angst, dass jemand billig darüber spottet.»

Gewalten der Berge

Das geheimnisvolle Naturwunder

Im Bernbiet, Aargau und im Solothurnischen vernimmt man recht oft bei blauem Himmel und an schwülen Sommertagen von den hohen Alpen her ein wildes Schiessen und Lärmen. Die Vögel werden dadurch von den Bäumen geschreckt, das Wild rennt kopflos in das schützende Dickicht, und der Bauer sieht den ganzen Spuk als sicheres Anzeichen für einen baldigen Regen.

Was dieses berühmte Naturwunder wohl in Wirklichkeit zu bedeuten hat? Die einen sagen, dass dies die Alten seien, die Helden aus vergangenen grossen Zeiten, die da in der Wildnis Heerschau halten und sich auf ihr Wiederkommen bereiten.

Andere aber, die erkennen hier Zeichen von jenen düsteren und verwegenen Jägern, die ihren unseligen Erdenwandel bis in alle Ewigkeit, auf alle Fälle bis zum Gericht des Jüngsten Tages fortsetzen müssen. Schlimm genug haben sie es ja getrieben und sich zu keiner Stunde an Gebot und Lehren der Kirche gehalten. Lästerungen und unflätige Flüche, das waren fast ihre liebsten Worte, und sie jeden Augenblick zu gebrauchen, das fanden sie ebenso lustvoll wie das Spiel mit schrecklichen Gefahren: Ganz als wäre ihr einziges Leben keine Gottesgabe, sondern eine billige Münze beim kurzweiligen Kartenklopfen.

Wenn aber dieses Wetterschiessen wirklich vom geheimnisvollen Weiterleben jener wilden Alpenjäger zeugt – wie fühlen sich diese wohl in ihrem schon viele Jahrhunderte dauernden Zustande? Sehen sie ihn als furchtbare Strafe an oder als Gnade und Vorzug gegenüber den anderen Sterblichen, die auf den Friedhöfen der Täler ruhen?

Auch darüber gibt es keine Einigkeit.

Lebendige Umwelt

Gewalten der Berge

Alles in ihrer Umwelt ist den alten Älplern lebendig: Von den zu Tal stürzenden tosenden Bergwassern sagen sie, es sei «ein Drache ausgefahren». Die Winde «ringen» miteinander. Der Föhn «regiert». Den Unterwaldnern heisst er «der graue Talvogt». Der See «zürnt», «tobt», «speiet Schaum». Es gibt «sanfte» und «schlimme» Seen. Der Gletscher «gräbt» Felsen aus; «er duldet keinen Schmutz; er leidet's nicht».

Wenn der eisige Wind vom Gletscher ins Tal hinunterfährt, so sagen die Älpler: «Der Gletscher bläst.» Wenn eine Wolke sich auf einem Gipfel festsetzt, so sagen sie: «Der Berg setzt seinen Hut, seine Nebelkappe auf.» Hüllt eine Wolke den Berg ganz ein, so hat dieser «einen Mantel umgelegt».

Noch heute weiss man entsprechende Sprüchlein:

«Hat der Niesen einen Hut,
wird das Wetter schön und gut.
Hat der Niesen einen Kragen,
darfst du's eben auch noch wagen.
Hat er Mantel um und Degen,
gibt es kalten Wind und Regen.»

Die Gipfel der Berge sind dem Volk, das in ihrem Umkreis haust, «Köpfe», ein in den See vorspringender Fels ist eine «Nase», und Felsenspitzen heissen «Zähne» oder auch «Hörner»: Ganz als sähe man überall die zerstreuten Glieder von gewaltigen Riesen oder Tierungetümen.

Gewalten der Berge

Die Prättigauer Alpmutter

Ein Jäger ging im Spätherbst an einer Hütte der Alp Drusen im Prättigau vorbei und hörte in derselben ein merkwürdiges Geräusch, ein eifriges Getümmel, wie wenn es noch Hochsommer wäre und die Sennen alle Hände voll zu tun hätten.

Der Jägersmann wurde verständlicherweise neugierig und blickte durch ein Astloch in die Hütte hinein: Was er nun sah, war eine leibhaftige Alpmutter bei ihrer geheimnisvollen Beschäftigung. Es war ein uraltes, buckliges Weiblein, das, am Herde stehend, fleissig zu kochen schien.

Rings um das Feuer und die arbeitende Frau tanzte eine ganze Schar kleiner, seltsamer Tierlein: Das eine hielt dabei ein Salzbüchslein in den Pfoten, ein anderes die Kochkelle, kurz, jedes irgendein Küchengerät – nur eines tanzte allein, hielt scheinbar nichts für seine Meisterin bereit.

Schon hielt der Jäger das kleine Tier für einen Taugenichts – doch bald wurde er eines Bessern belehrt. Das Weib wandte sich nämlich zu dem Knechtlein mit leeren Vorderpfoten und befahl: «Du, Hans-Chäsperle, kotz mer Schmalz!»

Siehe da, das Hans-Chäsperle heissende Tierlein war sofort zu guten Diensten bereit und erbrach auf der Stelle der unheimlichen Köchin das benötigte Schmalz in reicher Fülle.

Die Ungetüme in Graubünden

Gewalten der Berge

Auf die Alp von Luvis in Bünden kam täglich während dem Käsen ein Mann mit einer Axt unter dem Arm in die Sennhütte. Längere Zeit stand er jeweilen da, ohne auch nur ein einziges Wort zu sagen; dann ging er wieder weiter, seine niemandem bekannten Wege.

Den Älplern kam dies merkwürdig vor, aber keiner wollte den Unbekannten anreden. Endlich wagte es der Senn, und er erhielt die Antwort: «Ich bin ein unglücklicher Mann; ihr könnt mich von meinem Elend erlösen, wenn ihr den Mut dazu habt.

Ein Hirte oder der Senn müsste in der Stunde vor Mitternacht an das Seelein in der Nähe der Hütte gehen», erklärte der Mann mit der Axt. «Zwei gewaltige Ochsen, ein roter und ein schwarzer, werden dann aus dem tiefen Wasser aufsteigen und einen wilden Kampf auf Tod und Leben beginnen – der rote wird nach und nach dem schwarzen weichen müssen. Gelingt es nun dem Manne, der mir helfen will, dem stärkeren der Ochsen einen Streich mit meiner Axt zu versetzen, dann bin ich erlöst. Gelingt es ihm nicht – so soll er die Axt ins Wasser werfen.»

Der Senn fand sich dazu bereit, nahm dem unglücklichen Fremden seine Axt ab und ging zu der angegebenen Nachtstunde an den unheimlichen Bergsee. Nicht lange musste er warten – unter furchtbarem Brüllen tauchten die beiden Ungeheuer auf. Der schwarze Ochse besass augenscheinlich von Anfang an alle Vorteile: Seinen roten Widerpart trieb er aus dem Wasser heraus und dann auf dem festen Boden des Wiesengrundes herum.

So sehr der Senn dem armen Manne helfen wollte, die Aufgabe war viel schwerer, als er es sich gedacht: Der Schwarze schob durch geschickte Wendungen den Roten auf den Älpler zu; dieser hätte beim Zuschlagen den falschen Streiter getroffen. Immer mehr bekam es der einsame Zeuge des schrecklichen Kampfes mit der Angst um sein eigenes Leben; deutlich stand vor ihm die Gefahr, von den beiden ringenden Riesentieren niedergeworfen und zermalmt zu werden.

So vergass der Senne seine Absicht, den unglücklichen Besucher der Alphütte aus seiner Not zu erlösen. Verzweifelt warf er endlich die Axt in den See und beendete damit den

Gewalten der Berge

Spuk: Unheimliches Treiben übernatürlicher Wesen, bes. Toter.

Spuk. Brüllend stürzten sich nach dieser Tat die beiden Ungeheuer in die Wasser und verschwanden in den Tiefen.

Nie wieder haben die Hirten den verwunschenen Mann mit der Axt gesehen. Seither soll aber zu gewissen Zeiten das Seelein durch unsichtbare Gewalten stark erregt werden und hohe Wellen ans Ufer werfen: Dann hört man auch ganz deutlich vom Grunde her das laute Gebrüll der immer noch weiterstreitenden Ungetüme.

Die Geisterjungfrau im Glarnerland

Auf der Altenoren-Alp im Glarnerland trieben ebenfalls einige vom Geistervolk ihr Wesen. Namentlich während des Heuet ging es im Käsboden nicht ganz und gar mit rechten Dingen zu.

Jedesmal wenn der Knecht mit einer Heubürde zum Gaden ging, sass am Heuloch eine Jungfrau, anscheinend ganz mit Lismen beschäftigt. Der Mann liess sich durch den seltsamen Anblick nicht aus der Fassung bringen und stieg jeweilen kaltblütig an ihr vorbei das Leitertrepplein hinauf. Das Mädchen verwehrte ihm dies keineswegs, sondern half sogar die Bürden über die Tritte hinaufschleppen.

Als er von der ganzen Geschichte einem andern Knecht berichtete, lief dem ob der Jungfrau das Wasser im Munde zusammen. «Jetzt will ich einmal das Heu hintragen», meinte er listig, «mit meinen Fingern will ich ein wenig schauen, was sie wohl für eine ist!»

Doch das Vorhaben ist schlecht genug herausgekommen: Als der Mann mit dem Antappen und Stupfen beginnen wollte, nahm ihm die Jungfrau im Heuloche ein gut Teil der Arbeit ab – sie zerkratzte ihm jämmerlich sein Gesicht und warf ihn zum Schluss noch die Leiter hinunter, dass er unten stöhnend liegenblieb.

Das Spassen mit Mädchen, gleich welchem Volke sie angehören mochten, hat er sich künftig sicher noch einmal so gut überlegt und im voraus abgewägt.

Gewalten der Berge

Die undankbaren Menschen

Auch auf dem Oldenberge, also zwischen Bernbiet und Wallis, hausten einst wilde Bergleute, welche den Hirten beim Hüten freundlich halfen. Nidel, geronnene Milch oder Ziger wurde ihnen dafür auf die Hüttendächer gestellt – bis die Menschen schlecht wurden und in ihrem Mutwillen allerlei Unrat in die Essschüsseln der Bergleute zu werfen wagten.

Seither kam hier auch das Vieh nie mehr ordentlich heim; es geschahen dauernd schlimme Unfälle, und das Vieh wurde in schwindelnde Höhen gezogen, von wo es kein Mensch zu retten vermochte – erschrecklich mager, faules Fleisch zwischen den Klauen, kam es am dritten Tage zurück...

Ein Kapuziner, den man endlich um Hilfe bat, riet neben allerhand natürlichen Mitteln zur Milde gegen Arme und dazu, stets einen schwarzen Hahn auf dem Berge zu halten.

Das half.

Kapuziner:
Geistl. Orden,
um 1525 von Matthäus
von Bascio (* 1492,
† 1552) gegründet.

Gewalten der Berge

Der Ewige Riesengeist

In vielen Sagen unseres Alpenlandes zieht der Ewige Jude, der nicht sterben kann, ohne Rast und Ruh im Lande herum, sieht Städte entstehen und wieder spurlos verschwinden.

Er ist ein gewaltiger Riese – sein Schatten soll eine halbe Stunde weit reichen. Darum sagt man etwa von einem Menschen, der hochaufgeschossen ist: «Er ist fast so gross wie der Ewige Jude.»

Ewiger Jude:
Die Sage erzählt, der Ewige Jude müsse zur Strafe dafür, dass er Christus auf dem Weg nach Golgatha keine Rast gönnte, ruhelos wandern. Die Sage wurde 1602 niedergeschrieben: «Kurze Beschreibung und Erzählung von einem Juden mit Namen Ahasver.»

Kalligroosi kann alles!

Der Kalligroosi, der Grossvater von den Kalli-Felshängen, ist ein grossmächtiger Riese, den man, in Holzschuhen nicht kleiner als Wäschezuber, in Sturmnächten über die Felsplatten schreiten hört. Er ist ein steinalter Mann und doch rüstig und von gewaltiger Körperkraft und Zauberkunst. Ellenlang ist sein Bart, seine wilden Augen sprühen feurig, und sein Schlapphut ist weitberühmt.

«Kalligroosi kann alles und vermag alles», hielten es einst für eine felsenfeste Wahrheit die Hirten bei Grindelwald und trauten dem Riesen jede Hilfe in der Not zu und auch jeden üblen Streich, wenn man seiner frevelhaft zu spotten wagte.

Luftgeister und Wetterzeichen

Der Türst im Luzernischen

Der Türst, wohlbekannt im Luzernischen wie auch anderswo in der Innerschweiz, ist nach der Sage des Volkes bald ein wildes Tier, dann wieder ein riesenhafter Jäger. Meistens aber tritt er in der verwirrenden Gestalt einer Meute von kläffenden und heulenden Hunden auf.

Jahr um Jahr, so seit weit zurückliegenden Zeiten, soll dieser ungestüme Zug den gleichen Weg benützen, über Stock und Stein, sogar durch Hütten und Ställe hindurch – deren vorsorgliche, oft durch Schaden kluggewordene Besitzer ihre Türen in den richtigen Nächten offenlassen.

Ein Mädchen, das einst in Sursee in der «Sonne» diente, kehrte eines Abends in weit vorgerückter Stunde nach Hause zurück. Da vernahm es auf einmal eine befehlende Stimme: «Drei Schritte auf die Seite!»

Darauf lärmte unsichtbar die tobende Rotte des Türst ihres nächtlichen Weges.

Luftgeister und Wetterzeichen

Der Wilde Jäger ob dem Neuenburgersee

Einer aus dem Traverstale ob dem Neuenburgersee ging einmal mit seinem treuen Hund auf die Jagd. Als er beim Creux du Vent, einem Halbkreis senkrechter Felsen, anlangte, sah er einen riesengrossen Mann an den Stein gelehnt dastehen. Einen gewaltig breitkrempigen Hut trug der Fremde, der sein Gesicht verdeckte, dazu einen weiten, grauen Mantel.

Neugierig trat der Jäger näher und wollte eben den Mund zum Grusse öffnen, da wirbelte ihn schon ein Wind zwölfmal wie einen Kreisel herum: Ehe er zu Besinnung kam und merkte, was ihm überhaupt geschah, stand er wieder unten im Tale, genau an der Stelle, wo er vorher den Morgenimbiss eingenommen. Nie wieder sah er seinen armen Hund: Doch erkannte er das Tier jedesmal in der Weihnachtszeit, wenn der Wilde Jäger mit Peitschenknall, Rufen und Johlen über das Traverstal dahinbrauste.

Aus dem wüsten Gekläff der beutegierigen Meute war ganz deutlich sein treuer Hund herauszuhören – blieb er doch jedesmal winselnd bei der Hütte seines früheren Herrn hinter den andern zurück.

Die Solothurner Donnerbrüder

Luftgeister und Wetterzeichen

Einmal belustigten sich die jungen Burschen von Selzach, gelegen in der solothurnischen Amtei Leberberg, auf ihrer Kegelbahn. Unverhofft traten aber dabei drei bärtige fremde Brüder zu ihnen und schlugen ihnen ein kleines Wettspiel vor: «Jeder Wurf soll eine Mass Wein gelten.»

Doch schon bald bereuten die Selzacher ihr Einverständnis. Kaum wurden die drei Fremden beim Wettkampfe warm, richteten sie sich immer mehr auf und standen schon bald in übermenschlicher Grösse und Stärke vor den verwunderten Menschen. Kugel um Kugel entsandten sie mit einer solchen Gewalt, dass man im Tale unten das Rollen des Donners zu hören glaubte.

Die Kugeln, von den geübten Armen der Riesen geschleudert, fuhren weit über die Dorfbahn hinaus und den Jura hinan, die einen wieder zurück, die andern fort über den Berg und durch die Tannenwälder bis ins jenseitige Tal: Noch heute sieht man an der Bergwand von Bettlach bis Grenchen die langen, geraden Felsrisse vom Lauf der Kegelkugeln.

Natürlich mussten die Selzacher das von ihnen nach allen Regeln der Kunst verlorene Spiel bezahlen. Als aber aller Wein ausgekegelt und vertrunken war, begaben sich die drei langbärtigen und riesenhaften Kegelbrüder gutmütig zur Ruhe. Woher sie kamen und wohin sie gingen, weiss niemand.

Luftgeister und Wetterzeichen

Schangnauer Wetterzeichen

Es wird auch gemeldet von der Scheibenfluh im Schangnau, allwo die Emmen entspringt, dass auf demselben Berg ein grosses Loch in die Tiefe geht. Wirft man mutwillig etwas darein, so gibt es ein ungestümes Wetter.

Es komme auch zu Zeiten, wenn das Wetter umschlagen wolle, aus diesem Loche eine Jungfrau heraus, welche an der Sonne ihre Haare strähle und zöpfe.

Leben in der Luft

Im Onsernonetal, im sonnigen Tessin, da tobte einst ein so wilder Gebirgssturm, dass die Menschen fürchten mussten, er würde die Dächer von ihren Berghütten reissen.

Ein Kuhhirte aber, der in seiner Jugend in der berühmten Stadt Venedig gedient und daselbst auch viel von der Venediger Kunst erlernt hatte, trat dem Tosen mutig entgegen und zog sein langes Messer. Darauf brummte er unverständliche Worte in seinen schwarzen Bart und schleuderte das Messer unvermittelt in die Luft, genau in die Richtung, aus der der Sturm heranheulte.

Schon nach wenigen Augenblicken legte sich das Toben in den Lüften, als wäre ein Wunder geschehen. Vergeblich suchten die Leute nach dem Messer. Es blieb auf immer verschwunden. Auf dem Boden aber, unfern der Stelle, von wo der Hirt seinen unheimlichen Wurf getan hatte, leuchteten drei Blutstropfen.

Das Onsernonetal blieb darauf sehr lange von weiteren Stürmen verschont.

Die Wettertanne

Luftgeister und Wetterzeichen

Auf der Weesener Alp Oberbüz hauste vor vielen Jahren in einer Tanne ein Geist, der jedesmal, wenn übles Wetter eintreten wollte, ein lautes Rumoren, Poltern und Jauchzen vernehmen liess.

Für den Bau einer Hütte wurde nun auch diese Tanne gehauen und zu einem Balken verwendet. Wer aber meinte, mit dem übermütigen Treiben des Geists im Holze sei es nun für alle Zeiten zu Ende gewesen, der sah sich schon bald in seiner Hoffnung getäuscht. Der Geist blieb als rücksichtsloser Nachbar weiterhin in seinem Tannenbalken wohnen und lärmte wild, wenn es ihm nur richtig schien! Oft veranstaltete er in der Alphütte ein so schreckliches Krachen und Donnern, dass die Bewohner schliesslich gezwungen waren, jenes Holz herauszunehmen und es durch harmloseres zu ersetzen.

Noch heute – sagen die Sennen – treibt der unruhige Geist auf der Alp Oberbüz sein Unwesen und belästigt die Älpler nach alter Gewohnheit beim Hereinbrechen von schlechtem Wetter in ihrer Hütte. Hin und wieder gerät er hinter die Schweine, macht sie wild und jagt sie aus ihrem Stalle hinaus. Gerne rüttelt er auch an den Viehglocken und lässt sie laut erklingen.

Die Sennen müssen sich bei all diesem Unfug ruhig verhalten: Will einer dem Unhold etwas zuwider tun oder auch nur nach ihm sehen, so kann er sicher sein, am nächsten Morgen mit einem schlimm geschwollenen Kopf zu erwachen.

Luftgeister und Wetterzeichen

Das Wettermännlein im Toggenburg

Beim Dorfe Wildhaus im Toggenburg wohnt im Gebirge zwischen dem Käserrugg und dem Gamserrugg in der Hinterrisi das Hinterrisi-Mandli.

    Es erscheint allemal in Nächten, da das Wetter bösen will, und trägt einen gewaltigen Lamphut auf dem Kopf und einen Scharlachkittel. Im ganzen Umkreis vernimmt man dann, wie das Mandli wild auf seiner Geige spielt.

Die Ziegenfrau am Pilatus

Bei einer Quelle am Pilatus ist jeden Frühling eine Fee zu sehen – sie führt an einem Zaum zwei Ziegen.

    Kommt ein fruchtbares Jahr, sind die beiden Tiere schneeweiss. Sind die Geissen aber schwarz, dann wissen die Leute, dass dies ein Vorzeichen für böse Zeiten ist.

Wesen der Gewässer

Das Tor ins Wasserreich

Unweit des Ortes Kloten bei Zürich, gegen Bülach zu, liegt ein beschaulicher Weiher, den das Volk «Das guldin Thor» benannte. Sonderlich tief ist der Weiher nicht, aber er soll an einigen Stellen Löcher haben, aus denen hie und da feiner Sand quillt, in dem man vor langen Zeiten sogar winzige Goldblättchen fand.

Ein Bube, der seine Schafe hütete, hatte sich einst an dem Teichrande niedergelegt. Auf einmal sah er, wie das Wasser unruhig ward und ein Stoss aus einem der Löcher auf dem Grunde eine Welle feinsten Goldsandes herausspülte. Unversehens teilte sich aber die Flut, und ein wundersam hübsches Mädchen stieg daraus hervor und trat zu dem liegenden Hirtenknaben am Ufer.

Lächelnd streckte die Jungfrau dem Buben einen Ring aus purem Golde entgegen. Doch wie der Knabe danach greifen wollte, zog das Wassermädchen geschickt seine Hand zurück.

Wesen der Gewässer

Dabei verlor er den Halt und stürzte kopfüber ins Wasser. Das Mädchen umschlang ihn und zog ihn hinunter, so verzweifelt er sich auch wehren mochte. Ein Bauer in der Nähe vernahm das Geschrei des Knaben und eilte voll Erbarmen herbei, Hilfe zu bringen. Doch als er am Teich angelangt war, blickte er auf eine ungetrübte Wasserfläche. Wie sich der Landmann noch verwunderte, was sich eigentlich zugetragen, schoss der Hirtenknabe plötzlich wie ein Pfeil aus einer Quellenöffnung hervor. Er war ohnmächtig, als ihn der Bauer ans rettende Ufer zog.

Wieder zu sich gekommen, berichtete der Hirte, wie ihn das Wassermädchen mit Blitzesschnelle in unmessbare Tiefen hinabgezogen hätte. Unvermittelt wären sie aber in einer wunderschönen Gegend gestanden, und eine gewaltige Stadt mit einem goldenen Tor habe sich vor ihnen erhoben. Aus dem Tor sei plötzlich eine andere schöne Jungfrau getreten, und sein Wassermädchen, ihn immer noch umschlungen haltend, habe die Arme geöffnet, der Freundin entgegenzueilen. In diesem Augenblick hätte ihn aber die Wasserströmung mit rasender Geschwindigkeit nach oben gerissen, so dass er ob des furchtbaren Soges die Besinnung verloren habe.

Den Knaben erfüllte die Erinnerung an die schönen Mädchen mit wachsender Sehnsucht. Oftmals hielt er am Weiher von Kloten nach ihnen Ausschau, aber er sah sie sein Leben lang nimmer mehr.

Die Seelein ohne Grund

Dem Säntisberg gegenüber erhebt sich ein Gipfel, genannt der «Alte Mann», an dessen Ostseite ein Wildsee ist, ein mit Wasser und Eis gefüllter, grundloser Felsentrichter.

Ein vorwitziger Hirtenknabe, der sann einmal am Rande des Sees nach Mitteln, das Geheimnis seiner Tiefe zu ergründen – doch plötzlich vernahm er eine dumpfe Stimme: «Lass mich, oder ich fass dich!»

Auch noch manches andere Bergseelein mieden die Hirten: Irgendwo verbarg sich in denen der Hexenmann. Schon manchen unvorsichtigen Menschen hat der auf einmal tückisch unter Wasser gezogen, bis ihnen erbärmlich der Lebensschnauf ausging.

Wesen der Gewässer

Der Geist des Zugersees

Die Bewohner der Ufer vieler unserer schönsten Seen kannten manch merkwürdige Sage um ihr Gewässer. Fische von ganz absonderlicher Gestalt sollten dort in den Tiefen wohnen und sogar, genau gleich wie gewisse Alpenschlangen, glitzernde Kronen auf ihren Köpfen tragen.

Sonderbare Dinge erzählt man sich auch von einem Geiste, der in der Gegend oder im See des Seelisberges sein Wesen treiben soll. Elbst lautet sein Name, und wenn er vom Berge ins Wasser springt, dann hat er das Aussehen einer flammenden Feuerkugel. Oft auch umkreist er jenen Ort in der Gestalt eines glühenden Rades. Taucht er aber in die Tiefe, so ist er dann meistens wie ein ungeheurer Fisch anzusehen. Mit Vorliebe zeigt er sich am Abend – ehe er auftaucht, pflegt ein starker Wind das Wasser zu peitschen.

Wiederholt trieb er sich im Zugersee herum; seine Erscheinungen galten hier als Vorzeichen von Kriegen und Pestilenzen. Man behauptet: «Würde ein Älpler aus Versehen den Elbst in seiner Fischgestalt töten, eine grauenhafte Überschwemmung würde dann alle benachbarten Gebiete heimsuchen und ihre unglücklichen Bewohner ersäufen.»

Die Härdlütli oder die Erdleutlein

Helfer in der Menschennot

Erdleute:
Der Name Erdmännchen, -weiblein kommt volkstümlich für die Zwerge vor. Die Erdleute sind etwa so gross wie Kinder von 4 Jahren, wohnen unterirdisch in Löchern oder Erdmannshöhlen, welche sich manchmal zu wunderbaren unterirdischen Reichen weiten oder an einen See führen.

Den Leuten halfen die Erdleutlein gern, ohne dafür Lohn und Geschenke anzunehmen. Bloss erwarteten sie dann, dass man ihnen wieder beistehe, wenn das in ganz besonderen Fällen nötig war; dann überhäuften sie aber ihre zuverlässigen Freunde in der Not mit kostbaren Gaben.

Sie liebten vor allem den Frieden. Im Schutze der schweigsamen Nacht gingen sie in die friedlichen Häuser und machten den schlafenden Menschen ihre Arbeiten fertig.

Neugierde aber ist eine Untugend, welche die Geisterwelt nie erträgt: Wollte jemand ihrem heimlichen Werken und Wirken auf die Spur kommen, sie auf ihren Wegen belauschen, so zogen sie fort und kamen nie wieder an den gleichen Ort zurück.

Die frommen Bergleutlein vom Pilatus

Die Härdlütli oder die Erdleutlein

Der Chronist schildert uns die Zwerge, die Bergleutlein des Pilatus, den Hirten gegenüber als ungemein gutmütig und hilfreich; doch musste man sehr aufmerksam an altem Brauche hängen, wollte man nicht durch sie zu Schaden kommen:

Unterliessen es etwa unachtsame Sennen, den Alpsegen und das abendliche Ave Maria auszurufen, dann kam unfehlbar ein langbärtiges Männlein mit einer Rute in der Hand und einer Salz- oder Lecktasche über der Achsel.

Auf wunderbare Art trieb es das Vieh fort, mitten durch die Lüfte, wie es zuverlässige Leute häufig genug erblickt haben. Erst am dritten Tage kehrten die armen Tiere von ihrer unheimlichen Fahrt zurück, mager, elend und vergeltet, das heisst, zum Schaden der Älper von der Milch gekommen.

Die Heimat der Aargauer Erdleutlein

Auch die in Höhlen hausenden Erdleutlein im aargauischen Fricktal hatten ein dunkles, schwarzes Aussehen.

Sie sind eben aus ganz fernen Gegenden in unser Land gezogen. Auf die Frage, warum sie dort auswanderten und zu uns zogen, sollen sie geantwortet haben: «Wir haben daheim die Sonnenhitze nicht mehr ertragen können.»

Die Härdlütli oder die Erdleutlein

Die Begegnung der Zuger Hebamme

Auch bei Walchwil im Zugerland hauste im Berg allerlei geheimes Volk, das, sei es nun aus Notwendigkeit oder zur Befriedigung der Neugier, von Zeit zu Zeit mit gewissen sterblichen Menschen Verbindung aufnahm und sogar Freundschaften zu schliessen pflegte.

Also musste einst eine Hebamme aus dem Dorfe einem von den Leutlein im Berg durch Kristallgänge zu seinem Weibe folgen, diesem bei der Niederkunft eines Kindleins Hilfe und gute Handreichung zu leisten. Als alles ein günstiges Ende genommen hatte, zeigte sich der frischgebackene Vater aus dem unterirdischen Geschlechte überaus glücklich und darum auch gebefreudig: Schwer füllte er die Schürze der Amme mit vielversprechenden Dingen, die da geheimnisvoll in den Räumen seines Reichs herumlagen.

Die Härdlütli oder die Erdleutlein

Doch wie sternhagelwütend wurde die gute Frau, als sie mit ihrer nicht zu geringen Last durch die finstere Nacht mühsam über Stock und Stein heimkeuchte und auf einmal entdecken musste, dass sie in ihren Tüchern nichts als schwarze Kohlen schleppte.

Weit weg warf sie auf der Stelle die seltsamen Geschenke in alle schmutzigen Gräben am Wegesrand und rannte wüst fluchend und heulend nach Hause. Die Beschimpfungen und Schmähungen, die da ihr armer Mann anzuhören hatte, die wollen wir dem Leser ersparen.

Zornig fuchtelte die Hebamme dem bedauernswerten Kerl noch mit den letzten paar Kohlenmüsterlein vor der verschlafenen Nase herum und warf sie darauf keifend in die Herdglut.

Doch als sie dann am Morgen mürrisch ihren Haushalt zu machen begann und in der heissen Asche herumstocherte, da geriet sie aufs neue in Wut und Verzweiflung: Aus den Kohlenbröcklein waren reine Goldklümpchen oder glitzernde Edelsteine von unschätzbarem Wert geworden. Und sie hatte den grössten Teil der Kohlen weggeworfen!

Geheimes Volk in Unterwalden

In Unterwalden, am Wege von Wolfenschiessen nach Maria Rickenbach, öffnet sich eine Höhle; man mag davor was immer für Sachen hinstreuen – am Morgen darauf sind sie weg und verschwunden.

Der ganze Platz wirkt sauber, ganz als wäre er mit viel Sorgfalt gefegt worden.

Die schönen Herrinnen der Wälder und Alpen

Dialen:
Dialas heissen in Romanisch-Graubünden schöne, in Grotten und Wäldern hausende weibliche Geister mit Ziegenfüssen. Die ersten Belege für das Wort Diala finden sich in der Bifrunschen Bibelübersetzung (1560) in der Form «diel» (männl.), «diela» (weibl.) in der Bedeutung «heidnische Gottheit» (Apostelgesch. 19, 27 la granda diela [Diana]).

Der Löffel der Dialen

Niemand fürchtete sich in alten Zeiten vor den Dialen, denn jedermann kannte ihre freundliche, hilfreiche Gemütsart.

Alle Geschichten sind sich einig, dass es die schnöde und kurzsichtige Gier der Menschen nach Geld und Gut war, die das Volk der Dialen verscheuchte: Einst arbeiteten einige Leute auf dem Felde und gewahrten plötzlich neben sich ein schönes Tuch mit erfrischendem Trank und schmackhaften Speisen darauf. Gleichzeitig vernahmen sie die gewohnten Worte der Dialen, wenn sie die Bergler an ihren köstlichen Mahlzeiten teilnehmen liessen.

«Iss und lass», pflegten diese ihren Gästen zuzurufen; das wollte sagen, man solle sich gütlich tun, ihr Geschirr und Besteck aber nicht antasten. Ein Mann berechnete sich indessen in seinem verderbten Sinn den leichten Gewinn, den er durch ein geheimes Überschreiten des Verbotes beim Händler im Dorfe einzuheimsen hoffte. Rasch und für menschliche Augen recht unauffällig steckte er einen der silbernen Dialenlöffel in seine Tasche.

Doch im selben Moment verschwanden aus den Händen der Bergler Schüsseln und Speisereste – der Löffel dagegen, der verwandelte sich zum Entsetzen und Schmerz des aufheulenden Diebes in eine schrecklich brennende Flammenlohe.

Damit hatten aber die Menschen jener Gegend zum letztenmal etwas von den guten Dialen gesehen.

Der Aargauer Lustgarten

Die schönen Herrinnen der Wälder und Alpen

Auf den Waldwiesen nahe bei Brugg im Aargau hatten sich die «Schönen Frauen» einen herrlichen Lustgarten angelegt, den man «Beijel» nannte. So lieblich sangen sie darin, dass alle wilden Waldtiere ehrfürchtig schwiegen.

Vor den Leuten entweichen sie, und nur alljährlich am Karfreitag soll man noch ihre reizvollen Gestalten erblicken können.

Wenn ein armes Kind beim Holzlesen im Walde einschlummert, so nahen ihm, ohne dass es davon weiss, die Schönen Frauen. Das Kind merkt es nur daran, dass es manchmal beim Erwachen einen schmucken Blumenkranz auf seinen Haaren findet.

Das geheimnisvolle Brot

Freundlich waren die Dialen, die Wilden Frauen der Bündner Berge, vor allem auch zu den Weibern des Menschengeschlechtes, wovon noch immer genug der seltsamen Berichte im Volke umgehen.

Einmal ging eine arme Frau durch den Bergwald und setzte sich, da sie gesegneten Leibes war, eine Weile auf einen gastlichen Stein. Ein unerwartetes, schwer stillbares Gelüsten kam über sie, wie es nun einmal bei Schwangeren recht häufig vorzukommen pflegt.

Ein Stücklein frisch gebackenes Brot zu geniessen, ziemlich unerreichbar in einem Lande, wo es solches nur einmal im Jahre gab, dünkte sie mit einem Male die höchste der Seligkeiten. Und siehe da – eine der Dialen hielt sich unsichtbar in ihrer Nähe und belauschte auf uns unbekannte Art und Weise ihre Gedanken.

Die schönen Herrinnen der Wälder und Alpen

Auf einmal sah das Weib seinen Herzenswunsch erfüllt: Köstlicher Ruch von Neugebackenem drang ihr in die Nase, und wie sie sich umwandte, da sah sie ein herrlich knuspriges Brot einladend im Moose liegen.

Das Bergmädchen im Aargau

An einem Sonntag ging ein wundersam hübsches, niemandem bekanntes Mädchen nach dem aargauischen Unterehrendingen zum Tanz und forderte dort einen schüchternen Jüngling zum Mitmachen auf. Selig sagte dieser zu, und die beiden genossen den hellen Tag und die Musik in manchem beschwingten Reigen. Bei Anbruch der Abenddämmerung wünschte aber das Mädchen heimzugehen und bat den Burschen, ihr das Geleit zu geben.

Statt nach Oberehrendingen führte sie ihren Tänzer ans Steinböckli, eine kleine, kahle Heide mit einem Berglein. «Hier hinein gehöre ich», sagte das schöne Mädchen zu seinem Begleiter, «in dieses hohle Berglein hinein bin ich verwünscht worden.

Grosse Schätze liegen dort für jenen bereit, der genug Mut hat. Er müsste mir auf dem Fusse ins Berglein folgen, ohne sich von den beiden feurigen Drachen stören zu lassen, die beim Hort liegen und ihn grimmig hüten.

Die schönen Herrinnen der Wälder und Alpen

Willst du es heute nicht wagen, so versuche es am Karfreitag bei Sonnenaufgang. Auf der rechten Seite des Bergleins werde ich dann auf Schlüsselblumen sitzen. Ich darf dich dann zwar nicht anreden, kann dir aber antworten. Du musst einfach unbeschwert keck das Gespräch anheben und von den Blumen pflücken.

Ich werde dir dann schon weiterhelfen und sagen, was du noch alles zu tun hast.»

Darauf öffnete sich das Berglein, als wäre es ein Burgtor. Eine Goldhöhle ward sichtbar, in der sich zwei feuersprühende Drachen zu bäumen begannen, weil sie einen Fremdling erblickten. Das schöne Mädchen schritt in den Berg hinein, doch der Jüngling war zu schüchtern, ihm zu folgen. Ganz von selbst schloss sich darauf der geheimnisvolle Eingang und war nicht mehr zu sehen.

Traurig kehrte der junge Mann heim, erzählte keiner menschlichen Seele von seinem Abenteuer und dachte bis zum sehnlich erwarteten Karfreitag Tag und Nacht an seine wunderbare Freundin im Hügel. Pünktlich in der ersten Morgenfrühe erschien er dann auch am bezeichneten Orte.

Da lag ein Häuflein gepflückter Schlüsselblumen in den Strahlen der aufgehenden Sonne, und obenauf sass die Jungfrau, einen Schlüsselbund an ihrer Seite, und blickte ihren Tänzer tief und innig an. So sehr verwirrte dieser Blick den zaghaften Jüngling, dass er sich gar nicht getraute, die Schöne anzureden. Nur ein Schlüsselblümlein hob er sich auf und floh dann wieder seinem Dorfe zu.

Auf dem Wege gewahrte er, dass sich das Blümlein in ein Goldstück verwandelt hatte, und so blieb ihm nichts mehr übrig, als zu vermuten und später voller Reue seinen Freunden zu erzählen, welch Glück und welchen Reichtum er wegen seiner Wesensart verfehlt hatte. Manche, die von der Geschichte hörten, wollten später ihr Glück auch versuchen – doch sie fanden weder einen Eingang ins Berglein, noch trafen sie jemals das Mädchen aus der Drachenhöhle bei seinen Goldblümlein.

Nur ein armer Ehrendinger hatte vom ganzen Abenteuer einen Gewinn: An derselben Stelle baute er sein Hüttlein und pflanzte voller Vertrauen auf das schöne Heidenmägdlein Reben, die bald einen gar trefflichen und feurigen Wein lieferten. Auch eine kühle Quelle, das Heidewibli-Brünneli, erinnerte die Leute noch lange an die Schatzhöhle und ihre wunderbaren Bewohner.

153

Die schönen Herrinnen der Wälder und Alpen

Das verschwundene Feenvolk

In Guarda lebte ein Mann mit seinem angetrauten Weib in Unfrieden. Als dieser Mann auf seiner Bergwiese sein Heu aufladen sollte, um es in die Scheuer zu führen, besass er niemanden, der ihm dabei Hilfe leisten konnte. Nach Zank und Hader zog es seine Frau vor, sich daheim am Herde von ihrem Manne zu erholen.

Da erschien auf der Bergwiese eine von den Dialen, eine Frau vom Volke der Wilden Leute, und half ihm freundlich sein Fuder laden. Der Mann hielt sie während der gemeinsamen Arbeit für ein gewöhnliches Weib – bis er an ihr, die oben auf dem Heu stand, die Ziegenfüsse erblickte.

Also nannte er seine Helferin im schwarzen Herzensgrunde einen leibhaftigen Teufel und beschloss tückisch, sie zu verderben. Als ihn die Diale so nebenbei nach seinem Namen fragte, sagte er listigerweise, er heisse «Eug suess», was auf bündnerisch «Ich selbst» heisst.

Kaum war die Arbeit glücklich beendet, da stach der boshafte Mensch der Wilden Frau die eiserne Heugabel durch ihren Leib und fuhr, ganz freudig, eine Teufelin so leicht geschädigt zu haben, mit seinem Fuder heimzu. Die Diale stiess in ihrer Qual furchtbare Schmerzensschreie aus, auf die hin sich aus den fernen Berghöhlen bald eine grosse Anzahl von ihresgleichen besammelte.

«Wer hat dies getan?» fragten sie alle in grosser Wut. Die sterbende Frau vermochte nur noch zu flüstern: «Ich selbst!» Was blieb da den andern, als zu sagen: «Was man selbst tut, geniesst man auch selbst.»

Dann verzogen sie sich wieder in ihre einsamen Verstecke, und der schlaue Heuer blieb von der furchtbaren Rache des Bergvolkes verschont.

Seit jener Zeit wollte aber keine der Dialen das geringste mehr mit den Menschen zu tun haben, und niemand hat es seither vermocht, eine von ihrem Geschlechte in Wald oder Feld zu erblicken.

Und mit einem Sterblichen in nähere Beziehung getreten, ihm ihr Wissen mitgeteilt, mit ihm gar zusammengelebt – dies hat erst recht keine getan.

Macht über das Feuer

Der Feuerzauber

Im thurgauischen Kreuzlingen waren die Bauern vollends überzeugt, dass die dunklen Fahrenden ursprünglich aus besonders heissen Ländern eingewandert waren und darum die «Feuerkünste» beherrschten.

Auch in Schwyz, Graubünden, im Emmental, Waadtland und sicher noch in anderen Teilen des Landes geht die Geschichte um, nach der die Fahrenden inmitten trockenen Heus Feuer unter ihren Kesseln entzünden konnten, ohne dass dabei ein einziger Strohhalm versengt wurde.

Dies hat in den thurgauischen Grenzgebieten sehr viel dazu beigetragen, dass den fremden Wanderern gern gute Gastfreundschaft gewährt wurde. «Sie sind eben feuerfest», meinten die Leute im Spass und auch im Ernst und versicherten: «Nie hat seit Menschengedenken ein Blitzstrahl in ein Haus oder einen Stall eingeschlagen, in dem das fahrende Volk zu Besuch geweilt hatte.»

Feuerkünste: Die Kunst der Zigeuner, in Scheuern, bei Heu und Stroh Feuer zu entfachen, welches doch nichts anbrennt als das zu brennen angelegte Material, wird einer sonderbaren natürlichen Kraft einer Feuerwurzel zugeschrieben, deren sie jährlich eine ziemliche Quantität aus «klein Ägypten» mitbrachten, die da auf einem hohen Berge wachsen soll.

Macht über das Feuer

Leuchtende Schwefeldünste

«Weil im Schweizerland vor Zeiten so viel Schlachten geschehen sind, ist im Erdboden sehr viel Schwefelmaterie anzutreffen.» So erklärte den unglaublichen Reichtum unseres Landes an wunderbaren Erscheinungen der wackere Chronist Hans Rudolf Grimm

Diese schwefeligen Erddünste würden nun von der Sonne nach oben gezogen und sänken dann in der Nacht wieder in die Niederungen. «Von der Luft getrieben», meinte Grimm weiter, «kommen solche den Menschen als feurige Männlein, fliegende Drachen, schiessende Kugeln und Sterne vor...»

Der Pfarrer und die Brände

Namentlich in der Gegend von Oberburg im Emmental erzählt man sich viele Geschichten über den Pfarrer Bitzius, der als grosser Dichter unter dem Namen Jeremias Gotthelf bekannt ist.

Macht über das Feuer

Jeremias Gotthelf: Schriftstellername von Albert Bitzius, * 4.10.1797 in Murten. Theol.-Studium in Bern. Vikar in Utzenstorf bis zum Tode seines Vaters 1824, dann in Herzogenbuchsee, kurze Zeit an der Heiliggeistkirche in Bern, 1830 Berufung nach Lützelflüh im Emmental. Er war Seelsorger der Gemeinde, Fürsprecher der Armen, Inspektor der Schule in einer Person. † 22.10.1854. Sein dichterisches Gesamtwerk gilt als bestes Bild des Volkslebens seiner Zeit.

Um den bedürftigen Menschen in seelischen und leiblichen Nöten beizustehen, ritt er oft noch des Nachts über die waldigen Emmentaler und Oberaargauer Höhen. Mehr als einmal soll er dabei in der Ferne den Beginn einer Feuersbrunst erblickt haben und sei dann rasch, vor allen anderen Helfern, zu den einsamen Höfen geritten, ihren Besitzern beim Löschen des Brandes an die Hand zu gehen.

Einige glauben darum noch heute, der Pfarrer Bitzius habe sich nicht nur aufs Predigen und Dichten verstanden. Vom fahrenden Volk in den Höhlen der Gysnaufluh an der Emme habe er gelernt, wie man Schadfeuer erkennt und abwendet und wie man die Flammen, wenn sie sich durch menschliche Unachtsamkeit schon einmal ausgebreitet hatten, wieder bändigt. So habe der kluge Pfarrer über das Land gewacht wie kaum ein anderer nach ihm.

Von den Gestirnen und dem Sternenvolk

Gestirne auf dem Kirchenboden

Tierkreis:
In der Astronomie die Zone der Ekliptik, durch die sich Sonne, Mond und die grossen Planeten bewegen. Der T. enthält folgende 12 Sternbilder: Widder, Stier, Zwillinge, Krebs, Löwe, Jungfrau, Waage, Skorpion, Schütze, Steinbock, Wassermann und Fische.

Wandelsterne:
Deutsches Wort für Planeten. Es sind mit zunehmender Entfernung von der Sonne: Merkur, Venus, Erde, Mars, Jupiter, Saturn, Uranus, Neptun und Pluto.

Auf dem Fussboden des Gotteshauses von Einsiedeln sieht der aufmerksame Besucher die astrologischen Zeichen des Tierkreises und der Wandelsterne.

Im Volke, das lange Zeit eng mit dem Glauben des Mittelalters verbunden war, soll es noch im letzten Jahrhundert der Brauch gewesen sein, an den Festtagen mit frommem Gebet über diese Bilder zu schreiten. Man war überzeugt, dass durch diesen Gang manches üble Schicksal abgewandt würde, das sonst dem unglücklichen Sterblichen durch Einfluss der Gestirne bestimmt war.

Sternenvolk in Baselland

Wenn am Himmel sich die Wolken türmen und Regen auf das durstige Land fallen soll, erscheint aus den Trümmern der Burg Reifenstein in Baselland ein feurig funkelnder sechsspänniger Wagen. Da glänzt und glitzert und strahlt an ihm alles, als wenn er samt allem Drum und Dran aus unschätzbarem Edelgestein geschnitten wäre.

Auf ihm fahren Fräulein und Ritter hoch zum Sternenzelt empor. Eine Zeitlang kreisen sie hell leuchtend wie ein nahes Gestirn um das unbegrenzte Himmelsgewölbe und kehren darauf wieder in ihre geheimnisvolle Wohnung unter den Ruinen zurück. Meist fällt kurz danach der langersehnte Regen.

Von den Gestirnen und dem Sternenvolk

Von den Gestirnen und dem Sternenvolk

Die Himmelreise des Waadtländer Hirten

In den sagenhaften Jahrhunderten, da unsere Vorfahren noch das Land mit mächtigen Geschlechtern aus andern Zeiten oder Welten teilen mussten, entbrannte Nerina, eine der dunklen Feen, in leidenschaftlicher Liebe zu einem Waadtländer Alphirten mit dem Namen Michel. Doch diese starke Neigung wurde ihr Unglück; der Jüngling war bereits der Verlobte einer Nachbarin, die er wegen ihres blonden Haars und ihrer veilchenblauen Augen anziehender fand.

Einmal plauderte abends die Fee mit ihrem Freund und versuchte, ihn für sich zu gewinnen. «Es ist schwer, das Glück auf Erden zu finden», sagte sie zum Hirten, «ich will dir beim Auffinden ein wenig behilflich sein.» Mit ihrem Zauberstabe berührte sie eine Alpenrose, und diese verwandelte sich sogleich in ein bequemes Luftkütschlein. Hunderte von Schwalben kamen herbeigeflogen und liessen sich mit Goldfäden davor spannen.

Jüngling und Feenmädchen bestiegen das luftige Gefährt, und schon ging es in Windeseile über alle Berge: Schimmernde Gipfel und tiefe Schluchten, von silbernen Nebeln bedeckte Täler und im Mondenschimmer gleissende Gletscher, alles versank in den Tiefen, und nur das abendliche Gestirn in der weiten blauen Himmelskuppel war noch zu sehen. Nerina stand in ihrem weissen Schneekleid neben dem Geliebten, die Goldsterne in ihren braunen Haaren funkelten.

Doch die ganze Zauberei vermochte nichts über das Herz des Älplers: Trotz der so selten den Sterblichen offenbarten

Alpenrose:
Ein Heidekrautgewächs. Die bis 1 m hohen Zwergsträucher kommen als Unterholz in lichten Zwergwäldern, vor allem der Alpen und Pyrenäen, vor und besitzen rote, trichterförmige Blüten in kleinen Büscheln.

Wunder fand er keinen Augenblick die verheissene Glückseligkeit. Stets musste er an sein Heimatdorf denken, und die schöne Fee vermochte aus seinem inneren Sinnen das Bild seiner blonden Braut nicht zu verdrängen. Die Fahrt, für die doch mancher ohne viel Bedenken sein Seelenheil dahingegeben hätte, erschien ihm schon bald viel zu lange und erfüllte ihn mit dem Schmerz, sich so weit von allem, was er liebte, zu wissen. Flehentlich bat er Nerina, ihn wieder zu seiner Hütte zwischen den düsteren Felsen zu bringen – nichts auf der ganzen Welt gefalle ihm besser als gerade jener winzige Flecken Heimaterde.

Ein gewaltiges Weh fühlte ob solchen Worten die Fee in ihrem Herzen – doch gebot sie den Mächten, die ihren Luftwagen über die Alpenhöhen trugen, sofortige Umkehr. Noch etlichemal überredete sie später den Jüngling zu ihren wunderbaren nächtlichen Fahrten – doch ihr Spiel war nun einmal verloren. Michel widerstand ihren Verlockungen, anders als die übrigen Berghirten der alten Zeit, die sofort von jeder Treue zu den Älplerinnen liessen, sobald sie von einer der braunen Feen geliebt wurden.

Er heiratete seine Salome und lebte mit ihr bescheiden und zufrieden in seiner Hütte, in welcher schon seine Väter gestorben waren: Ob er auch nur ein einzigmal die Reisen auf dem Alpenrosengefährt vermisst hat, weiss die Sage nicht zu berichten, und es ist uns dies, aus allem, was wir bisher vernehmen durften, eigentlich ziemlich unwahrscheinlich.

Von den Gestirnen und dem Sternenvolk

Das Glücksschiff auf dem Genfersee

Früher sah man in gewissen Nächten vor den Ufern des Genfersees ein Schiff, das leuchtete wie die Sichel des silbernen Mondes. Unter lieblichem Tönen, von acht weissen Schwänen gezogen, glitt es durch die Wellen.

Von den Gestirnen und dem Sternenvolk

Sylphiden: Weibliche Luftgeister. Die männl. Luftgeister heissen Sylphen. Nach Paracelsus gehören sie zu den Elementargeistern. Oberon war ein Sylphe.

Weiss waren auch die Kleider der anmutigen Frau, die im Schiffe stand; geflügelte Kindergestalten – der Fromme sah in ihnen himmlische Engelein, der Kenner gelehrter Poeten-Schriften niedliche Luftgeister oder Sylphiden – umgaukelten sie während ihrer ganzen Fahrt.

Nie stiess das wunderbare Boot ans Ufer – doch an den Orten des Landes, denen es sich deutlich wahrnehmbar näherte, waren im darauffolgenden Sommer die Fluren fruchtbar wie nirgends, und alle Blumen blühten in ungewohnter Pracht. Dem Menschen, der das schimmernde Schiff und die weisse Frau sah, dem ward der im Herzen gehegte Wunsch schon über kurze Zeit vollauf erfüllt.

Himmel auf Erden

Als die Hunnen oder Ungarn – die Sagen bringen, wie man weiss, diese Völker und auch die Jahrhunderte ihrer Wanderungen gründlich durcheinander – über die Grenzen von Burgund stürmten, stiessen sie auch zum Genfersee vor. Es war in einer sternenhellen Nacht, und die Gestirne des Himmels spiegelten sich in den klaren, noch von keiner Menschenhand getrübten Fluten. Die wilden Reiter aus den weiten Ebenen des Ostens waren entsetzt und glaubten ob dem für sie ungewohnten Anblick, ihr massloser Eroberungszug habe sie jetzt über das Ende der Welt hinausgebracht. Ja sie glaubten, über den Rand der Erde geritten zu sein und befänden sich nun im göttlichen Himmel, mitten unter den funkelnden Gestirnen.

Einige sagen, die Hunnen seien darauf aus Angst vor den unbekannten Mächten umgekehrt und glücklich gewesen, als sie wieder daheim in ihren Steppen waren. Man vermutet aber auch, dass sie sich an den wunderbaren Anblick gewöhnten und sich als Hirten in diesem glücklichen Land niederliessen, in dessen Alpenseen man in schönen Nachtstunden die Sterne gleichzeitig über dem Haupte und tief unter sich zu erblicken vermag.

Von Hauskobolden und Spukgestalten

Der Geisterdiener in der Waadt

Ganz besonders glauben auch die Bergler des Waadtlandes an eine Art dienstbarer Geister, die sie unter dem Namen Servants kennen. Gleich den ihnen in mancherlei Art verwandten Wildmannli der nahen deutschen Schweiz sind diese Geschöpfe gewöhnlich freundlich, zu jeder Heiterkeit geneigt und den Menschenkindern ihrer Umgebung wohlgesinnt.

Am liebsten sind ihnen die schönsten unter den Kühen, zu deren Wachstum und Gedeihen sie viel beizutragen wissen. Aber auch sonst haben sie sich ihren Freunden unter den Älplern bei deren Verrichtungen auf der Alp oder im Dorfe auf tausenderlei Art nützlich und unentbehrlich erwiesen. Jede

Von Hauskobolden und Spukgestalten

Arbeit in den Bergen wurde darum, wenigstens solange man mit diesem Zaubervolke auf gutem Fusse stand, leicht und lustig und der ganze Alltag zu einem unterhaltenden Fest.

Aus Dankbarkeit für die zuverlässige Hilfe in jeder Not pflegte man ehedem – an ganz wenigen Orten, behauptet man, noch heute – den Geistlein auf jedes Hüttendach einen Napf mit guter Speise zu stellen. Durch die verschlungenen Äste der nahen Bäume sah man dann die kleinen Wesen schnell hinzuspringen. Köstlich war es zu schauen, wie sie, meistens in Kätzlein verwandelt, sich munter nährten.

Gering war freilich zum Schluss jener Zeiten, da solch wunderbare Freundschaften noch das gewöhnlichste Ding von der Welt waren, die Erkenntlichkeit der Menschen: So geschah es in einer Hütte, wo doch das kleine Hausgeistlein seit jeher gewohnt war, am Morgen und Abend seinen Trunk frischer Milch zu erhalten, dass man den alten Brauch aus Vorsatz unterliess. Die Leute unter dem Dache waren ganz einfach furchtbar neugierig, was nun wohl auf diesen Spass hin geschehen würde. Dass nämlich ein so lieber und kleiner Geist sich grausam an den grossen Menschen rächen könnte, das war für sie nun einmal ganz und gar nicht vorzustellen.

In den ersten Stunden nach der schlimmen Tat geschah denn wirklich überhaupt nichts. Nur ein ganz sanfter Wind erhob sich nach und nach, der die Alpenblumen ein wenig beugte und die Wälder leise rauschen liess.

Doch bald wurde das Leben im Luftreich wilder und ungestümer. Der immer gewaltigere Wind pfiff durch die Schluchten, peitschte mit seinen Höllengeisseln die Wände, knickte die Äste der Wettertannen und liess aus jeder Ecke des Gebirges das Heulen seiner wilden Jagden erschallen und widerhallen. Ob der masslosen Wut des Sturmes verkrochen sich die schwachen Menschen in den Schutz ihrer Hütten – doch keiner von ihnen vermutete, dass in diesem masslosen Toben der Elemente die Rache des Geistleins den Weg zu ihnen fand.

Als der folgende Tag anbrach, sahen die bestürzten Älpler die Ställe leer, die Weiden in der Nähe still und verödet. Bittere Verzweiflung in den Herzen, folgten sie durch Alpenrosenbüsche, über Wiesen und ewige Schneefelder den Spuren des Viehs, ihres einzigen irdischen Reichtums.

Endlich fanden sie ihre Kühe, die in blinder Angst über die Ereignisse der Nacht durch die Berge gestürmt waren – von keinem mächtigen Wächter aus dem Geistergeschlecht mehr gegen die drohenden Gefahren der Felsenwildnis beschützt:

Von Hauskobolden und Spukgestalten

Es war darum den unglücklichen Tieren schlimm genug ergangen! Ohne Ausnahme waren sie auf ihrer irren Flucht über Steine und Abhänge gestürzt, die Alpleute fanden sie entweder schon tot oder im letzten Verröcheln.

Die unsichtbaren Freunde

In der Mattenschmiede in Bern vernahm man häufig auch in den mondlosen Nächten ein mächtiges Hämmern.

«Diese Leute stören mich gar nicht», soll darob der kluge Schmied gesagt haben, «von mir aus können sie auch von meinen Sachen nehmen, wenn sie etwas davon für ihre Arbeit benötigen.

Beim Volk der Nacht braucht man nie wie bei den lieben Mitmenschen um die Bezahlung besorgt zu sein. Lassen sie auch hie und da ungefragt dieses oder jenes mitlaufen, so müssen sie unsereinen dann doch dafür entschädigen und ihm irgend etwas Gutes erweisen.»

Von Hauskobolden und Spukgestalten

Der Spuk von Vevey

Das Gemüt der Bewohner jener Gegenden des Waadtlandes blieb freilich, dank solchen Geschichten, noch durch Jahrhunderte vom Glauben an Wesen dieser Art durchdrungen. In den Archiven der Stadt Vevey fand man darum auch Urkunden, die sich sehr genau an das Treiben eines Geistes dieser Art erinnerten. Sogar sein Name, er lautete Tschauteret, ist uns zuverlässig überliefert worden.

Im Jahre des Herrn 1551 trieb er es leider etwas zu arg und machte allgemach alle Bewohner des Städtleins zu Zielscheiben seiner oft zweifelhaften Spässe. Gern hielt sich der Kobold in einem Turme auf, woselbst er jedermann mit heillosem Lärmen beunruhigte und oft sogar sonst ziemlich unverzagte Herzen erbeben liess.

Endlich suchte die Obrigkeit nach einer Abhilfe gegen den zunehmenden Unfug und das störende, die Stadt in dunklen Verruf bringende Umherpoltern: Dem Oberhaupt der Maurer wurde befohlen, tunlichst rasch jede Türe und jede andere Öffnung des gespenstischen Turmes zu verschliessen.

So glaubte man dem entfesselten Tschauteret für immer den Ausgang zu wehren – vielleicht auch die Heimkehr in seinen liebsten Wohnsitz, falls er etwa gerade nicht im Bauwerk war, sondern sonstwo in der Stadt sein Allotria trieb.

Kobold:
Im Volksglauben zwerghafter, meist wohlwollender, aber auch neckischer und boshafter Erd- und Hausgeist.

Das Mondtier von Brugg

In den Nächten heiliger Zeiten geht das Dorftier von der Stadt Brugg durch die Dörfer Umiken und Villnachern und verschwindet auf der Rückkehr in der Mitte von Umiken. Ganz verschieden ist das Ungeheuer von Gestalt – bei Vollmond ein gewaltiger Ochse; sonst nur wie ein Kalb oder ein gespenstischer Hund anzusehen, bei Neumond gar nur wie ein junges

Kätzlein. Eins bleibt aber dem Dorftier von Umiken, egal wie gross es ist und an welches Tier es erinnert: die grossen, feurigen Augen.

Mancherlei Unfug hatte das Nachtgeschöpf in seinem Sinn: Es ging den Leuten oft in ihre Krautgärten, zerstampfte Gemüse und Blumen und zerriss die Zäune. Bei Regen wagte es sich bis zu den Häusern vor, verschwand aber jedesmal, wenn es zur Dachtraufe kam. Die Menschen, die sich vor ihm fürchteten, hauchte oder blies es an, so dass sie davon einen dick aufgeschwollenen Kopf und rotentzündete Augen bekamen – unfähig war es aber, jene mutigen Leute zu schädigen, die keine Angst vor ihm zeigten und es mit herzhaften Flüchen und Drohworten verjagten.

«Das Dorftier von Umiken», das berichteten die Alten, «war zu seinen Lebzeiten ein ungetreuer Ammann, der seine Gemeinde um ein halbtausend Gulden arglistig betrogen.

Für ein solch frevelhaftes Vergehen wider das Gemeinwohl schien unseren Altvorderen eine irdische Strafe allzu gering. Das Gericht von Brugg liess darum einen Beschwörer kommen und gebot ihm, den Verbrecher zu verwünschen: Genau so viele Jahrhunderte, als er Gulden veruntreute und stahl, sollte der Ammann nach seinem Tode ruhelos wandeln.»

Das tat er dann auch – eben je nach Mondstand als Ochse, Kalb, Hund oder Kätzlein.

> Von Hauskobolden und Spukgestalten
>
> Nachtgeschöpf: Ein Element der Nachtjagd, einer Kollektivität von Tieren oder Seelen ungetaufter Kinder. In den meisten Berichten lösen sich einzelne Geschöpfe aus der Nachtjagd heraus, z. B. ein kopfloser Reiter.

Hexen und Hexer

Waldgeheimnis im Neuenburger Jura

In den Waldtälern zwischen Jura und Alpen hat sich in den verschwiegenen Hütten manche Überlieferung erhalten. In tiefen Truhen aus den Tagen der weisen Altvordern, da werden noch so manche Rezepte gehütet, die das unvorsichtige und sorglose Volk in den Städten besser nicht kennen sollte.

Besonders in den abgelegenen Tälern des Neuenburgischen Jura versteht man ein milchiges und wegen seinen geheimen Zusätzen gelbliches Getränk zu bereiten, dessen Wirkung weder irgendeinem Schnaps noch starkem Wein gleichkommt. Das seltsame Getränk soll im Menschen verborgene Kräfte auslösen, die sogar Fachleuten der Gegenwart ein Rätsel sind. Schon nach einmaligem Genuss erzeugt der gefährliche Trank, aus den dunklen Künsten eines längstens entschwundenen Wandervolkes geboren, angeblich eine erschreckende Sucht. Dem verrufenen Gebräu verfallene Menschen, von dem Tranke schon um alle ihre Besitztümer gebracht, kannten nur noch eine Leidenschaft – Becher um Becher mit dem verhexten Inhalt die Kehle hinunterzuschütten. Nicht einmal ein elender Tod schien ihnen eine zu hohe Bezahlung für den Genuss des Zaubergesöffs, dem sie nach jeder ihrer leidenschaftlichen Zechereien noch mehr zusprachen.

Auch ein Mann aus Neuenburg, der hatte das Gerücht über den rätselhaften Kräutersaft zu Ohren bekommen; von Neugier getrieben, durchstreifte er den Jura, Genaueres über das Teufelsrezept zu erfahren. Endlich gelangte er in eine Jägerhütte im hintersten Jurakrachen, wo ihm ein finster aussehender Bauer eine grosse Flasche des Trankes überliess. «Im Jura ist der Teufel, kriegt er unsereinen zu fassen, nicht mit unserer Seele allein zufrieden – man muss ihm auch noch Botenlohn zahlen, dass er uns in die Höllengluten abschleppt.» Daran musste der Neuenburger denken, als er den dunklen Gesellen mit einer unverschämten Summe entschädigen musste.

Weil er aber nun einmal wissen wollte, ob die Geschichten über die Wirkung des mörderischen Gemisches nicht nur abschreckende Ammenmärchen seien, zahlte er und trank keck ein Glas nach dem andern. Später wusste er sich nur noch zu erinnern, dass Hütte und Jurawald auf einmal in milchigem Nebel versanken. In seinem immer tolleren Rausche träumte ihm, ihm wachse ein tierisches Fell und er rase mit zottigen Tatzen und mächtigen Krallen wie wild durch das dichte Gebüsch des Waldes. Ganz seltsam sei ihm vorgekommen, dass er in seinem Rauschtraum nur Schönes empfunden.

Seine Sorgen um das Geschäft, um die Treue seiner Frau, um Krieg und die Schwächen des nahenden Alters, alles war wie weggeblasen. Mit einem Schlage war er nicht mehr der bleiche Stubenhocker, sondern stark und voller Mut und Unternehmungslust. Der Wald mit seinem Dornengestrüpp dünkte ihn von seltener Schönheit, und die ganze Welt war mit einem Male voll köstlicher Gerüche, die er gierig einsog.

Nach einer Nacht und einem Tag erwachte der Neuenburger aus tiefem Schlaf. Sein Kopf war schwer, und er fühlte sich wieder schwach und hilflos. «Hätte ich die verteufelte Flasche nicht bis auf den Grund ausgetrunken», versicherte er später, «ich hätte den Rest auf der Stelle in mich hineingegossen, um wieder in das Reich der glücklichen Träume zu gelangen, wo ich stark war.» Augenscheinlich hatte er sich in seinem Rausche in der Jurahütte verletzt, wenn er auch keine Wunde an sich zu entdecken vermochte; aber an seinen Händen klebte verkrustetes Blut.

Wie seltsam mutete es den Neuenburger an, als er in den Zeitungen las, was sich in seiner Abwesenheit zugetragen. Just in der wilden Nacht, in der er dank des Zaubertranks in weissen Nebeln versunken war, habe man in den Grenzgebieten des Jura das schauerliche Geheul eines gewaltigen Wolfes vernommen. Die Jäger aus den umliegenden Dörfern hätten zu ihren Gewehren gegriffen, dem in ihrer Gegend so seltenen Raubtier auf den Leib zu rücken. Im Waldesdickicht sei man auf die Leichen vieler Hasen gestossen, die der mordgierige Wolf auf seinem Zuge gerissen hatte. Die erfahrenen Jäger

Hexen und Hexer

seien aber unverrichteter Dinge zurückgekehrt, so sehr sie auch gesucht hätten.

Obwohl ihn noch häufig die herrlichen Gefühle und Träume seines Rausches tückisch lockten, hat der Mann aus Neuenburg allen Versuchungen, den Hexentrank noch einmal zu geniessen, widerstehen können.

Hexenweisheit bei Oron

v. Greyerz, Graf: Dynastengeschlecht, das wahrscheinlich von den Grafen von Ogoz abstammte und dessen Namen sich von «gruyer» (Förster) ableitet, welches Amt die ersten Glieder ausübten. Ihr Wappen: in Rot ein auffliegender weisser Kranich. Vom 11. Jh. bis 16. Jh.

Hexen:
Mit dem seit dem 15. Jh. bekannten Begriff Hexe sind vielerlei Vorstellungen verbunden: 1) Pakt und Buhlschaft mit dem Teufel, 2) Ketzerei, d. h. Kult fremder Gottheiten, 3) Schadenzauber, 4) Flug durch die Luft und Tierverwandlungen.

Die Gegend um Oron gehörte lange zum Land der Grafen von Greyerz, die nach der Meinung des Volkes bis zum Ende ihrer Herrschaft leutselige und duldsame Herren gewesen sind. Mancherlei Frauen, die man wegen ihrer grossen Kräuterkünste andernorts als gefährliche Hexen verschrie und die auf den Scheiterhaufen ein jämmerlich Ende fanden, sollen in den Schlössern und auf den verschwiegenen Alpen der ritterlichen Greyerzer Zuflucht gefunden haben.

Eine weise Frau, die jeweilen ins Schloss von Oron als Hebamme gerufen wurde, habe noch gewusst, wie närrisch der Aberglaube des Volkes an die vermeintliche Übermacht der Teufel gewesen sei. «Natürlich gibt es verrufene Sarazenenkünste, die die Bösewichter in die Lage versetzen, zu nächtlicher Stunde und bei günstigem Planetenstand strahlende Feuerschlangen durch die Luft zu schicken, um damit die Häuser ihrer Feinde einzuäschern. Doch nur dann gelingt ihnen ihr gottloses Vorhaben, wenn der andere, der Mensch, dem sie mit ihren schwarzen Künsten schaden wollen, noch schlechter ist als sie selber. Sonst wird aber ihr unschuldiges Opfer vom Himmel beschützt; der ihnen zugesandte flammende Drache prallt wie an einer unsichtbaren Mauer ab und kehrt wutschnaubend zum bösen Zauberer zurück, ihn auf der Stelle in schwefelstinkende Asche zu verwandeln.»

Der Knobler aus Zürich

Hexen und Hexer

So mancher Brauch ist Anzeichen für eine sich ausbreitende allgemeine Verderbnis gewesen. Das Knobeln war ein solcher Unfug. Von drei Zündhölzlein hielt der Spieler eines, zwei oder drei in seiner Hand verborgen und liess seinen Mitspieler die versteckte Anzahl erraten.

Bei diesem Zeitvertreib wechselten in einer Stunde mehr Franken den Besitzer, als dieser in einem Monat zu verdienen imstande war. Gar nicht selten sollen sich an manchen Markttagen Bauern um Haus und Hof geknobelt haben.

Von einem besonders schlimmen Knobler im Zürcher Niederdorf erzählt man sich, dass er nur dann verlor, wenn er es absichtlich tat, um seine ahnungslosen Opfer einstweilen in Sicherheit zu wiegen, auf dass sie in ihrer kindischen Gier nach noch grösseren Gewinnen immer höhere Summen ins Spiel brächten. Stets ging der gefährliche Mann ärmlich gekleidet einher und tat überhaupt ganz bescheiden. Nach seinem Tode indessen vermochte man die vielen teuren Steinhäuser kaum zu zählen, die er mit seinen grossen Gewinnen erbaut und gekauft hatte.

Immer bevor er seine haarige Faust mit den Hölzchen auf den Tisch knallte, führte er sie an seinen Mund, so als ob er etwas hineinflüstere. Zeugen wollen wissen, dass er dabei kaum vernehmlich eines der schlimmen Worte aus dem siebenten Buch Mose brummelte.

Mit dem Knobler liess sich darum keiner der Stammgäste in den Wirtschaften in ein Spiel ein. Es gab aber der Fremden genügend, die auf seine unheimlichen Künste hineinfielen, sehr zur Freude der schadenfrohen Gaffer und Tagediebe, die über den raschen Ausgang der Runden Wetten um einen Halben Weines abzuschliessen pflegten.

Doch keiner bleibt ungestraft, der die seltsamen chaldäischen Zeichen aus den schwarzen Büchern missbraucht, so dass seine Mitmenschen zu Schaden kommen. Der Knobler verschied als einsamer Mann, ohne bis an sein trauriges Ende jemanden gefunden zu haben, der seinen unermesslichen Reichtum mit ihm geteilt hätte.

Glück im Spiel, Unglück in der Liebe.

Siebentes Buch Mose: In der volkskundlichen Literatur wird das 6. und 7. Buch Mose oft erwähnt als Buch zur Teufelsbeschwörung, zur Schatzgräberei usw.

Wunderdökter

Die alte Kräuterkunde

Ein grosser Appenzeller Wunderdoktor, den sogar die studierten Herren aus den grossen Städten bewundert haben sollen, erzählte: «Will ich die Künste eines jungen Mannes prüfen, der zu mir kommt, um etwas zu lernen, so lasse ich ihn für ein bestimmtes Leiden das richtige Kraut holen.

Der Anfänger mag es einen ganzen Tag in den einsamsten Bergen suchen und vorher erst einmal in allen kundigen Büchern nachlesen. Der Meister dagegen geht nur drei Schritte aus der Hütte heraus, und schon hat er es gefunden.»

Einer aus Herisau, der wollte vom gleichen erfahrenen Mann einmal wissen, was er in seinem Leben noch nie gesehen habe. «Ein Kräutlein», antwortete der, «das für den Menschen nicht auf irgendeine seltsame Art heilsam und in seinen Wirkungen wunderbar ist.»

Paracelsus: Theophrastus von Hohenheim, gen. Bombastus. Medizinischer, philosophischer und theologischer Schriftsteller, Astrologe, Alchimist und Mystiker.
* 1493, † 1541.

Die Wunder des Paracelsus

Der fahrende Arzt Theophrastus Paracelsus von Einsiedeln ist in der Schweiz wie im Ausland bekannt, als wäre er ein hoher Heiliger gewesen. In Salzburg, wo man seinen Grabstein noch immer bewundern kann, wird erzählt, dass gelegentlich seine Landsleute und auch Verehrer aus den verschiedensten österreichischen Gegenden kommen, an diesem Orte Blumen niederzulegen. Dies soll schon manch einem in seinen Körperleiden mehr genützt haben als alle Pillen und Salben der Apotheker, heisst es etwa.

Im letzten Jahrhundert, als die Cholera das Abendland heimsuchte und unzählige Opfer forderte, sollen von weither ganze Scharen zum Grab des wunderbaren Arztes gepilgert sein und dort zu Gott um Hilfe in ihrer Not gebetet haben. Sei es nun der Glaube an den grossen Alpendoktor oder schierer Zufall, auf alle Fälle hat man bis in unsere Tage erzählt, dass die Gegenden, deren Bewohner damals zum Grabe nach Salzburg zogen, vor der Seuche himmlische Rettung erhielten.

Wunderdökter

Emmentaler Arztkünste

Der unbestreitbare Meister im Wasserschauen war aber Micheli Schüppach, der in Langnau im 18. Jahrhundert die vornehmen Damen und Herren aus der weiten Welt empfing und der sogar den Dichter Goethe beeindruckte.

Eingehend betrachtete er das Wasser eines kranken Bauern, das ihm dessen Knecht gebracht hatte; dieser war aber zu schüchtern, auch nur ein Wort über das Unglück seines Meisters zu verraten.

«Der Bauer», also begann Micheli, «ist auf seiner Leiter emporgestiegen, ist dann sechs Sprossen hinuntergefallen und hat sich das linke Bein gebrochen ...

Hast du aber unterwegs nicht ein wenig vom Wasser verschüttet?» fragte er plötzlich gestreng den Knecht. Dieser war zuerst ganz verwirrt, nickte dann aber bejahend mit dem Kopfe. «Das dachte ich mir», sagte nachdenklich der Langnauer Arzt, «jetzt sehe ich es klar – es waren sieben Sprossen.»

Micheli Schüppach
* 1707, † 1781

Wunderdökter

Das Kräutermännlein im Engadin

Im schönen Engadin hatte sich eine Bäuerin bei ihrem schmucken Hause einen Garten angelegt, dessen Blumenpracht und Gemüsesegen jedermanns Herz erfreute, der für das Schöne und Nützliche einen wachen Sinn besass. Es war ihr nicht nur Pflicht, vielmehr geradezu ein Stolz, jedes Unkräutlein auszuraufen, das sich da diesseits des Hags auszubreiten anschickte.

Die Bäuerin war es darum gewöhnt, dass jeder, der auf dem Dorfweg an ihrem Garten vorbeikam, ihre Gewächse wie auch ihren Fleiss bewunderte und ihr darum einige aufmunternde Worte zurief. Um so merkwürdiger mutete es sie an, als ein Männlein bei ihrem Zaun stehen blieb, sie einige Zeit aufmerksam beobachtete und dabei, alles andere denn froh, sein Haupt schüttelte.

Der Gast am Hag hatte dichte Haare, die ihm bis auf die Schultern reichten, und einen schwarzen Bart, der kaum Fingerbreit unter seinen Augen ansetzte. Er trug sehr schmucke Kleider, aber solche, wie man sie unten im Tal schon zu Grossvaters Zeiten an die von weither herumziehenden Trödler veräussert hatte.

Das Männlein war so in seine Gedanken versunken, dass es den Gruss der erstaunten Frau gar nicht deutlich erwiderte. «Wenn nur das Volk unten an den Bergen wüsste, was es als Unkraut fortwirft», murmelte das Männlein bekümmert, «ihre Totenäcker würden wohl leer bleiben, und die Doktoren mit ihren Arzneibüchern würden am Hungertuch nagen.» Dann schritt es rüstig weiter, wobei es seinen Kopf schüttelte, dass die langen Haare nur so flogen.

Vom Wasserschauen

Wunderdökter

Sehr oft wurde versucht, die Wunderärzte zu täuschen, von denen früher sehr viele durch unser Land zogen, um sie dem allgemeinen Gelächter des Pöbels preiszugeben.

Wie die Sagen bezeugen, schnitten sich die Spötter damit meistens ins eigne Fleisch, so auch in der folgenden, sehr bekannten Geschichte: Einmal, da brachte ein Witzbold in einer Flasche das Wasser eines Kranken und vergoss dabei bittere Tränen des Leides über dessen erschreckliche Lage. Der Wunderarzt aber warf nur einen Blick auf die trübe Flüssigkeit und sagte streng: «Du musst dem armen Teufel eben nicht nur Heu, sondern zuweilen auch etwas Hafer geben.»

Das anwesende Landvolk hielt sich die Bäuche vor Lachen, und der Mann, der den erfahrenen Wasserdoktor hatte hinters Licht führen wollen, gab kleinlaut zu, den Urin seines vernachlässigten Gauls mitgebracht zu haben.

Wasserschauen: Das Erkennen einer Krankheit aus dem Urin.

Aus der neuen Geschichte

Jeder eidgenössische «Stand», oft geradezu jede der grossen Sippen betrieb durch Jahrhunderte ihre überlieferte und selbständige Politik gegenüber anderen Ländern, mit denen sie sich besonders verbunden glaubten. Es gibt wohl kaum Krieg, Revolution, Kulturbewegungen bis über die Grenzen unseres Erdteils, bei denen nicht Eidgenossen eine wichtige Rolle spielten: Nur wenn ihr «Ewiger Bund» in eine gemeinsame Gefahr geriet, lösten sie ihre herzlichen Verbindungen mit fremden Staaten und Völkern, eilten in die Heimat zurück und verteidigten sie, selbst gegen ihre eigenen langjährigen Freunde: Die Sage preist, als Sinnbild für ein solches Verhalten, etwa den Herrn Adrian von Bubenberg, der mit dem französischen Burgund enge Beziehungen pflegte (nach der Überlieferung des 18. Jahrhunderts sogar «Jugendfreund» von Herzog Karl dem Kühnen war!) und sich 1476 trotzdem für sein Land entschied.
Als während des letzten Weltkrieges die Schweiz wiederum der Bedrohung durch totalitäre Mächte standzuhalten hatte, erinnerte sie sich auf erstaunliche Weise an die selbstlosesten Leistungen ihrer Geschichte: So hörte ich von einem Mann, der vor und wieder nach dem Krieg, wegen seines idealistischen Traums vom Weltfrieden, ein entschiedener Gegner des Militärwesens war, der sich aber in der Zeit der Gefährdung über alle seine Bedenken hinwegsetzte und – ein Vorbild für seinen ganzen Freundeskreis – über 2000 Tage lang seiner Verteidigungspflicht als Soldat nachkam.

Auch Henri Guisan, der General der eidgenössischen Armee während der Notzeit, beschäftigte sich stark mit der Bedeutung des Wehrwesens im uralten Volksglauben. 1939 schrieb er: «Unsere Armee ist die Verkörperung eines hohen Standpunktes, welchen unsere Demokratie aus dem Zeitalter des Feudalismus ererbt hat, nach welchem der Militärdienst nicht nur eine Pflicht ist, sondern ein Recht des Bürgers – das Zeichen des freien Mannes.»
Auffallend hoch ist in den geschichtlichen Sagen die Stellung der Frau als die Gefährtin des Mannes, ohne die eine gemeinsame Unabhängigkeit gar nicht möglich ist. Schon die verschiedenen Fassungen der Rütlisage kennen genauso viele weibliche Gestalten wie männliche: Es gibt sogar Sagen, nach denen der Wunderschütze Tell seinem Mädchen den Apfel vom Kopfe schiessen muss! Zum Aufstand kommt es, weil die einheimischen Frauen von den Vögten erniedrigend behandelt werden. Die Stauffacherin gibt ihrem Gatten den entscheidenden Mut. Die Eroberung Rossbergs ist nur deshalb möglich, weil ein Mädchen die Kilter hereinlässt...
Die Sagen über ihre grundverschiedene Herkunft scheinen die Eidgenossen aus ihrer Urzeit übernommen zu haben. Der Luzerner Chronist Etterlin schildert beispielsweise die Urner als Nachkommen der Hunnen, die Schwyzer als nordische Schweden, die Unterwaldner als Römer.
Im Sinne ihrer Sagen hielten also «die Stände», die sich zum «Ewigen Bund» auf dem Rütli vereinigten, zusammen und nicht, weil sie sich im Sinn des materialistischen Nationalismus, wie er im 19. Jahrhundert auftrat, «als einheitliches Staatsvolk» ansahen.
Sie wehrten sich gemeinsam gegen alle äusseren Mächte, weil sie, obzwar sich fast jede ihrer Talschaften für verschieden an Herkunft und Bräuchen ansah, aus ihrer langen Geschichte die feste Überzeugung gewonnen hatten, nur vereint «Frieden und Freiheit» gewinnen zu können.

Der Ursprung der ersten Eidgenossen

Die Herkunft der Schwyzer

Sehr viel hat man über die Herkunft der Schwyzer gerätselt, deren Namen sich im Laufe der Jahrhunderte alle Eidgenossen zu eigen machten und deren Fahne und Wappen Vorbild der heutigen Schweizer Fahne war. Ihre Ahnen sollen in Schweden gelebt und auch Landstriche im kalten Friesland, an den Gestaden der Nordsee, bewohnt haben. Ihr Königreich wurde, so heisst es, plötzlich von einer grossen Hungersnot heimgesucht, so dass König und Räte zu dem traurigen Beschlusse kamen, jeder zehnte Bürger habe, nach dem Los das geliebte Heimatland der Väter und Mütter zu verlassen. So sei es geschehen, worauf eine Völkerwanderung eingesetzt habe, die erst in unseren Alpen, im heutigen Kanton Schwyz, ihren Abschluss fand.

Einigen Schwyzern soll ihre Herkunft so stark in den Adern gepocht haben, dass sie im Dreissigjährigen Krieg gerne dem schwedischen König Gustav Adolf zugelaufen wären, der die deutschen Fürstentümer durchzog. Dieser Drang war um so verwunderlicher, als der nordische König für einen anderen Glauben kämpfte als den, welchen sie in ihrem neuen Heimatland angenommen hatten.

Über diese weitverbreitete Geschichte sind Freunde und Feinde der Schwyzer ganz unterschiedlicher Meinung. Die einen sagen, der ausgewanderte Stamm habe sich aus Menschen zusammengesetzt, die in ihrer Heimat als Unruhestifter und Störenfriede bekannt waren und darum zum Auswan-

König Gustav Adolf von Schweden: * 1594, gefallen bei Lützen 1632. Von 1611 bis 1632 König von Schweden.

dern schliesslich gezwungen wurden. Nach einer anderen, schöneren Sage habe der König von Schweden und Friesland, der das Unheil wachsender Übervölkerung und damit verbundener Hungersnöte abwenden wollte, an den Opfergeist seiner Stämme appelliert: Durch seine Herolde liess er alle opferbereiten Untertanen auffordern, freiwillig auszuwandern, damit den Zurückbleibenden der dringend notwendige Lebensraum erhalten bliebe.

Der Ursprung der ersten Eidgenossen

Der Ursprung der ersten Eidgenossen

Der Urner Herkunft

Hunnen:
Verbände von Nomaden ostasiatischen Ursprungs. Die westlichen Hunnen zerfielen um 425 in mehrere Horden, deren eine unter Mundzuk und seinem Sohn Attila in die Donau-Theiss-Ebene und bis ins heutige Frankreich und Italien vorstiess.

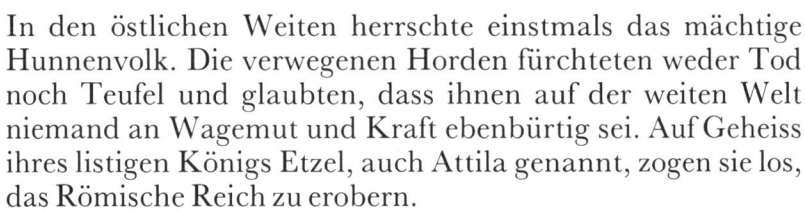

In den östlichen Weiten herrschte einstmals das mächtige Hunnenvolk. Die verwegenen Horden fürchteten weder Tod noch Teufel und glaubten, dass ihnen auf der weiten Welt niemand an Wagemut und Kraft ebenbürtig sei. Auf Geheiss ihres listigen Königs Etzel, auch Attila genannt, zogen sie los, das Römische Reich zu erobern.

Die Römer, Herren der westlichen Welt, waren im Laufe der Jahrhunderte durch ihre unbegrenzte Macht und ihren unermesslichen Reichtum überaus träge geworden. So sehr langweilten sie sich in ihren warmen Bädern, dass sie von ihrer Regierung nichts mehr anderes erwarteten als neue Nervenkitzel, die sie aus ihrer Stumpfheit rüttelten. Es ist nur allzu verständlich, dass sie dem rohen Ansturm der Hunnen kaum bedeutenden Widerstand leisteten.

Auch über unsere Berge strömten einige Hunnenstämme, um römische Siedlungen zu unterwerfen. Doch anstatt, wie gewohnt, danach unaufhaltsam weiter vorzustossen, um alles, was ihnen in den Weg kam, niederzuwalzen, beschlossen sie, sesshaft zu werden und sich in den Bergtälern anzusiedeln. Die Gefahr, nach vollkommener Unterwerfung des Römischen Reiches selber in lähmenden Müssigang zu verfallen, schreckte sie ab, denn sie wollten ihre teuersten Güter, die Freiheit und die Lebensfreude, um keinen Preis verlieren.

Im Laufe der Zeit bildeten sie in den Alpentälern einen Stand, den früheste Chronisten als den Stand von Uri erwähnen. Zum Gedächtnis und zur Ehrung ihrer Ahnen, die sich gleich dem unerschrockenen Stier vor nichts auf der Welt fürchteten, erwählten sie dieses gewaltige Tier zu ihrem Wappenzeichen.

Der Bund auf dem Rütli

Der Ursprung der ersten Eidgenossen

Die Bewohner der Bergtäler gehörten schon früh zu den stolzesten und kampfgewohntesten Stämmen im weiten Umkreis. Alte Chroniken – wohl nur die Abschriften aus noch älteren, vergessenen Urkunden – und mündliche Sagen erzählen, wie ihre Söhne an fast allen Unternehmungen der grossen Herrscher der Zeit teilnahmen und diesen zu Ruhm verhalfen.

Doch weil in den Tälern Stämme so unterschiedlicher Herkunft aus allen Windrichtungen wohnten, die sich nicht allein im Aussehen, sondern auch in ihren Sitten und Bräuchen stark unterschieden, konnten sie ihre Freiheit immer seltener aus eigener Kraft bewahren.

Die Herrscher aller umliegenden Staaten benutzten die Pässe über die Alpen, weil der Handel mit Italien und den orientalischen Ländern gewaltigen Gewinn und wachsende Weltgeltung einbrachte.

Durch Eifersucht und Streitereien zwischen den Ländern um den Vierwaldstättersee waren die Habsburger und ihre listigen Vögte imstande, sich immer mehr in der Gegend einzunisten, gelegentlich auch die eine oder andere einflussreiche Sippe der Täler für sich zu gewinnen, und dann ihre schier uneinnehmbaren Zwingburgen zu errichten.

Über diesen Stand der Dinge bekümmert, kamen in einer denkwürdigen Nacht die einflussreichsten und verschwiegensten Männer aus Uri, Schwyz und Unterwalden auf dem Rüt-

Der Ursprung der ersten Eidgenossen

li zusammen und sagten zueinander: «Wir sind, was Herkunft und Sitten angeht, voneinander recht verschieden. Unsere Ahnen hatten aber etwas Gemeinsames, sonst wären sie ja gar nicht in die gleichen wilden Berggegenden gekommen. Sie alle wollten von den mächtigen Herrschern und ihren Reichen unabhängig sein. Sie wollten nicht von deren Dienern, ernannt in fernen und fremden Städten, regiert werden, sondern von Leuten, die sie aus eigener Anschauung und Erfahrung in jeder Beziehung wohl kannten.

Einzeln sind wir gegen die fremden Herren schwach, zusammen genügen unsere Kräfte, uns gegen jeden fremden Herrscher zu wehren.»

Aus solchen Überlegungen entstand der erste Bund der Eidgenossen, dem sich schon bald viele Stämme aus dem Alpengebiet, mit Menschen ganz verschiedener Herkunft und Geschichte, anschliessen sollten.

Die Geschichte vom Schützen Tell

Um die für ihren Freiheitswillen seit Urzeiten berühmten Urner zu erniedrigen, liess der grimmige Vogt Gessler bei der Linde des Ortes Altdorf einen Herzogshut auf eine Stange hängen. Den sollte das Volk an einem Jahrmarkttag ehrfürchtig grüssen, andernfalls es von den bewaffneten Wachen gepackt und in den Kerker geschleppt würde.

Der Jäger Wilhelm Tell indessen, der eher zurückgezogen lebte und ein grosser Schütze war, ging aber offen über den Platz, ohne dem Hute die befohlene Ehre zu erweisen. Gessler liess darauf den mutigen und stolzen Mann zu sich bringen, worauf er ihn vor eine schwere Wahl stellte, also sprechend: «Willst du in meinen Kerker, in den weder Sonne noch Mond oder Sterne scheinen, in ewigem Gefängnis verschmachten, oder willst du deinem Lieblingskind auf 120 Schritte einen

Der Ursprung der
ersten Eidgenossen

Apfel vom Scheitel schiessen und so deine vielgerühmte Kunst unter Beweis stellen?»

Tell, der auf sein Können vertraute, wählte den grausamen Schuss, und zum Erstaunen des unmenschlichen Gessler fiel der Apfel, vom Pfeile durchbohrt, auf den Boden. «Warum hast du noch einen zweiten Pfeil zu dir gesteckt?» fragte der enttäuschte Unterdrücker voll Tücke in der Stimme. Tell antwortete freimütig: «Hätte ich mein liebes Kind getroffen, so hätte ich euer Herz mit dem zweiten Schuss gewiss nicht gefehlt!»

Darauf liess der ehrlose Vogt den Schützen binden und auf sein Schiff schleppen, damit es Tell über den Vierwaldstättersee zu seinem Schloss nach Küsnacht bringe. Doch die Wetter meinten es gut mit dem Schützen. Ein wilder Sturm zog herauf, und Gessler und seine Schiffsleute jammerten alsbald erbärmlich in ihrer Todesangst.

Gessler:
Nach der Überlieferung von den Anfängen der Eidgenossenschaft führte der Vogt über Uri und Schwyz diesen Namen. Der Name Gessler kommt zum ersten Mal im Weissen Buch von Sarnen vor. Gegen 1470 erscheint dann der Vogt unter dem Namen Grissler oder Graf von Sedorf. Nach neuesten Vermutungen soll Gessler ein Konrad von Tilndorf, Vogt von Kiburg, gewesen sein. Infolge von Lese- und Schreibfehlern soll aus Tilndorf zuerst Sedorf und dann Gessler entstanden sein.

Da nun Tell nicht nur in den Bergen, sondern auch auf dem See viel Erfahrung besass, banden ihn des Vogtes Leute los, überschütteten ihn mit billigen Versprechungen und befahlen ihm, ihr gefährdetes Boot zum sicheren Hafen zu steuern.

Der Urner war listig genug, zum Scheine einzuwilligen, und lenkte das Feindesschiff nahe an einen in den See ragenden Felsen, der noch heute vom Volk als die Tellsplatte bestaunt wird.

Mit einem gewaltigen Sprung, der das Schiff gleichzeitig in die wilden Gewässer zurückstiess, landete Tell auf dem Felsen. Nur mit allergrösster Mühe konnten Gessler und seine Häscher viel später, als sich der Sturm beruhigt hatte, das sichere Land erreichen.

Wie Gessler aber danach heimritt, erwartete Tell, in einem Gebüsch an der Hohlen Gasse verborgen, seinen Widersacher bereits. Kühn trat der unerbittliche Schütze hervor und erschoss den Volksunterdrücker mit einem einzigen Pfeil inmitten seiner Schar entsetzter Krieger.

Nun eilte der Schütze zu den Bundesbrüdern, die sich auf dem Rütli die Treue geschworen hatten, und erklärte ihnen, dass jetzt endlich die Zeit gekommen sei, sich gemeinsam gegen die fremden Statthalter zu erheben und das unmenschliche Joch, das Uri, Schwyz und Unterwalden auferlegt worden war, abzuschütteln.

Das Tellenmädchen

Von der Tellsage, die in dem ganzen rasch wachsenden Bund der Eidgenossen zunehmend an Bedeutung gewann, gibt es eine Unzahl anderer sehr hörenswerter Fassungen. Gelegentlich wurde gar erzählt, dass die boshaften Vögte im Alpenland das Recht der ersten Nacht einführen wollten:

Römische Rechtsverdreher sollen diese Demütigung ersonnen haben, nach der jedes Mädchen zuerst den Landesherren zu bedienen hatte, bevor es sich mit anderen Männern einlassen durfte. Diese Aussicht verbitterte alle jungen und freien Kilterbuben, die fanden, die Mädchen des Landes dürften nach eigener Herzensneigung nur ihnen zugetan sein...

Also habe Gessler, von des jungen Tell Liebsten Hedwig verschmäht, nur darauf gesonnen, wie er seinen glücklichen Nebenbuhler erniedrigen und so überwinden könnte. Er glaubte, Tell, da dieser wie erwartet den Hut nicht grüsste, in eine Lage zu bringen, in der er und sein Mädchen ihn wie Sklaven um Gnade anwinseln müssten.

Doch Wilhelm Tell schoss den Apfel vom Kopf des mutigen Mädchens, das so viel Vertrauen in seinen Schützen hatte, dass es ruhig den Pfeil erwartete. Erniedrigt war nun vor dem ganzen Volke der niederträchtige Gessler, und vom Beispiel des Liebespaares ermutigt, erhob sich das ganze Land und trieb die Unterdrücker über alle sieben Berge.

Der Ursprung der ersten Eidgenossen

Die Kilter befreien Unterwalden

Wie in manchen anderen Gebieten des freien Hirtenlandes, pflegten auch die Mädchen in Unterwalden den uralten Brauch, am dunklen Abend die Burschen bei sich einzulassen, um dann mit ihnen eine fröhliche und liebevolle Nacht zu verbringen.

Wohl mag diese Gewohnheit der Liebenden, die trotz mancherlei Verboten und Missverständnissen noch heute hier und dort lebendig sein soll, massgeblich zur Befreiung unseres Landes von den grimmigen Habsburger Vögten beigetragen haben. In den Tagen des Helden Tell galt namentlich das Schloss Rotzberg in Unterwalden als schier uneinnehmbar, in dem der schreckliche Landenberger, ein Spiessgeselle Gesslers, mit seinen starken Kriegsknechten sass. Die kühnen Hirten hätten kaum die Waffenmacht gehabt, ihn aus dem dicken Gemäuer herauszulocken und zu besiegen.

Zwar konnten die Vögte die Männer unterdrücken, nicht aber die Mädchen und deren Gebräuche. Eines dieser Mäd-

Spiessgeselle: Rottgeselle, Komplice, Helfershelfer, Hehler, Mitbeteiligter, Mitschuldiger, Anhänger, Kumpan.

Der Ursprung der ersten Eidgenossen

chen, das dem Vogt im Schlosse dienen musste, hatte draussen einen Liebsten. Auch er gehörte zu den Bundesbrüdern, die auf dem Rütli beschlossen hatten, die Bergtäler zu befreien. Manche Nacht war er schon zur Burg gegangen, hatte sich bei der Pforte aufgestellt und seinem Mädchen gepfiffen, damit es ein Seil aus seinem Fenster herabliess und ihn daran hochzog, dass er mit ihm eine Nacht verbringe.

Auf diese Art kamen nun, ohne dass die Kriegsknechte wegen all des Pfeifens und Kletterns Verdacht schöpften, die Bundesbrüder in die für uneinnehmbar gehaltene Festung. Wenn die Soldaten des Vogts auch manches Geräusch vernahmen, wiegten sie sich doch in Sicherheit. Sie dachten bloss neidisch, dass da jemand nach Landesart seinen Liebesbräuchen nachginge, und schliefen.

Am Morgen war aber das Schloss von den listigen Eidgenossen besetzt, und der Vogt und seine Söldner mussten sich ohne einen einzigen Schwertstreich ergeben. So war Unterwalden dank dieses Mädchens frei geworden und erst jetzt die Entstehung der Eidgenossenschaft besiegelt.

Die Schlacht von Morgarten

Der Ursprung der ersten Eidgenossen

Durch die Befreiung von Uri, Schwyz und Unterwalden verbittert, zogen Herzog Friedrich von Österreich und sein Bruder, der Herzog Leopold von Schwaben, ihr Kriegsvolk zusammen, marschierten gegen Zürich und dann in die Alpenländer, um die Schmach der verjagten Vögte zu rächen.

Nun war aber das unabhängige Leben der ersten Eidgenossen auch für viele Ritter und Gefolgsleute der Herzöge recht verlockend, und etliche von ihnen überlegten sich, wie sie den Schwyzern und ihren Verbündeten helfen und deren Bund beitreten könnten. Aus diesem Grund sprach der herzogliche Hofnarr Heini von Uri zu seinem Herrn: «Ihr ratet alle herum, wie man in das eidgenössische Land hineinkomme – wie ihr aber wieder herauskommt, das rät euch niemand.»

Leopold I. von Habsburg: Herzog, dritter Sohn König Albrechts I., 1290–1326. Übernahm nach der Ermordung seines Vaters die österr. Vorlande und unterstützte den Anspruch seines Bruders, Friedrichs des Schönen, auf die deutsche Königskrone gegen Ludwig von Bayern. Im Kampf mit den Schweizer Eidgenossen unterlag er bei Morgarten.

Der Ursprung der ersten Eidgenossen

Schlacht am Morgarten: Zwischen dem Tal der Biber und der Steineraa und dem Ägerisee mit seinem Zufluss, dem Trombach, erhebt sich der Morgartenberg (Kt. Schwyz). Zu seinen Füssen errangen im Abschnitt zwischen dem Seehaupt und dem 100 m höher gelegenen Sattel, dem südlichsten Ausläufer des Morgartenberges, am 15.11.1315 die Schwyzer mit Hilfe ihrer Eidgenossen aus Uri und Unterwalden den entscheidenden Sieg über das österr. Heer.

Ein Edelmann, Heinrich von Hünnenberg, der von den genauen Plänen der Herzöge wusste, schrieb einen Brief mit den vier Worten «Hütet euch am Morgarten!» und schoss ihn mit einem Pfeil in das Lager der Eidgenossen.

Diese wussten nun Bescheid, was sie zu tun hatten, und schöpften aus der Botschaft grossen Mut. Steine und ganze Holzstämme rollten sie vom Berg aus sicherem Versteck auf die gepanzerten und völlig überraschten Feinde, deren Rosse wild wurden und viel Fussvolk niedertrampelten. So gering an Zahl die Bergler auch waren, stürmten sie jetzt auf die verwirrten Krieger los, von denen viele nach kopfloser Flucht im Ägerisee ertranken.

Überall im Abendland verbreitete sich darauf der feste Glaube, dass die Eidgenossen zumindest in ihren Bergen für alle Zeiten unbesiegbar seien.

Die Helden von Sempach

In der Schlacht von Sempach standen die Bundesbrüder der jungen Eidgenossenschaft den waffenstarrenden Heeren der österreichischen Herzöge gegenüber. Die Mannen konnten anstürmen, so heftig sie wollten, stets prallten sie gegen eine Mauer scharfer Spiesse. So verbluteten die Hirten, ohne überhaupt Gelegenheit zu haben, sich mit ihren Feinden Mann gegen Mann zu messen.

Da war aus dem Lande Unterwalden ein edler Mann mit Namen Arnold Winkelried – einer seiner Ahnen hatte den giftigen Drachen besiegt, der das ganze Gebiet unbewohnbar gemacht hatte, und damit den Ruhm seines Geschlechtes begründet.

Von diesem weiss nun die Chronik folgendes zu berichten: Er sprach zu seinen Bundesbrüdern, dass er bereit wäre, sein Leben zu wagen und eine Bresche in den Wall von Spiessen zu schlagen, wenn man nach seinem Tode für sein Weib und seine Kinder sorgen wolle.

Das ganze Volk sicherte ihm daraufhin zu, dass sich nach seinem Ableben jedermann nach Möglichkeit noch besser um Winkelrieds Weib und die unmündigen Kinder kümmern werde als um die eigenen Angehörigen.

Darauf warf sich Winkelried gegen die österreichischen Lanzen und riss mit seinen Armen, so viele er zu fassen vermochte, in die eigene Brust. Blutend lag er am Boden, doch schon war eine Gasse in die feindliche Schlachtordnung getrieben, in die hinein die Eidgenossen unaufhaltsam drängten. In dem nun anhebenden Kampf, Mann gegen Mann, waren die Feinde hoffnungslos unterlegen.

Bei der wilden Flucht seiner Krieger stürzte Herzog Leopold von Österreich zu Boden. Der Edelherr von Malters hatte aber nicht weniger Opfersinn als Winkelried und warf sich auf den liegenden Herrscher, ihn mit dem eigenen Leibe vor den tödlichen Schwertschlägen zu schützen. Doch am Ende der Schlacht waren beide ihren Wunden erlegen.

Auch in den Reihen der Feinde kämpften also todesmutige Helden, doch wurde ihr Opfersinn nicht in dem hohen Masse geschätzt und ausgenützt wie der Tod Winkelrieds von den eidgenössischen Kriegern. Für die Männer aus den Waldstätten indessen stand mehr auf dem Spiel – ihre Freiheit.

Der Ursprung der ersten Eidgenossen

Schlacht von Sempach: 9.7.1386. Die Niederlage wird von österr. Seite mit den Folgen der Hitze, Verrat und Mangel an Organisation erklärt. Von schweiz. Seite wird die Tat Winkelrieds als entscheidend für den Ausgang angeführt. Zeitgenössisch wird die Tat nicht belegt.

Der Ursprung der ersten Eidgenossen

Die drei Tellen

Einem Geissbub von Seelisberg entkam eines seiner Tiere, und lange suchte er es vergeblich auf den Weiden. Auf einmal sah er aber in einer Felswand eine Türe, ging hindurch und trat in ein geheimes Gemach, woselbst er drei mächtige Männer in tiefem Schlafe gewahrte. Wieder heimgekommen, erzählte er den geistlichen und weltlichen Herren über sein Gesicht, war aber nicht fähig, die Türe wiederzufinden.

Das Volk ist jedoch überzeugt, dass er die drei Tellen angetroffen hatte, die noch immer auf Erden weilen, um ihr Land vor schlimmem Unglück zu behüten. Einer der Männer soll Wilhelm Tell selber gewesen sein, die anderen wohl Walter Fürst von Uri und Werner Stauffacher von Schwyz. Auf alle Fälle seien es die grossen drei Alten gewesen, die den Bund auf dem Rütli begründet, die Vögte aus den Ländern am See vertrieben und dann alles darangesetz hatten, dass ihre Völker bei Morgarten und in anderen Schlachten gegen jede Übermacht ihre Freiheit gewannen.

Walter Fürst:
Er stammte aus einem Urner Geschlecht bäuerlichen Standes, dessen Bedeutung für die Entstehung der Eidgenossenschaft in Sage und Geschichte festgehalten wird. Bei Gelegenheit der ersten eidg. Tagsatzung 1309 in Stans war er Zeuge. Im Streite der Schwyzer mit Zürich 1313 wurde er als Geisel genommen. Bei wichtigen eidg. Beratungen in Stans 1315 und im gleichen Jahr an zweiter Stelle war er Zeuge beim Friedensschluss der Urner mit Glarus. Er war einer der Stifter der Frühmesspfründe in Altdorf 1317.

Werner Stauffacher:
Der Sage nach einer der drei Eidgenossen auf dem Rütli. Auch urkundlich als Landammann ausgewiesen 1313–1318. Als solcher zweifellos der Führer des Volkes bei Morgarten, kluger Ratgeber und Vertreter bei der Bundeserneuerung in Brunnen 1315.

Die unfehlbare Landsgemeinde

Der Ursprung der ersten Eidgenossen

1411 hatte das Volk von Appenzell einen grossen Streit mit seinem Abt und geriet aus diesem Grunde in den strengen Kirchenbann. Statt sich aber der kirchlichen Strafe zu fügen und alle Missetaten zu bereuen, beriefen die trotzigen Leute eine Landsgemeinde, die darüber befinden sollte, ob es mit dem Bann seine Richtigkeit habe. «Nein», entschied die befragte Volksmehrheit.

Die Geistlichen wurden daraufhin von den Appenzellern angehalten, die heiligen Messen weiterzulesen und jedermann weiterhin den Trost des Glaubens zu spenden. Andernfalls drohe ihnen der Verlust des eigenen Lebens und ihres gesamten Gutes.

Also geschah es, dass Landsgemeinde und Volkswillen auch in geistlichen Angelegenheiten die höchste Entscheidung trafen.

Landsgemeinde: In einigen schweiz. Kantonen die Vereinigung der stimmfähigen Bürger zur Ausübung der politischen Rechte. Das als Landsgemeinde versammelte Volk entscheidet in der Regel über Änderungen der Verfassung, über Annahme oder Verwerfung von Gesetzen und nimmt Wahlen, bes. der Regierung und ihres Präsidenten, des Landammanns, vor.

Die Frauen von Gais

In der grauenhaften Schlacht am Stoss trotzten 1405 die freiheitsliebenden Appenzeller der gewaltigen Übermacht der Österreicher. In schlichter Landestracht gekleidet, ohne den stolzen Wappenschild und die glänzende Rüstung zu tragen, kämpfte Graf Rudolf von Werdenberg mit den Appenzellern.

Dank seinem Mut und der grossen Kriegserfahrung war es den Berglern zwar möglich, den kriegsgeübten Österreichern eine Weile standzuhalten, doch auf die Dauer hatten sie der grossen Gegnerzahl und den besseren Waffen der Feinde nichts entgegenzusetzen. Schon lag der starke Appenzeller Ueli Rotach unter den Gefallenen – nachdem er die meisten der zwölf fremden Krieger, die es zu seiner Überwindung gebraucht, schon in das Totenreich geschickt hatte. Immer un-

Schlacht am Stoss: 17.6.1405. Dass die Frauen von Gais die schliessliche Entscheidung im Kampfe herbeigeführt haben sollen, berichtet als erster Gabr. Walser in der 1740 erschienenen Chronik.

Der Ursprung der ersten Eidgenossen

barmherziger wütete das Blutvergiessen, und nahe schien der Augenblick, in dem der letzte Widerstand der Appenzeller zusammenbrechen würde.

Doch in hellen Kleidern, als gehe es zu einem Fest, nahten auf einmal die Frauen und Mädchen von Gais mit Waffen in den Händen, ihren erschöpften Männern beizustehen. Die übermüdeten Österreicher, die glaubten, die Ankunft von feindlichen Verstärkungen in glänzender Ritterrüstung zu erblicken, verzweifelten am siegreichen Ausgang der Schlacht und stürzten in halsbrecherischer Flucht davon.

«Wenn die Ritter und das Landvolk einig sind, dann brauchen sie sich vor keiner fremden Kriegsschar zu fürchten», pflegten die dankbaren Appenzeller zu sagen, die sich auch nach Jahrhunderten der Taten des Rudolf von Werdenberg und des Ueli Rotach im gleichen Atemzug erinnerten. Sie fügten aber stets hinzu: «Doch wenn die Männer und die Frauen miteinander verbunden sind, wie Leib und Seele, dann kann ihnen keine Macht der Welt das Geringste anhaben.»

Burgunderkriege und der Ausklang des Mittelalters

Adrian von Bubenberg erobert die Herzen der Aargauer

Als auch der Aargau eidgenössisch und bernerisch geworden war, gab es in den ersten Jahrzehnten unter hohen und niedrigen Bürgern viele, die den einstigen Herren des Landes verbunden blieben. Sie ärgerten sich ungemein über die neue Ordnung der Dinge und überlegten sich, wie sie das Rad der Geschichte zurückdrehen konnten.

Also schickten die Berner Adrian von Bubenberg als Vogt auf die alte Lenzburg. Ein ferner Ahn dieses jungen Ritters hatte vor Jahrhunderten die Stadt Bern aufgebaut, und viele seiner Vorfahren waren als Schultheissen oder Berater der Berner in Krieg und Frieden zu Ruhm gelangt. Das Stammhaus der Bubenberger war das Schloss Spiez am Thunersee, wo auch Sitz der burgundischen Könige Rudolf und Bertha gewesen sein soll. Es machte den Anschein, dass das edle Blut dieser Herrscher sich auf die Bubenberger vererbt hatte.

Adrian zeigte sich auf der Lenzburg seiner weisen und lebenslustigen Vorfahren würdig. Der Sitz auf dem Berg widerhallte in jeder Festzeit von Fröhlichkeit und Musik. Spielleute und Geschichtenerzähler kamen von nah und fern, und wer das Schloss noch immer mied, der bestrafte sich selber. Vor

Burgunderkriege und der Ausklang des Mittelalters

allem die Jugend fand sich regelmässig zu Musik und Tanz ein. Es sei gewesen, als wären die sagenhaften Grafen von Lenzburg in eigener Person wieder auf ihr Schloss zurückgekehrt.

Die Sage weiss, dass dem Aargau nun auch die Herzen der Eidgenossenschaft zuflogen, nachdem er zuvor mit Waffengewalt erobert und nicht aus Sympathie gewonnen worden war.

Ein neuer Frühling zog in das vom Streit zerrissene Land.

Karl der Kühne: * 1433, † 1477, Herzog 1467–1477, Sohn Philipps des Guten. Sein Versuch, aus den burgundischen Ländern einen einheitl. Gesamtstaat zu schaffen, scheiterte. Er verlor 1477 die Schlacht vor Nancy gegen Schweizer und Lothringer und fiel.

Adrian von Bubenberg (vergleiche Hinweis Seite 90)

Das Gurwolfer Toggeli

Karl der Kühne hatte ein einzigartiges Heer vor den Mauern von Murten zusammengezogen. Sogar aus dem maurischen Nordafrika und aus der Tatarei waren verwegene Männer gekommen. Doch der Ritter Adrian von Bubenberg spottete in solchem Masse jeder Gefahr, dass er sogar die Tore der ihm anvertrauten Stadt so weit offen liess, als erwarte man einträgliche Gäste beim Jahrmarkt.

Bei jeder Mahlzeit trat der Held von Spiez in farbigen und wappengeschmückten Kleidern offen auf die Mauer und trank dem knirschenden Herzog mit köstlichem Burgunderwein aus goldenem Becher zu, ganz so, als fände ein fröhliches Fest statt.

Karl der Kühne erkannte wohl, dass sein edler Feind mit ihm spielte wie die Katze mit der Maus. Sehr genau schien der Ritter auch die geheimen Pläne Karls zu kennen und über die Bewegungen seiner Hilfsvölker im ausgeplünderten Lande bis in die kleinste Einzelheit Bescheid zu wissen.

Man erzählt noch heute im Städtchen Murten und seiner Umgebung, dass es weniger die Stärke von Bubenbergs Kriegern war, die dem Ritter zu jener siegreichen Verteidigung verhalf und den Eidgenossen genug Zeit verschaffte, ihre ganze kriegerische Kraft aufzubieten und zum gewaltigen Gegenschlag zu vereinigen. Es hatte den Anschein, dass vielmehr die Zuneigung der schönen Mädchen und Frauen, die der Ritter seit seiner zartesten Jugend im Burgunder Schloss am Thunersee geniessen durfte, ihm auch jetzt in jeder Beziehung zuflog und von Nutzen war.

Marie Vuillemin von Gurwolf, einem Ort, der in französischer Sprache Courgevaux heisst, gelang es auf geheimnisvolle Weise, das gewaltige Lager des Feindes zu durchqueren und Herrn Adrian trotz der aufmerksamsten Wachen Tag um Tag genaue Beobachtungen über den Aufmarsch der Söldner Karls zu bringen. Auch die guten Wünsche des Volkes der ganzen Gegend, namentlich aller lieblichen Mädchen, die von den fremden, wüsten Kriegern ungeheuer belästigt wurden, waren für die Männer in Murten von grossem Wert.

Wie die schöne Marie von Gurwolf überhaupt in die sonst unzugängliche Stadt hineinkam, ist bis zum heutigen Tag, also ein halbes Jahrtausend hindurch, ihr grosses Geheimnis geblieben, das sie mit sich ins Grab nahm. Die einen vermuten, sie habe mit den gepanzerten Wachen des kühnen Herzogs mit weiblicher List und einem Mut, der die Männer beschämte, Freundlichkeiten ausgetauscht, so dass sie sie jedesmal passieren liessen. Andere behaupten, sie habe einen noch aus der Heidenzeit stammenden unterirdischen Gang gekannt, der sie in die Nähe des Mannes von Spiez brachte.

Andere wiederum wollen wissen, dass sie sich mit aufgelösten Haaren in die kühlen Seefluten geworfen habe, so dass die Feinde bei ihrem Anblick überzeugt waren, sie sei die Wasserfrau des Murtensees, und darum vergassen, der Schwimmerin die tödlichen Pfeile und Bolzen nachzusenden.

Auch wurde vermutet, dass es nicht nur eine Marie gab, sondern eine ganze Reihe von Mädchen aus der Umgebung der bedrohten Stadt, die, jede mit einer neuen List, Tag um

Burgunderkriege und der Ausklang des Mittelalters

Tag alle schrecklichen Hindernisse bezwangen, um ihre Botschaften zu überbringen. Erst viel später sind die vielen Geschichten um die mutigen Weiber, die den Krieg entscheiden halfen, zum Bild einer einzigen schönen und geheimnisvollen Jungfrau verschmolzen.

Eine bejahrte Dame von Murten, die 1977 im Alter von 99 Jahren starb, war noch fest überzeugt, Marie Vuillemin sei ihre Ahnfrau gewesen. Aus allerlei Stoffen hatte sie ein Bildnis – ein Bäbi – von ihr gemacht, das von den Angehörigen bis heute gut aufbewahrt wird.

Das kluge und mutige Mädchen, das aus Liebe zum Ritter und zum ganzen Land so viel getan hat, wird noch immer das Gurwolfer Toggeli genannt. Toggeli hiessen, wie allgemein bekannt ist, die klugen Hexenmädchen, die es verstanden haben sollen, des Nachts sogar durch Schlüssellöcher in fest verriegelte Räume zu schlüpfen.

Die unbrüderliche Teilung

Als vor Murten die Söldner Karls des Kühnen geschlagen waren, beschlossen die Eidgenossen, die Schätze des so märchenhaft reichen Herzogs, die teuren maurischen Seidengewänder und ganze Truhen voll kostbarster Edelsteine möglichst gerecht zu teilen.

Nun waren aber unter den Eidgenossen Hirten und Gemsjäger aus den Bergen, die noch nie einen Diamanten oder Rubin gesehen hatten und auch von der Arglist der Welt nichts wussten. Die edlen Juwelen nahmen sie nur, um ihren Kindern eine Freude zu machen. Es waren aber auch andere Leute erschienen, die von Spanien bis zum Orient die Welt durchreist hatten und wohl wussten, wie sie zu Reichtum gelangen könnten. Es währte auch nicht lange, und schon hatten sie den Alphirten ihre Anteile – würdig, in den Schatzkammern von Königen gehütet zu werden – gegen einen Weintrunk oder wertlosen Tand listig abgehandelt.

So entstand nach der Schlacht von Murten im Lande grosse Enttäuschung und Verbitterung. Die einen, und nicht immer die Richtigen, wurden mächtig und reich – die anderen aber hatten, ausser einem durch Weingenuss schweren Kopf, nichts erhalten. Das gerechteste Teilen nützt nichts, wenn der eine genau weiss, was er will, und der andere nicht erkennt, was ihm zusteht. Die alten Eidgenossen wollten gerecht sein und schufen damit, wegen der unterschiedlichen menschlichen Eigenschaften, Ungleichheit, Ungerechtigkeit und Grund für endlosen Zank.

Burgunderkriege und der Ausklang des Mittelalters

Herr Waldmann in Baden

Der Zürcher Bürgermeister Hans Waldmann pflegte nach den Burgunderkriegen viel Umgang mit mächtigen fremdländischen Herren, die es ungemein störte, wie leutselig Edelleute und Bauern in den Orten der Eidgenossenschaft miteinander verkehrten. Immer mehr schien es darum auch dem reichen Waldmann, seine Zürcher missbrauchten ihre freiheitlichen Rechte und entwickelten sich zu übermütigen Untertanen, die es zu demütigen galt.

Er begann ihnen vorzuschreiben, was anständig und sittlich sei, und wer ihm nicht folgte und sich auf die alten Rechte

Hans Waldmann: * Blickensdorf, Kt. Zug, um 1435. Hingerichtet Zürich, 6.4.1489. Er wurde 1483 einer der zweijährlich regierenden Bürgermeister von Zürich, war leitend in der eidg. Aussenpolitik tätig. Sein hochfahrendes Wesen und seine straff zentralisierende Verwaltung schufen ihm bes. in der Landschaft ZH viele Feinde, die ihn 1489 stürzten.

Burgunderkriege und der Ausklang des Mittelalters

berief, den verurteilte er zu hohen Bussen und Steuern, bis der Mann so bettelarm war, dass er nichts mehr zu sagen wagte.

Doch wie erzürnte es einige Zürcher, als sie eines Tages nach Baden reisten und dort mit ansehen konnten, dass sich der so gestrenge Waldmann im warmen Bade belustigte, umgeben von schönen Bademädchen, die alle nach der Art unserer Ahnenmutter Eva gekleidet waren. «Und hier verprasst er wohl gar die hohen Bussgelder, die er uns abknöpft, wenn wir angeblich gegen die guten Sitten verstossen», entrüsteten sich die Zürcher.

Das empörende Verhalten Waldmanns brachte, wie man sagt, das Fass zum Überlaufen. Trotz seiner früheren Verdienste wurde er gestürzt und nahm ein elendes Ende.

Wenn sich die Obrigkeit selbst nicht an ihre erlassenen Gebote hielt oder gar zu emsig neue Vorschriften erliess, pflegte man stets mit den Worten: «Man hat wohl ganz die Geschichte von Hans Waldmann vergessen», an das Schicksal des zweifelhaften Bürgermeisters zu erinnern.

Die Kappeler Milchsuppe

Ulrich (Huldrych) Zwingli:
* Wildhaus 1.1.1448, gefallen bei Kappel 11.10.1531, war der bedeutendste Reformator der dt. Schweiz. Z.s Versuch, die Reformation in der ganzen Schweiz durchzusetzen, führte zu polit. Konflikten mit den kath. Kantonen und schliesslich zum zweiten Kappeler Krieg, in dessen Verlauf Z. fiel.

So wie die Eidgenossen im Mittelalter aus der schönen Geschichte vom Rütli und dem Heldenschützen Tell neuen Mut und Zuversicht schöpften, so war ihnen in der Zeit der bitteren Religionskriege die Sage der Kappeler Milchsuppe eine moralische Stütze.

Die Zürcher waren durch den Reformator Zwingli zum neuen Glauben, wie sie ihn nannten, übergetreten. Die ältesten Stände der Schweiz waren aber der Römischen Kirche und den alten Heiligen treu geblieben. Der Zank und Streit wuchs. Gerade Männer der Religion, die doch die Menschen zu Frieden und Nächstenliebe ermahnen müssten, predigten den blutigen Krieg und suchten die Entscheidung auf dem Schlachtfeld. Bald zogen Zürcher und Innerschweizer mit Waffengewalt gegeneinander.

Burgunderkriege
und der Ausklang des
Mittelalters

Doch während die Armeen 1529 auf den Zusammenstoss warteten, beschlossen die Soldaten, sich für alle weiteren Geschehnisse leiblich und seelisch zu stärken. Die Wachen des reformierten und katholischen Heeres standen schliesslich in Rufweite voneinander entfernt und führten, da sie sich auf beiden Seiten als gut eidgenössisch fühlten, lange und oft herzliche Gespräche miteinander.

So vernahmen die Leute aus der Innerschweiz, dass die Zürcher, die dank ihres flachen Landes besonders fleissige Bauern hatten, viel gutes Brot mitführten, und die Zürcher hörten, dass ihre alten Freunde als gute Hirten auf ihren Alpen Kühe mit sehr gesunder Milch zu züchten wussten.

Also beschlossen die Gegner, untereinander zu teilen. Die Römischen stellten genau in die Mitte des Feldes ein riesiges Gefäss mit Milch, und die Reformierten weichten darin ihre Brotbrocken auf. Das Kriegsvolk speiste nun fröhlich zusammen, und wenn ein besonders gieriger Mann über die Mitte der gemeinsamen Speise griff, so klopften ihm die Feinde lachend mit ihren Löffeln auf seine Hand und riefen: «Iss auf deinem Boden.»

So haben sich in jenen Religionskriegen die bewaffneten Männer im Feld als viel brüderlicher und friedlicher erwiesen als jene Schriftgelehrten, die sogar in den heiligen Büchern Begründungen zu Blutvergiessen und gegenseitiger Unterdrückung herauszulesen versuchten.

In fremden Diensten

Der fromme Kriegsherr

Martin Luther: Reformator. * Eisleben 10.11.1483, † ebd. 18.2.1546. 1512 Doktor der Theologie. 1517 Anschlag der 95 Thesen an der Schlosskirche zu Wittenberg. 1521 Bannbulle Leos X. 1534 Bibelübersetzung vollendet. Erste Gesamtausgabe der deutschen Bibel.

Die Freiherren von Freundsberg, die sich ehemals die von Fronsperg genannt haben sollen, hatten ihr Stammhaus in der zürcherischen Herrschaft Grüningen.

Einer aus diesem Geschlecht hiess Georg und war kaiserlicher Rat und Feldherr. So war er auch 1521 mit dabei, als am Tage von Worms der Reformator Luther verhört wurde. Als Luther nun vor Kaiser Karl und die Reichsfürsten treten sollte, schlug ihm der wackere Krieger Georg ermutigend auf die Achsel und sprach zu ihm die vielbezeugten Worte:

«Mönchlein, Mönchlein, du gehst jetzt einen Gang, dergleichen weder ich noch manch anderer Kriegsherr auch in den hitzigsten Schlachten nie getan haben. Bist du rechter Meinung und deiner Sache gewiss, so halte in Gottes Namen an ihr fest. Sei nur getrost, Gott wird dich nicht verlassen.»

Viele der grossen Krieger, die wir aus den Heldenbüchern kennen, waren überzeugt, dass ein Mensch nur dann Mut und Sicherheit bei grosser Gefahr bezeugen könne, wenn er seiner guten Sache vollkommen gewiss sei und auf die Hilfe Gottes und seiner Heiligen bauen könne.

Dienst ist Dienst

In fremden Diensten

Fast bei allen europäischen Fürstenstaaten standen einst Schweizer Regimenter im Sold, die für ihre grosse Zuverlässigkeit und Schlagkraft bekannt waren.

Die Eidgenossen in der Fremde hielten sich stets streng an den genauen Wortlaut ihrer Verträge, wie das folgende Beispiel zeigen soll. Einmal plante das Volk einer italienischen Stadtrepublik den Sturz der Obrigkeit. Die Verschwörer waren vom leichten Sieg ihrer Sache überzeugt, fürchteten sich aber vor den Schweizer Söldnern, denen die Bewachung des Regierungssitzes und des Staatsschatzes anbefohlen war. Also versuchten die Verschwörer, die Eidgenossen zu überreden, während des Umsturzes die schlechten Herrscher nicht unter dem Einsatz ihres Lebens zu verteidigen.

Der Offizier der Garde soll aber geantwortet haben: «Wir mischen uns nicht in fremde Händel ein, haben aber auch

Schweizer Garderegimenter:
In verschiedenen Staaten Europas kamen mit dem Verfall der Ritterheere am Ende des Mittelalters die aus Schweizern gebildeten Soldtruppen auf. In Frankreich gab es Ende des 18. Jh. etwa 15 000 Mann. Gegenwärtig besteht noch die päpstliche Schweizergarde.

201

Augen und sehen, dass sich eure Obrigkeit unwürdig und gottlos aufführt und das Gut der Witwen und Waisen rücksichtslos plündert, als gäbe es keinen Herrgott im Himmel. Ansicht ist aber Ansicht, und Dienst ist Dienst.

Bis zum Ende nächster Woche stehen wir unter Vertrag, und unsere Leute haben beschlossen, diesen nicht mehr zu verlängern. Beginnt eure Revolution am darauffolgenden Tag. Zu jedem früheren Zeitpunkt müssten wir aber gegen euch bis zum letzten Blutstropfen kämpfen. Würden wir unsere Dienstherren verraten, wäre der Ruhm unseres Landes dahin, und niemand würde uns diese Schande verzeihen.»

Die bewährten Wächter

«Kein Geld, keine Schweizer», sagt man noch heute in unserem westlichen Nachbarland, eingedenk der eidgenössischen Söldner unter den alten Königen. Gewöhnlich versteht man diese Redensart in dem Sinne, dass sie sich gegen die Männer im Alpenland richtet und deren Geldgier offenbaren soll.

Ein Berner, dem ich besonders viel Aufschluss über die Geschehnisse in Frankreich zu verdanken habe, erklärte es aber im Sinn der besten einheimischen Überlieferung ganz anders: «Das französische Sprichwort meint nicht die Eidgenossen, sondern vor allem die eigenen Reichen.

Frankreich, zusammengesetzt aus vielerlei Landschaften mit ganz verschiedenen Sprachen und Ansichten, wurde schon unter den Königen von mancherlei Unruhen geschüttelt. Aufrührer, die tollkühn für die Unabhängigkeit ihrer Heimatländer kämpften, wurden nicht selten von den Herren von Paris als üble Wegelagerer verleumdet und entsprechend verfolgt. Umgekehrt nannten viele sich Freiheitskämpfer, erhielten vom unzufriedenen Landvolk jede Unterstützung und konnten nach Herzenslust ihr Unwesen treiben.

In dieser Verwirrung musste ein reicher Bürger von Bedeutung, der seine irdischen Güter in Ruhe geniessen wollte, viel für seine Sicherheit tun. Also liess er sich aus dem für die Zuverlässigkeit und Wehrhaftigkeit seiner Männer bekannten Hirtenland einen getreuen Hausfreund kommen, der gut zu schauen hatte, dass sein Dienstherr vor unerwünschten Besuchern verschont blieb. Noch heute sagt man darum in Frankreich und auch in Deutschland zu den Pförtnern oder Portiers, die für die Ruhe eines Hauses zu sorgen haben, ‹le Suisse›, der ‹Schweizer›.

Das alte Sprichwort also, ‹Kein Geld, keine Schweizer›», und damit beendete der Berner Gewährsmann seine Erinnerungen, «ist – mit anderen Worten – ein Trost für diejenigen Zeitgenossen, die keine irdischen Reichtümer ihr eigen nennen und darüber häufig klagen und ihr Schicksal bedauern, dafür aber recht friedlich und ohne Belästigung dahinleben dürfen.»

Etwas anders ausgedrückt kann man auch sagen: «Der Arme braucht keine Wächter.»

Basler Söldnergeschichten

Noch zu unseren Zeiten lebte in Basel ein Mann, der aus einer einst sehr angesehenen Familie stammte, die dem Rat ihrer alten Stadt manchen angesehenen Vertreter gestellt hatte. Wie viele seiner Vorfahren war er wohlstudiert, hatte als Jüngling recht viel Geld geerbt und eigentlich überall in der weiten Welt sein Glück versucht. In fast allen Erdteilen hatte er als Grosswildjäger gefährliche Abenteuer bestanden und wusste durch männliche Gestalt und gebildete Rede bei mehr denn einer angesehenen Dame der Gesellschaft Gefallen und Liebe zu wecken.

Doch wie er in den berühmten Basler Gaststätten, der Hasenburg oder dem Äschetöri, wo viel welterfahrenes Volk zusammenkommt, an zahllosen Beispielen zu erläutern verstand, verfolgte ihn seit einigen Jahren fast unglaubwürdiges Unglück. Aus zuverlässigen Geschichten, die er noch im vor-

In fremden Diensten

nehmen Ahnenhaus vernehmen durfte, wusste er, dass einige seiner unmittelbaren Vorfahren in der fernen Welt Gewinn gesucht hatten. So sollen auch einige ins Morgenland gezogen sein und vor wohl zwei Jahrhunderten den Engländern mit listigem Rat und der blanken Waffe geholfen haben, das reiche indische Kaisserreich zu erobern.

Ob man es glaubt oder nicht, der Mann zog darob mehr als einmal durch die Wälder, Sümpfe und Gebirge der fernöstlichen Länder, um bei vielgerühmten Weisen nach Rat in seiner unglücklichen Lage zu fragen. Diese konnten ihm aber anscheinend keinen ganz eindeutigen Trost geben. Mit vielen konnte er sich, trotz des allerbesten Willens auf beiden Seiten, schon wegen der verschiedenen Sprachen nicht verständigen. Doch einer, der in einer weit abgelegenen Einsiedlerhöhle hauste, soll ihm gesagt haben: «Wohl jeder hat, wenn man ein Jahrhundert oder auch mehr zurückgeht, unter seinen Vorfahren solche, die recht zweifelhafte Taten ausgeführt haben. Nur beschränkte Menschen versuchen dies zu verdrängen, und das ist der Hauptgrund, dass so mancher kaum etwas über seine Ureltern weiss. Es ist eigentlich ein Glück, wenn man aus einer Familie stammt, in der man sich erinnert, was sie in vergangenen Zeiten schon alles erlebt und verschuldet hat. Daraus ergeben sich genug Beispiele, wie man es heute besser machen kann.»

Diese Worte fand unser Basler zwar so bemerkenswert, dass er sie gelegentlich in vorgerückter Stunde dem Beizenvolk laut und vernehmlich zu verkünden pflegte. Sie schienen ihm aber nichts als versteckter Hohn und ganz sicher nicht die gesuchte Hilfe in seiner Not. Zum Schluss glaubte er ganz fest, sozusagen durch die Vergehen irgendwelcher allerfernster Ahnen verurteilt zu sein. Er unternahm nicht einmal den Versuch, sein trauriges Schicksal zu wenden, und betrank sich Abend für Abend bis in die späte Nacht.

Auch die allernächsten Verwandten und zuverlässigsten Gefährten seines ausschweifenden Nachtlebens zogen bald einen weiten Kreis um ihn, da niemand die gleichen indischen Wundergeschichten zum abertausendsten Male anzuhören wünschte. Schon einige Jahre liegt der bedauernswerte Abenteurer, in seiner letzten Erdenzeit immer mehr vereinsamt und elend, in seinem vernachlässigten Grabe.

Seine Geschichten gehen aber noch immer in Basel und vielen anderen Schweizer Beizen, die er regelmässig heimgesucht hatte, auf Wanderschaft herum. «Nur oberflächliches Volk glaubt», sagte mir, als wir über den Mann redeten, ein sehr guter Kenner der alten Gaststubenerzählungen, «dass all die blutigen und verworrenen Geschehnisse, über die wir in den Geschichtsbüchern lesen, endgültig ihren Abschluss gefunden hätten. Wer gut herumzuhören vermag, der weiss genau, dass viele der Taten aus fremden Kriegsdiensten und dem Söldnerwesen noch Jahrhunderte später auf die Nachkommen der einstigen Glücksritter seltsamen Einfluss nehmen und ihre mannigfaltigen Folgen ausüben.»

Das Ende der alten Eidgenossenschaft

Versteckte Volksfreuden

Mummenschanz: Maskentreiben. Der M. war im 16. Jh. ein von herumziehenden Masken angebotenes, weithin beliebtes Glücksspiel zur Fastnacht. Von ihnen erfuhr M. die Bedeutungserweiterung zu «Maskerade mit Tanz und Spiel».

Einige Menschen verstanden den Zeitgeist falsch, und in den emporstrebenden Städten wurden bis ins 18. Jahrhundert zahllose Vorschriften ersonnen, die die überlieferte mittelalterliche Lustbarkeit auszurotten versuchten. Manches, worin einst das Volk seine Lebensfreude gefunden hatte, wurde jetzt als heidnisch und römisch verfolgt. Chorgerichte gingen lange Zeit so weit, Tanz und Geigenspiel, Mummenschanz und Schwingen, Kilten und Jodeln und viele ähnliche Bräuche zu verfolgen und mit schweren Geldstrafen zu belegen. Unglückliche Bauern lehnten sich häufig dagegen auf, zogen in abgelegene Bergtäler oder gingen sogar aus dem Land.

Von einigen alten Familien im Waadtland, Bernbiet und Aargau wird überliefert, dass sie sich kraft ihrer alten Rechte dafür verwandten, dass das verbitterte Volk einen Ausweg aus der Not fände. «Unterhaltung und Freude zwischen den Geschlechtern», so sollen sie gesagt haben, «ist etwas Gottgefälliges. König David hat an Gottesdienstes Statt getanzt und König Salomo für seine Liebste sein hohes Lied gesungen.»

Also soll es in den Zeiten mit den gestrengsten Vorschriften, die wir in den verstaubten Gesetzesbüchern und Satzungen nachlesen können, doch nie ganz so traurig und düster zugegangen sein, wie es oberflächliche Spätgeborene häufig meinen. Bei mächtigen Bäumen, auf Hügeln und Waldlichtungen, die zum Besitz solcher Familien gehörten, traf sich zuweilen in aller Heimlichkeit das fröhliche Volk der Umgebung.

Das Ende der alten
Eidgenossenschaft

Geigen und andere Musikinstrumente erklangen, Lieder aus glücklichen Zeiten wurden gesungen, und die jungen Menschen trafen sich wie eh und je zu lustigem Brauch.

Die Garde der Tuilerien

Es gab nicht weniger als zwölf Schweizer Regimenter in den Diensten der französischen Könige, die aus Männern der Eidgenossenschaft zusammengesetzt waren. Man pflegte also zu sagen: «Wie ein Bach eine Maschine, zum Beispiel eine Wassermühle, antreibt, so hielt das Blut der Menschen aus den

Ludwig XVI
* 23.8.1754,
† 21.1.1793

Ludwig August Augustin d'Affry:
* 1713 zu Versailles. Kadett und später Oberst der Schweizergarde 1767. † 1793.

Alpen die mächtige Staatsmaschine des grossen Königreiches in Bewegung.» Der letzte gekrönte Herrscher des alten Frankreich, Ludwig XVI., war ein gutmütiger und unentschlossener Mann, der es allen Leuten recht machen wollte und einmal so und dann wieder anders sprach. Überall wuchs darob die Unzufriedenheit. Schriften gegen den Thron erschienen ohne Zahl, und immer häufiger rotteten sich die Massen zusammen. Der König gab in der Regel allen Forderungen nach, um dadurch wieder einige Wochen des Friedens und der Ruhe zu erwirken, und er versuchte, immer seltener an die dunkle Drohung der Zukunft zu denken.

Ermutigt zogen die Massen von Paris, von Wein und Schlagworten angefeuert, vor die Tuilerien, das Residenzschloss des Königs Ludwig. Die berühmte Schweizer Garde, die seit jeher den Herrscher und seine Familie zu bewachen hatte, war eigentlich auch schon seit langem unzufrieden. «Wenn man schon in fremden Diensten steht», soll ein Offizier der Garde, Graf Louis-Auguste-Augustin d'Affry von Freiburg, gesagt haben, «so hat zumindest der Dienstherr einmal einen klaren Entschluss zu fassen.» Doch schon waren die Massen vor dem Schloss, schwenkten ihre beschrifteten Tafeln, sangen wüste Lieder und schwangen Lanzen und Knüttel. Alles war da – edle junge Menschen, voll Sorge, wie es mit dem Lande weitergehen solle, Gaffer, die kaum wussten, ob sie Mitläufer waren oder Zuschauer, und viel Gesindel, das immer zur Stelle ist, wenn eine Ordnung zusammenbricht. Der Pöbel schleppte ganze Berge von Säcken mit sich, um den reichen Hausrat der Tuilerien einzupacken und ihn dann bei den Trödlern am Seine-Ufer zu verhökern.

Die Schweizer Garde versperrte den Massen den Weg durch das Schlossportal, und d'Affry forderte sie auf, sich zu zerstreuen. Aber sie waren nun einmal in Bewegung geraten, und keiner hätte sie mehr aufhalten können.

Schon prasselten, dem Hagel gleich, Wurfgeschosse aller Art und tückische Kugeln auf die verwegene Wache.

«Feuer!» befahl d'Affry, und die Garde folgte ihm wie ein Mann. Wie viele Tote und Verletzte es tatsächlich gegeben hat, ist aus der mündlichen Sage so wenig wie aus den vielen Büchern über die Französische Revolution zu entnehmen. Die Schlacht, die sich jetzt auf den Strassen vor den Tuilerien entspann, wurde, je nach Standort des Beobachters, sehr unterschiedlich geschildert. Den wirklichen Tatsachen indes ging man, wie gewöhnlich, nicht auf den Grund.

Die Lobschreiber der Revolution schilderten später mit viel Beredsamkeit wahre Wunder der Tapferkeit, die angeblich die Massen im Kampf gegen die bösen Eidgenossen vollbracht hätten. Demgegenüber erzählten einige der wenigen überlebenden Schweizer: «Schon nach wenigen Schüssen über die Köpfe begann die Masse sich aufzulösen. Die ersten Toten gab es in dem nun folgenden irrsinnigen Gedrück. Die einen wollten fliehen, die anderen, die noch ganz hinten standen, drängten sich neugierig weiter nach vorne. Die, die kurz vorher in den Zeughäusern Gewehre erobert hatten, schossen ohne die geringste Übung um sich. Die Kugeln prasselten wahllos auf Freund und Feind...» Bald stürzte die Menge in einem immer kopfloseren Wirrwarr in alle Himmelsrichtungen auseinander und trampelte die Schwachen und Gebrechlichen zu Boden. Der Platz war mit weggeworfenen Flinten und Knüppeln übersät, als hätte hier die Schlacht des Jahrhunderts stattgefunden.

Unterdessen belagerten Ratgeber, die aus lauter Angst zu keinem klaren Gedanken mehr fähig waren, den schwachen König. Gerade als die Garde unter lautem Trommelwirbel zu ihrem Siegesmarsch durch Paris antreten wollte, erreichte sie der klägliche Befehl des Königs, die Waffen niederzulegen und den Pariser Massen Höflichkeit und die Bereitschaft zur Entschuldigung entgegenzubringen.

Die Menge, die sich bereits besiegt und unterworfen glaubte, brach in ein massloses Freudengeheul aus. Die völlig entmutigten und waffenlosen Schweizer wurden nun von blutgierigen Mördern angefallen und wie Vieh abgeschlachtet. Bald wurden die abgehackten Köpfe der Gardisten auf Lanzen gespiesst, unter Triumphgeheul durch die Strassen geschleppt.

Das Ende der alten Eidgenossenschaft

Tuilerien: Palais des Tuileries, ehem. Schloss der franz. Könige in Paris auf dem rechten Seineufer. An Stelle der Ziegeleien (tuileries) liess Katharina von Medici den Bau 1564 durch Philibert Lorme beginnen. Seit 1789 Residenz Ludwigs XVI.

Das Ende der alten Eidgenossenschaft

Schweizerregimenter in franz. Diensten: Von 1567 bis 1830 kämpften die Schweizer heldenhaft für die franz. Könige. Die Einteilung des Regimentes in 4 Bataillone geht auf 1635 zurück. 1640 war der Bestand 2516 Mann, 1767: 2416 Mann. Die Rekruten mussten in den Füsilierkompanien 1,75 m, in der Generalkompagnie und bei den Grenadieren 1,82 m gross sein.

Was sich in diesen Stunden in den Strassen von Paris abspielte, übertraf alle bisher bekannten menschlichen Grausamkeiten. Blut- und Weindunst hüllte die ganze Stadt ein, und auch diejenigen Franzosen, die vor den Ereignissen noch Hoffnung auf eine günstige Wende gehegt hatten, kapitulierten vor dem Pöbel.

Die Unbesonnenheit des Königs, seiner Schweizer Garde die Hände zu binden und sie den Rachetrieben der Masse preiszugeben, war sein eigenes Todesurteil. Alle zogen sich von dem wankelmütigen Mann zurück, und schon bald endete er mit seiner Gemahlin auf dem Schafott. Seinen kleinen Sohn, den Erben des goldenen Thrones, übergab man einem trunksüchtigen und verbitterten Bösewicht, auf dass er ihn langsam zu Tode foltere.

Nur ein Häuflein Schweizer Gardisten kehrten in ihre Heimat zurück, und viele der betroffenen Gemeinden klagten über ihre besten Söhne, die sie in diesem sinnlosen Gemetzel verloren hatten.

Aber noch in unserem Jahrhundert gibt es, wie man in Frankreich erzählt, fromme Pariser, die an den Orten, wo die Garde ihren hoffnungslosen Kampf bestand, an bestimmten Abenden Kerzen anzünden. Es soll sich dabei aber nicht um Leute handeln, die den glänzenden Königszeiten nachtrauern, sondern um Menschen, für die die Schweizer unter d'Affry immer ein Beispiel der Zuverlässigkeit, Treue und Pflichterfüllung geblieben sind. Unter den vielen Menschen, die in der Seinestadt eine tiefe Neigung zu geheimen Wissenschaften und Künsten pflegen, gibt es solche, die in Vollmondnächten zu den gleichen Plätzen wandern, weil sie meinen: «Wenn man Glück hat und auch entsprechend begabt ist, dann erblickt man die Schemen der Schweizer Soldaten, wie sie noch immer den alten Befehlen folgen, Wache stehen und Paris vor allen bösen Mächten bewahren.»

Der Schrecken des Franzosen-Krieges

Das Ende der alten Eidgenossenschaft

Als die Franzosen, zuerst angetrieben von den Schlagworten der Französischen Revolution und dann von ihrem Kaiser Napoleon, die Eidgenossenschaft mit ihren Armeen überschwemmten, geriet die Erinnerung an die grosse eidgenössische Geschichte nahezu in Vergessenheit. Der einmarschierende Gegner wollte für alle Zeiten die Zeichen tilgen, die die Nachgeborenen ermahnten, wie einst selbst Frankreich sich vor dem unbeugsamen Mut der Krieger aus dem Bergland gefürchtet hatte.

Nach der berühmten Murtenschlacht war an der Stelle, wo die Scharen Karls des Kühnen vergeblich die Mauern des Städtchens berannt hatten, ein Beinhaus errichtet worden. In

Französische Revolution: Die polit.-geistig-militär. Freiheitsbewegung in Frankreich am Ende des 18. Jh. Epochen: die konstitutionelle bis zum Sturz des Königtums (1789–1792), die sog. Schreckensherrschaft bis zur Auflösung des Konvents (1792–1795) und das Direktorium bis zum Staatsstreich Napoleons I. (1795–1799).

Das Beinhaus der Schlacht von Murten

diesem hatte man die Knochen und Schädel der im Kampf gefallenen Feinde aufgeschichtet, um jeden übermütigen Eroberer abzuschrecken, dem es in späteren Jahrhunderten einfallen sollte, die Grenzen der eidgenössischen Stände zu überschreiten und in das Land einzufallen.

Eine der ersten Taten der siegreichen Franzosen war es nun, dieses weltweit bekannte Denkmal des Schweizer Sieges zu beseitigen. «Karl der Kühne lag zwar auch mit dem König von Paris in Fehde, aber er war ein naher Blutsverwandter und ein hoher französischer Prinz. Die Erinnerung an die un-

Napoleon I., Kaiser der Franzosen (1804–1814/15), eigentlich Napolione Buonaparte, * Ajaccio (Korsika) 15.8.1769, † Longwood, St. Helena, 5.5.1821.

Joséphine Beauharnais
* 23.6.1763,
† 29.5.1814

heilvolle Schlacht von Murten soll aus dem Gedächtnis der Menschen verschwinden, damit endgültig vergessen werde, dass das Heer der Franken jemals besiegt werden konnte», rechtfertigten die Franzosen ihre frevelhafte Tat.

Die Eidgenossen waren in höchstem Masse erstaunt, dass sich der Feind um Dinge kümmerte, die schon dreihundert Jahre zurücklagen. Einige Murtener sollen sogar geglaubt haben, dass manche der Franzosen keine Menschen aus Fleisch und Blut gewesen seien, sondern Gespenster, die durch dunklen Zauber aus dem Totenreich zurückgekommen seien, um die Sterblichen für ihre Sünden zu erschrecken und zu bestrafen. Man will sogar französische Soldaten gesehen haben, die nachdenklich auf dem ehemaligen Schlachtfeld herumwanderten. «Sie versuchen sich zu erinnern», flüsterten abergläubische Menschen, «wo sie einst standen und durch die eidgenössischen Schwerter fielen.» So entstand wohl das Gerücht, das viele Feinde Napoleons entmutigte, dass nämlich ein Teil der französischen Soldaten direkt aus der Hölle kam und schier unverletzbar sei... «Sie haben im Jenseits viel gelernt», flüsterte man, oder: «Einen Toten kann man nicht nochmals töten.»

Belesene Menschen wollten sogar wissen, dass die Gattin des grossen Welteroberers Napoleon, Kaiserin Joséphine, die von den Westindischen Inseln stammte, dort schon als kleines Mädchen zu den Zauberern in die Lehre gegangen sei. «Das kluge Negervolk», flüsterte man, «kennt Geheimnisse, die dem Eingeweihten die Macht verleihen, erschlagene Krieger wieder lebendig zu machen und für sich kämpfen zu lassen.»

Napoleon selber lächelte nur geschmeichelt, wenn man in seiner Gegenwart vorsichtig auf seine grenzenlosen Künste anspielte, so wie es ihn freute, wenn man ihn mit dem kühnen Karl, seinem grossen Vorgänger, verglich. «Diesmal will ich es besser machen», pflegte er recht zweideutig zu bemerken.

Erst als er sich von Kaiserin Joséphine, die für die unterworfenen Völker immer die unheimliche westindische Zauberin blieb, getrennt hatte, atmeten die Menschen auf. «Jetzt beherrscht er die dunklen Wissenschaften und geheimen Waffen nicht mehr und ist verletzbar wie jeder andere sterbliche General», wurde herumgeboten, «seine Söldnerlegionen aus dem Totenreich künden den Gehorsam auf und kehren wieder in den Tartarus zurück, von wo sie die Zaubersprüche aus den alten schwarzen Büchern herbeigeholt hatten. Jetzt kann er auch von uns bekämpft und besiegt werden.»

Vorahnungen eines Umbruchs

Das Ende der alten Eidgenossenschaft

Der junge deutsche Philosoph Hegel lebte von 1793 bis 1796 auf Sitz Tschugg in der Nähe von Erlach und auch an der bernischen Junkerngasse als Hauslehrer einer alten und für ihre gesammelten Bücherschätze bekannten Familie. Die Familie und ihr Freundeskreis hatte, wie bezeugt wurde, grosse Erfahrungen in fremden Kriegsdiensten auf allen europäischen Kriegsschauplätzen erworben.

Der später so berühmte Hegel soll nun in seinen jungen Jahren ein zur schnellen Begeisterung neigender Mann gewesen sein und gelegentlich, wenn man auf den französischen König zu sprechen kam, in dessen Land gerade die Revolution tobte, recht übermütig «Kopf ab!» gerufen haben. Seine lautstarke Bemerkung pflegte er mit einem deutlichen Gebärdenspiel zu begleiten, mit dem er allen Anwesenden geschickt veranschaulichte, auf welch gewaltsame Art und Weise der schwache König Ludwig seinen Tod gefunden habe...

Georg Wilhelm Hegel
* 27.8.1770,
† 14.11.1831

Ob er dies nun am Tisch der Familie tat, deren Kinder er zu unterrichten hatte, oder in einer der Wirtschaften, in denen es damals sehr ausgelassen zuging, ist nicht genau überliefert.

Entscheidend ist, dass dieses Verhalten die Beziehung zu seinem Dienstherrn ernsthaft getrübt haben soll.

Zwar zählte die Familie keineswegs zu den Freunden Frankreichs, war aber auf Grund ihrer Erfahrungen in fremden Kriegsdiensten ganz entschieden der Ansicht, dass sich kein politisches Problem durch Köpfen oder andere Gewalt lösen lässt. Noch nie habe sich daraus etwas Gutes ergeben, und dem erschlagenen Herrscher folge in der Regel ein noch blutdürstigerer auf den Thron.

Falls diese Worte wirklich schon damals ausgesprochen wurden, bargen sie gewiss eine kluge Vorahnung, denn schon schickte sich Napoleon Bonaparte an, in Frankreich die Macht zu erringen, unter der schon bald mehr Blut in Europa fliessen sollte als während des ganzen vorangegangenen Jahrhunderts abendländischer Geschichte.

Der Einmarsch der Franzosen

Das Ende der alten Eidgenossenschaft

Während der Französischen Revolution herrschte in der alten Eidgenossenschaft grosser Streit. Die einen wollten zu den alten Bräuchen zurückkehren, die andern sie möglichst rasch vergessen. Die einzelnen Länder und Städte der Eidgenossenschaft verrieten ihre vielbeschworenen ewigen Bünde und versuchten, sich mit den neuen Herren von Paris zu verbünden, um auf diese niederträchtige Art vermehrte Macht über ihre schwachen Nachbarn zu gewinnen.

In den Räten und Landsgemeinden jeden Ortes kämpfte jeder gegen jeden um einträglichere Würden und Einfluss.

Fast mühelos konnten daher die Armeen des Feindes in das unglückliche Land einmarschieren und es stückweise besetzen. Fast nirgends war der Widerstand nennenswert – sogar das einst so mächtige Bern verteidigten in den Schlachten von Neuenegg und Grauholz nur kleine, schlechtbewaffnete Haufen verzweifelter Menschen. Nur die Nidwaldner im Herzen des Hirtenlandes warfen sich, so klein ihr Volk auch war und ohne die erhoffte Unterstützung, einem Franzosenheer von 12 000 Mann entgegen. Männer, Frauen, ja unmündige Kinder lieferten den Eroberern eine so erbitterte Schlacht, wie sie die Franzosen noch nie erlebt hatten.

Fast 400 Landleute fielen auf den Schwellen ihrer brennenden Hütten, die sie bis zum letzten Blutstropfen verteidigten. Aber auch über 8000 Franzosen büssten ihren Überfall auf das friedliche Land mit dem Leben.

Später haben, wie man weiss, die Franzosen mit der Schweiz allerlei Pläne gehabt, und sie sollen zunächst sogar gesonnen haben, die Schweiz ganz von der Landkarte zu streichen. Verschiedene Boten aus den Kantonen versuchten, dieses Vorhaben mit vielen Argumenten zu verhindern.

Doch Napoleon soll gesagt haben: «Ein gewinnbringendes Land ist und bleibt einträglich, ob es nun frei ist oder unter fremder Herrschaft steht. Wenn an eurem Lande etwas des Überlebens wert ist, so sind es die alten stolzen Geschichten von Ereignissen, die dort einst stattfanden und über die sich das Nachdenken lohnte.» Napoleon soll beigefügt haben, die Nidwaldner hätten ihn daran erinnert, dass in diesen alten Geschichten um die grosse Freiheitsliebe sogar ein Korn Wahrheit sei.

Die Franzosenzeit

Rettung vor Plünderung

Gelegentlich findet man alte Schmuckstücke, goldene oder silberne Becher und andere schöne Dinge, die noch sehr deutlich Spuren pechschwarzer Farbe tragen.

Ein Solothurner, dem viele solche Gegenstände bekannt waren, erklärte uns: «Dies sind noch deutliche Erinnerungen an die Franzosenzeit. Die siegreichen Armeen durchstürmten das Land und stöberten dabei in jedem Haus, und die wehrlose Bevölkerung versuchte zunächst kaum, sich gegen die Eroberer und die erniedrigende Behandlung zu wehren.

Die Soldaten rissen Truhen und Schränke auf und rafften alles zusammen, was ihnen glänzend in die Augen stach. Also färbten die Leute, so rasch sie nur konnten, beim Herannahen der Plünderer ihre wertvollen Besitztümer pechschwarz ein.

Viele unersetzbare Kirchenschätze und viel Gold und Silberschmuck blieben so vor den plündernden Feinden verschont, die in raubgieriger Eile Bauernhöfe, Kirchen und Herrenhäuser heimsuchten.»

Die Franzosenzeit

Die schöne Meiringerin

Die in ganz Europa siegreichen französischen Soldaten, die nach 1798 unser Land durchzogen, machten nicht zuletzt auch durch ihre schmucken Uniformen auf viele Frauen einen grossen Eindruck.

Als hoffnungslos erwiesen sich indessen alle Belagerungsversuche der auch in der Liebe sieggewohnten Soldaten bei einer besonders schönen Meiringer Wirtin, die allen noch so glühenden Anträgen die eiskalte Schulter zeigte. In der Erinnerung an die stolze Frau entstand wohl die beliebte Süssspeise, die wir als «Meringue glacée» kennen, was soviel wie die «kalte Meiringerin» heisst. Ob sie die Wirtin selber erfand, um ihre abgewiesenen Verehrer zu verspotten?

Oder bereitete sie als erster der Koch eines verschmähten Offiziers zu, um diesen über den Misserfolg in der Liebe hinwegzutrösten? Beide Vermutungen darf man glauben.

Meringue: Gebäck aus Eiweissschnee und feinem Zucker, das mit Schlagsahne oder Speiseeis gefüllt wird. Der Name stammt tatsächlich aus Meiringen, wo das Gebäck zuerst hergestellt wurde.

Der König von Freiburg

*Louis d'Affry: * 8.2.1743, † 26.6.1810, erster Landammann der Schweiz.*

Louis d'Affry, Graf von Freiburg und Sohn des berühmten Offiziers, der während der Französischen Revolution mit der Schweizer Garde verzweifelt den willenlosen Ludwig XVI. verteidigt hatte, stand ebenfalls, vielen Ahnen gleich, in fremden Kriegsdiensten. Während der wilden Unruhen auf der Insel Korsika musste er versuchen, dort Ruhe herzustellen. D'Affry, der wie seine ganze Familie in solchen militärischen Aufgaben erfahren war, begegnete den Einheimischen, deren Freiheitsliebe ihn in mancher Hinsicht an die Helden seiner Heimatgeschichte erinnerte, mit viel Menschlichkeit.

Besonders gern gesehen und bald als lieber Freund betrachtet wurde er darum vor allem von der Witwe eines verarmten einheimischen Adligen, ja, d'Affry wohnte sogar zeitweise in deren Hause und gewann bald die Zuneigung ihrer Kinder. Eine besonders enge Freundschaft entwickelte sich zwischen ihm und dem jungen Sohn der Witwe, der später den weltberühmten Namen Napoleon Bonaparte tragen sollte. Als dieser Bonaparte im Zuge der Launen und Stürme der Französischen Revolution zu Ruhm gelangte, blieb in seinem Herzen immer noch die Erinnerung an den Mann von Freiburg, der ihn in viele Tugenden des Kriegshandwerks eingeweiht hatte.

Nach dem Zerfall der Alten Eidgenossenschaft wurde darum der freiheitlich denkende d'Affry von seinen klugen Landsleuten ausersehen, mit Napoleon, dem inzwischen allmächtigen Herrscher über Europa, mehr Unabhängigkeit für das erniedrigte Land einzuhandeln.

Napoleon zeigte sich durch die erneuerte Freundschaft tief gerührt und ging auf viele Vorschläge des Freiburgers, den er als seinen väterlichen Lehrer und Freund betrachtete, ein. In seiner Begeisterung schlug er seinem alten Gefährten sogar vor, durch ihn, den allgewaltigen Kaiser des Abendlandes, die Fürstenkrone des Berglandes anzunehmen. Doch d'Affry schlug das Angebot mit höflichen, aber stolzen Worten aus. Die Würde des ersten Landammans der wieder auferstehenden Schweiz war dem bescheidenen Mann Ehre genug.

Glücklich über ihre schrittweise zurückgewonnene Unabhängigkeit, betrachteten die Eidgenossen Herrn Louis d'Affry als den geeigneten Staatsmann in der schweren Notzeit. Das Bild des Freiburgers soll darum noch sehr lange in den Ehrenecken selbst der bescheidensten Alphütten gehangen haben.

Die Franzosenzeit

Die Geschichte vom Todesfluss

Als die napoleonischen Heere das brennende Moskau verliessen, verbündeten sich in den Weiten Russlands die Menschen mit den Elementen, um die Eindringlinge vollkommen zu vernichten. Die Winterstürme tobten, und vom Himmel schienen vereiste Wasserfälle herniederzustürzen. Setzte sich ein

Die Franzosenzeit

zu Tode ermatteter Soldat auch nur für einen Augenblick nieder, um sich von den Strapazen der Flucht zu erholen, so war er im Nu unter einem Schneehügel begraben.

Zur gleichen Zeit zog der russische Zar aus den unzähligen Stämmen, die ihn als ihren Oberherrn anerkannten, Mannschaften zusammen. Weitreichende Geschütze überschütteten die sich auflösenden Armeen unaufhörlich mit Granaten und Kartätschen. Hinter jedem Baum schien sich ein Scharfschütze zu verbergen, und aus den Tiefen der Wälder quollen Scharen berittener Kosaken, Kalmücken und Tataren. Ihre gekrümmten Säbel schwingend, mähten sie die entkräfteten Soldaten reihenweise nieder und waren, ehe sich das französische Heer zur Verteidigung sammeln konnte, in unzugänglichen Verstecken verschwunden.

Nur die eidgenössischen Soldaten blieben trotz aller Verwirrung zusammen, marschierten mutig durch die Hölle und liessen ihre alten Lieder erschallen. «Wenn man die Schweizer in Kugelhagel und Schnee singen hörte», sagte später ein Franzose, «dann wusste man, dass man noch nicht ganz verloren war. Ich wäre sicher nicht mehr heimgekehrt, wenn ich durch sie nicht immer neuen Mut geschöpft hätte.»

An der Beresina erreichte das Inferno seinen Höhepunkt. Die Kosaken und Tataren hatten beschlossen, hier ihre Reiter zusammenzuziehen und zu einem Schlag auszuholen, der die letzten Scharen der Eindringlinge vernichten sollte. Wer nicht von ihren Säbeln niedergemacht wurde, würde versuchen, über den eisigen Fluss zu entkommen, und dann ertrinken oder erfrieren, dessen waren sie sicher.

Immer wieder wurden die Holzstämme, die die verzweifelten französischen Brückenbauer in den Grund des Todesflusses zu rammen versuchten, vom wilden Wasser und den treibenden Eisschollen weggerissen oder von der russischen Artillerie zerschmettert.

Die traurigen Reste des einst besten und grössten Heeres der Welt wähnten, ihr Untergang stehe unmittelbar bevor.

Da ist ein Soldat aus Bern – die Innerschweizer erzählen, es sei ein Urner gewesen – in die eisigen Fluten gesprungen und hat, anstelle des soeben fortgerissenen Stützpfeilers, die schwebenden Brückenbretter gehalten. Diesem tollkühnen Beispiel, das ihnen ungeahnte Kräfte verlieh, folgten viele Gefährten des Mannes und bildeten so eine lebende Brücke.

Die Männer hielten wie durch ein Wunder aus, obwohl die Fluten immer wieder hochgingen und zeitweise ihre Köpfe

---

Kartätschen:
Ein im 16. Jh. aufgekommenes Artilleriegeschoss, urspr. eine grosse, aus starkem Papier oder Stoff gefertigte, mit Kugeln, gehacktem Blei, Eisen oder Nägeln angefüllte Hülse.

Kalmücken:
Ein westmongolisches Volk, seit 1632 erst links, später rechts der unteren Wolga ansässig. Die Kalmücken waren früher Nomaden und Halbnomaden mit Viehzucht, Ackerbau und Fischerei.

Kosaken:
Die während der Zarenreiche in Südrussland, im nördl. Kaukasus längs der asiat. Grenzen lebenden militärischen Reitergemeinschaften, als Don-K., ukrain. K., Ural-K. usw. schon im 15. Jh. bekannt. Angehörige militärisch organisierter Reiterscharen in Russland u. a. an Dnjepr und Don.

überspülten. Als sich die flüchtenden Heerhaufen von ihrem Erstaunen über dieses unglaubliche Schauspiel erholt hatten, begaben sie sich auf die Brücke und erreichten glücklich das andere Ufer, um den Weg in ihre Heimatländer fortsetzen zu können... Erst als die letzten Soldaten der zusammengeschmolzenen Armee die Brücke passiert hatten, retteten sich die Eidgenossen ans jenseitige Ufer, noch ehe die Kosaken über ihre Häupter ritten, um die Flüchtlinge zu verfolgen.

Nach der Sage hat diese Tat an der Beresina alle Zeugen so ausserordentlich beeindruckt, dass sie, als einige Jahre später, während die Siegermächte in Wien über das Schicksal der einzelnen Länder Europas entschieden, einen massgebenden Einfluss auf die Verhandlungen ausübte.

«Wenn sie derart zu kämpfen bereit sind, obwohl sie ein fremder Herrscher zu seinen Diensten verführt hat», soll der russische Zar gesagt haben, als auch über das weitere Schicksal der Schweiz beraten wurde, «dann sind sie noch immer so wie in den Tagen von Morgarten und Murten und würden für die Verteidigung ihrer Grenzen Unglaubliches wagen und vollbringen.»

Daraufhin beschlossen die europäischen Herrscher, die Eidgenossenschaft wieder herzustellen und anzuerkennen, und zwar im wesentlichen im Rahmen ihrer ursprünglichen Grenzen. So überlebte die Schweiz das 19. Jahrhundert, während manch anderes Land, das sich auf seinem alten Ruhm ausgeruht hatte, nach der Niederwerfung Napoleons nicht mehr erstarken konnte und damit endgültig von den Landkarten verschwand.

Die Franzosenzeit

Beresina: Nebenfluss des Dnjepr, 585 km lang. Unter den Schweizer Söldnern der Division Merle entstand das berühmte Beresina-Lied.

Napoleons Niedergang

Die fremden Kriegsdienste brachten, wie man heute weiss, nicht nur Ehren oder gar grossen Gewinn in die kargen Alpentäler. Das Verhalten der Eidgenossen, die unter fremden flatternden Fahnen und in den bunten Uniformen aller Länder ihre verschiedenartigen Aufgaben erfüllten, entschied oft auch über das Schicksal ihrer Heimatländer.

Unter ihren Kriegsherren in der weiten Welt gewannen sie treue Freunde oder zumindest so viel Achtung, dass die Eroberer die Schweiz von ihren Armeen verschonten.

Der Freiburger Charles d'Affry, dessen Vater erster Landammann war und beinahe König von Napoleons Gnaden geworden wäre, marschierte mit einem der vier Schweizer Regimenter, die Kaiser Napoleon zu dienen hatten. Er war auch beim unglücklichen Feldzug in die Weiten des russischen Zarenreiches dabei und erlebte die fast vollkommene Vernichtung des napoleonischen Heeres. 1814 dankte Napoleon als Folge dieses Debakels ab und entband so auch seine schweizerischen Bundesgenossen von der Pflicht einer kriegerischen Unterstützung.

Doch Bonaparte entkam von der Insel Elba, auf die ihn die siegreichen europäischen Fürsten verbannt hatten.

Sein überraschendes Auftauchen entfachte unter den Franzosen, die er viele Jahre zu gewaltigen Siegen und unermesslicher Beute geführt hatte, einen Sturm der Begeisterung.

Bald wieder hatten ihm alle seine alten Truppen ihren Gefolgschaftseid geleistet, und das ganze Abendland zitterte von neuem vor dem grossen Heerführer.

Napoleon hatte aber aus eigener Schlachtenerfahrung erkannt, dass er, wie alle seine Vorgänger auf dem fränkischen Thron, in seinen Feldzügen, mit denen er es seinen Feinden heimzuzahlen gedachte, auf die Schweizer Söldner nicht verzichten durfte.

Er rief die Schweizer ins Tuilerien-Schloss, in dem jeder Stein vom Mut der eidgenössischen Krieger erzählte, und suchte sie, umgeben von neuem Glanz, zur Gefolgschaftstreue zu überreden.

Doch Herr Charles d'Affry, der als Begleiter Napoleons im Russlandfeldzug das besondere Vertrauen und die uneingeschränkte Bewunderung des Herrschers gewonnen hatte, erinnerte sich an das Unglück seines Grossvaters – des Mannes, der den Tod vieler seiner besten Männer erleben musste, nur weil sie als Wächter der Tuilerien treuer zu einem König gehalten hatten als dieser zu sich selber. Mit beherzten, noch heute bekannten Worten machte er Napoleon deutlich, dass er und seine Landsleute zwar lange Zeit Gefährten Napoleons gewesen seien, dass sie sich aber nicht von jeder seiner Launen mitreissen liessen. «Man unterwirft sich die Schweizer nicht, wie man sich die Franzosen unterwirft», soll er gesagt haben.

Die Aussicht, nun ohne die bewährten Verbündeten gegen den Feind ziehen zu müssen, verunsicherte die kaiserlichen Soldaten. Die Feinde Napoleons wiegten sich aber in der Gewissheit, nun viel leichter gegen die Franzosen antreten zu können. So haben die mutigen Worte des Freiburgers auf den Verlauf der europäischen Geschichte mehr Einfluss gehabt als viele Feldschlachten mit unzähligen Toten.

Die Franzosenzeit

Charles d'Affry:
* 7.4.1772,
† 9.8.1818. Er begann seine militär. Laufbahn in der Schweizergarde in Paris. Trat später in österr. Dienste, wurde 1797 Hauptmann der Freiburgischen Miliz, 1804 Oberst, 1806 Bataillonskommandant im 3. Schweizerregiment in Neapel, 1810 Oberst, 1812 Offizier der Ehrenlegion. Er kämpfte 1808 in Spanien, 1812 in Russland, kehrte 1814 nach Frankreich zurück und trat 1815 zurück.

Die Franzosenzeit

Zuflucht auf den Weiden

Im Schutze der französischen Armee sollen in den Kantonen der Eidgenossenschaft häufig Menschen ans Ruder gekommen sein, die auf die Vergangenheit aus den verschiedensten Gründen einen Groll hegten und allein danach trachteten, sie in Vergessenheit geraten zu lassen. Manchem von ihnen war in den vorangehenden Jahren wirkliches oder auch eingebildetes Unrecht widerfahren, wofür sie sich nun an jedermann, ob schuldig oder unschuldig, zu rächen versuchten.

Die Franzosen kämpften um die Vormacht in Europa und schickten ihre fähigsten Gesandten an die verschiedenen Kriegsschauplätze. Sie waren daher sehr zufrieden, in der niedergeworfenen Schweiz sogar einheimische Verbündete zu wissen. Da die Franzosen aber weder die verschiedenen Mundarten noch die eingesessenen Gewohnheiten kannten und verstanden, bemerkten sie nicht, dass sie sich häufig auf

Bürger stützten, denen es nur um üble Abrechnung und schnelle Bereicherung zu tun war und deren Treiben auch bei denjenigen, die das Nachbarland hoch schätzten, wachsende Enttäuschung über Frankreich hervorrief.

In der Waadt, im Bernbiet und Graubünden und sicher auch in anderen Gebieten weiss man noch, wie damals viele Eidgenossen, vom Weltlauf verbittert, in die Hütten der abgelegensten Alpen auswanderten. Dort führten sie das bescheidene, unauffällige Leben der einfachen Bergler und versuchten ihre Kinder für eine Zukunft zu erziehen, die nach ihrer ehrlichen Vorstellung besser und glücklicher werden sollte.

Die Franzosenzeit

Die fremden Soldaten, die unser Land durchzogen, waren nicht selten in höchstem Masse erstaunt, wenn sie auf einen in schlichter Volkstracht gekleideten Älpler trafen, der in verschiedenen Sprachen klug über die Gegenwart zu sprechen verstand. Traten sie in verrauchte Holzhütten, deren Schindeldächer mit Felssteinen gesichert waren, gewahrten sie kostbare Ahnenbilder an den verrussten Wänden und reichverzierten Hausrat. Hie und da trafen sie auch schöne Mädchen, die während des Melkens einen Gedichtband neben sich im Grase liegen hatten oder zuweilen sogar eine Stelle aus einer Oper sangen.

«Vielleicht sind solche Geschichten übertrieben», meinte eine Neuenburgerin, «aber sie scheinen zu bestätigen, dass sich die alten Schweizer nach Unglücksfällen stets auf ihre ursprünglichen Lebensräume zurückzuziehen vermochten, um dann von neuem zu beginnen.»

Industrie und Flüchtlinge im Alpenland

Über die Entstehung der Uhrenindustrie

Uhren waren, obwohl sehr einfach gebaut, einst so selten, dass sie nur als kostbarer Schmuck getragen wurden.

Einmal kam der Besitzer eines solchen Wunderstückes, man sagt ein englischer oder schottischer Edelmann, mit grosser Eile durch Le Locle. Hier erlitt sein Wagen einen Achsenbruch, was ihm ausserordentlich lästig war, denn seine Feinde sollen ihm eng auf den Fersen gewesen sein.

Also eilte er zum örtlichen Wagner und Schlosser, auf dass ihm der wackere Mann den erlittenen Schaden möglichst rasch wieder gut mache. Das geschah zu früher Morgenstunde, und der Handwerker schwor ihm treu und heilig, er werde am Nachmittag mit der Arbeit fertig sein. Um die Abmachung zu bekräftigen, legte ihm der Fremde seine Uhr auf den Tisch. «Schaue ein wenig darauf, auf dass du mit unserer Zeit richtig haushaltest.»

Der Sohn des Handwerkers, Daniel Jean-Richard, nahm das wunderbare Ding an sich, und da er sehr neugierig war, zerlegte er es mit viel Geschick und setzte es dann in den wenigen Stunden, während derer sein Vater fleissig den Achsenbruch behob, wieder zusammen.

Kaum war der zufriedene Edelmann mit Wagen und Uhr wieder in der Weite verschwunden, war der junge Daniel Jean-Richard bereits damit beschäftigt, einen eigenen trag-

Daniel Jean-Richard: 1665–1741. Begründer der Schweizer Uhrenindustrie im Raum Le Locle und in La Chaux-de-Fonds.

baren Zeitmesser, den ersten im ganzen Jura, zu basteln. Sehr genau hatte er sich alle Einzelheiten der kleinen Wundermaschine eingeprägt.

Das Kunstwerk, das er auf diese Weise schuf, erweckte überall Bewunderung und wurde von den geschickten Menschen in den Juratälern fleissig nachgemacht. So entstand die in der ganzen Welt berühmte schweizerische Uhrenindustrie.

Industrie und Flüchtlinge im Alpenland

Auf der Friedensinsel

Zu den unzähligen Flüchtlingen, die aus aller Welt in unser Land strömten und die in den verschiedenen Kantonen Zuflucht und Gastfreundschaft fanden, gehörte auch der berühmte Wladimir Lenin, der nach 1917 den wankelmütigen Zaren Nikolaus stürzte und selber als Herr des Riesenreiches in die Kreml-Schlösser einzog.

In den sechziger Jahren forschten Wissenschaftler auch in der Schweiz nach Zeugnissen und Spuren Lenins, die hierzulande nicht nur sehr spärlich vorhanden, sondern noch viel weniger bekannt sind.

So kamen sie auch zu einem schon sehr alten, aber noch rüstigen Mann in Zürich, der seinerzeit dem berühmten Gast seine Zimmer vermietet hatte. Die Lenin-Forscher hatten verschiedene Photographien mitgebracht, damit sich die befragten Zeugen besser an den grossen Flüchtling erinnern konnten, über den man jede Einzelheit zu sammeln versuchte.

«Natürlich kenne ich den Mann wohl», freute sich der Alte aus Zürich, als er die alten Photographien sah. «Er war in jeder Beziehung ein netter, höflicher, zuvorkommender, eher ruhiger Mieter, der fleissig in seinen Büchern studierte. 1917 ist er irgendwohin weggezogen. Es ist eigentlich schade – seither habe ich von ihm kein Wort mehr gehört...»

Der Erzähler dieser Geschichte meinte dazu: «Es gibt offenbar recht viele Schweizer, die, ohne es selber zu wissen, eine wichtige Rolle in der Geschichte der Welt spielten oder spie-

Wladimir Iljitsch Uljanow, genannt Lenin, russ. revolutionärer Staatsmann, * 10.4.1870 in Simbirsk, † 21.1.1924 in Moskau. Lenin kam als Student 1895 nach Genf. Anlässl. der ersten russ. Revolution ging er 1905 nach Finnland, kehrte aber 1907 wieder nach Genf zurück. 1909 ging er nach Paris, wurde beim Kriegsausbruch 1914 in Krakau gefangen, jedoch bald wieder frei und in die Schweiz abgeschoben, liess sich in Zürich, dann in Bern nieder. Er verliess die Schweiz am 17.4.1917, um in Russland die Revolution zu vollenden. (Eine ähnliche Geschichte wie die hier erwähnte erzählte man auch in Zimmerwald BE und Genf.)

Industrie und Flüchtlinge im Alpenland

len, sich aber ganz im Sinne des heiligen Nikolaus von der Flüe verhielten.

Sie kümmern sich herzlich wenig um die grossen Händel jenseits ihres Zaunes. Vielleicht ist dies das Geheimnis, dass die Schweiz trotz vieler Kriege und Revolutionen, die die Karte Europas veränderten, unangefochten blieb.»

Die Wilden im Tessin

Ereignisse werfen, wie man weiss, ihre dunklen und drohenden Schatten weit voraus. Nur die Narren sahen um die letzte Jahrhundertwende nicht den grossen Krieg kommen, der, wie man heute leider eingestehen muss, noch immer keinen Abschluss gefunden hat.

Mancher Dichter und Denker erhob damals seine warnende Stimme, doch Propheten sind, vor allem im eigenen Lande, nicht geschätzt. Also zogen viele von ihnen, vor allem aus Russland und Österreich-Ungarn, in die ruhigen Täler der eidgenössischen Alpen, um der ständig wachsenden Bedrohung zu entfliehen.

Einige der ersten Flüchtlinge vor dem nahenden Völkersturm zogen mit Weib und Kind in die Waldberge bei Ascona, das damals noch ein verschlafenes Fischerdorf war. Noch heute sind, von Buschwerk überwuchert, vereinzelte Höhlen und aufeinandergetürmte Steine zu sehen, die den verängstigten Menschen als Behausung gedient haben sollen. Alte Tessiner haben noch vor einem Menschenalter erzählt, dass die Flüchtlinge aus vornehmen und vor allem reichen Geschlechtern stammten und wegen ihres Reichtums verfolgt wurden.

Andere aber meinen sich zu erinnern, dass die Flüchtlinge nicht wegen ihres Reichtums die Heimat verlassen hätten. Die Antwort auf diesen Widerspruch gibt uns ein alter Mann, der, ohne je Haupthaar und Bart geschnitten zu haben, mit zerlumptem Weib und Kindern fast wie ein Einsiedler zu leben versuchte. «Das Hab und Gut, das ich von meinen Eltern ererbt hatte, liess ich freiwillig zurück. Die Menschen leben schon viele Jahrtausende auf unserer Erde, und die heiligen Schriften lehrten sie, gegenüber allen Wesen Güte und Grosszügigkeit walten zu lassen. Sie haben aber auch eine unendliche Zahl von Fertigkeiten erlernt und sich immer grössere Städte erbaut. Die heiligen Mahnungen aber haben sie mehr und mehr vergessen. Lüge und Untreue haben sich ausgebreitet und haben teuflische und tückische Kriege heraufbeschworen. Die Menschen verkünden den Fortschritt und trachten danach, zu fernen Sternen zu fliegen.

Unterdessen rüsten die Länder zum Krieg der Kriege, und die Herrscher träumen von der totalen Ausplünderung ihrer Nachbarn. Da haben ich und die Meinen beschlossen, auf allen Reichtum zu verzichten und ohne Geld und Gut wieder von vorne zu beginnen wie die Menschen im Paradies der Unschuld.»

Alte Tessiner wussten zu berichten, dass sich diese Flüchtlinge vor der Zukunft an eben den Orten niederliessen, wo uralte Russspuren von einer längst vergangenen einfachen Lebensweise kündeten. «Die wilden Leute, von denen die Sagen erzählen, sterben nie aus. Wenn sich auf der Welt die drohenden Zeichen mehren und Schrecken vorhersagen, dann fliehen aus den fernsten Ländern Menschen in unsere Täler wie zahllose Geschlechter vor ihnen. Sie flohen und fliehen vor der verlogenen Pracht und Bequemlichkeit und einer masslosen Enttäuschung.»

So sprachen die Alten und fragten sich: «Ob sie wohl wissen, dass sich ihre Geschichte immer wiederholt? Achten sie auf die unter Moos und Flechten verborgenen Spuren vergangener Flüchtlingsschicksale?» Vielleicht haben solche Mutmassungen und Sagen dazu beigetragen, dass man den heute stark überbauten Berg ob Ascona Monte Verità nennt, den Berg der Wahrheit – wie er auch auf unseren Landkarten verzeichnet ist.

Industrie und Flüchtlinge im Alpenland

Wie die Schweiz überlebte

Der unsterbliche Wächter

In der Stadt Bern, zwischen Eigerplatz und Steinhölzliwald, befindet sich auf einem Hügel der Grabstein des General Lentulus, der sich in fremden Kriegsdiensten Ruhm erwarb.

Heute ist die Gegend von breiten Asphaltstrassen durchzogen und mit unzähligen Häuserblöcken überbaut. Früher zählte sie zu den malerischsten Flecken in der Umgebung der Stadt, und ausser ein paar fleissigen Bauern traf man hin und wieder auf vereinzelte Spaziergänger, die auf den Philosophenwegen über Gott und die Welt, Werden und Vergänglichkeit nachdachten.

Damals war es Brauch, zum Grabe des Lentulus zu pilgern, um dort einige Zeit voll Ehrfurcht zu verharren. Von einem Lehrer aus dem nicht weit entfernten Brunnhofschulhaus wissen wir, dass einst auch die Schulmeister ihren Kindern in der Nähe des Denkmals über die Geschichte Berns und der Eidgenossenschaft zu erzählen pflegten. All dies erklärt uns auch die Sage, nach der, besonders in lastenden Notzeiten – man erwähnt den Deutsch-Französischen Krieg von 1870/1871 und den Ersten Weltkrieg –, besorgte Menschen in Vollmondnächten zum Grabhügel eilten und dem General die bange Frage nach der Zukunft der Schweiz stellten.

«Die Stunde der Gefahr ist für dieses Menschenalter noch nicht da!» Soll die Stimme aus der Tiefe der Erde geantwortet haben. Beruhigt gingen die Leute heim und waren überzeugt, dass der Kriegssturm ihr Land verschonen werde.

Wie die Schweiz
überlebte

Robert Scipio Lentulus: Stammt aus dem berühmten patrizischen Geschlecht der Stadt Bern. Focht in kaiserl. Diensten in der Lombardei, in Ungarn, Böhmen, Bayern und Schlesien. L. gewann die Gunst Friedrichs II. und trat 1746 in dessen Dienste. L. zeichnete sich als Oberst im Siebenjährigen Krieg aus und entschied 1758 den Sieg bei Zorndorf. 1779 nach Bern zurückgekehrt, wurde L. Landvogt von Köniz.

Zeichen im Wallis

Während des letzten Weltkrieges verloren auch viele Landsleute ihre vielgerühmte Kunst, ruhig und besonnen nachzudenken. Fremde Schürer und Spitzel verstanden ihr Handwerk des Brunnenvergiftens. Geschickt wussten sie in den Gaststuben der Städte und Dörfer das Gerücht vom bevorstehenden Einmarsch der feindlichen Truppen zu verbreiten. So

Wie die Schweiz überlebte

Weltende: «Jüngster Tag.» Der in der Bibel vorausgesagte Untergang der gegenwärtigen Welt, verbunden mit dem Weltgericht und der Entstehung einer neuen Weltordnung.

Gesindel: Verächtlich für eine meist grössere Anzahl gemeiner und niedriger Menschen, die in ihrem Handeln, Denken und Sprechen erweisen, dass sie ausserhalb der gesellschaftlichen Ordnung und der sittlichen Gesetze stehen. Lumpenpack, Vaganten, Landstreicher.

schlau wussten sie den Teufel an die Wand zu malen, dass viele der unglücklichen Süffel bange und bebend in die Nacht hinaushorchten und sicher waren, das Kettengerassel der feindlichen Panzer bereits zu hören.

Zuweilen konnte diese Angst des wankelmütigen Beizenvolkes, das schon bei der geringsten Preiserhöhung seiner Tranksame das Weltende kommen sah, einen grossen Teil der Mitbürger anstecken. Bei dem geringsten Geräusch stürzten die Menschen kopflos auf die Gassen, starrten in den schwarzen Himmel und erwarteten die berüchtigten Luftflotten des Feindes und den erschreckenden Menschenregen der Fallschirmspringer. Sie packten den unmöglichsten Hausrat auf ihre Wagen und flohen den Bergen zu, in der Hoffnung, dort von den Plünderungen und Vergewaltigungen der sich über die Grenzen wälzenden Horden verschont zu bleiben.

Die verantwortlichen Männer, die über das Schicksal des Landes zu wachen hatten, versuchten alles, den Unfug zu beenden. Sie kannten den uralten Trick der Eroberer, immer von neuem falsche Angst vor einem drohenden Überfall zu verbreiten. Denn wenn das Volk oft genug getäuscht worden ist, wird es der drohenden Gefahr gegenüber sorglos und ist im Ernstfall unvorbereitet.

Das kopflose Treiben lockte die Zunft der Langfinger. Die flüchtenden furchtsamen Menschen liessen, auf der Suche nach Schutz in den Alpentälern, in der Eile oft die wertvollsten Besitztümer unverschlossen zurück. Ja, ihre Häuser und Höfe blieben unbewacht und unverschlossen.

Während die Polizei den geschwätzigen Spitzeln nachstellte, bereiteten sich die Langfinger auf eine einträgliche Ernte vor. In aller Ruhe statteten sie den verlassenen Behausungen Besuche ab, wählten mit Bedacht die kostbarsten Stücke aus und waren, noch bevor die rechtmässigen Eigentümer zurückkehrten, im Nebel verschwunden. In dieser Wirrnis sollen, so wird gesagt, die Walliser die grösste Seelenruhe bewahrt haben, namentlich die Bewohner derjenigen Dörfer, die von Sitten an rhoneaufwärts liegen.

Wurde einer dieser Walliser von einem Spitzel mit grauenerregenden Tatarengeschichten belästigt, blieb er in der Regel ruhig vor seinem Halben sitzen, den ihm das landesverräterische Gesindel von Feindesgeld spendiert hatte, um ihn in die «richtige Verfassungl» zu bringen, und lächelte nur.

Auch wenn es zuweilen einem ob des lästigen Geschwätzes zuviel wurde und er sich mit einem Faustschlag Ruhe verschaffte, geriet seine sichere Seelenverfassung keinen Moment ins Wanken.

Auf die Frage, warum die Walliser, allen bösen Zeichen zum Trotz, voller Vertrauen in die Zukunft blickten, zuckten sie nur mit den Schultern und meinten: «Wenn die Menschen nur nicht ihre Köpfe verlieren, wird die Eidgenossenschaft, wie noch jedesmal in schweren Zeiten, von Gott und den Bergen vor aller Kriegsnot beschützt.» Diese unerschütterliche Gewissheit der Bergler schürte die Neugier manches abergläubischen Städters und gab zu allerlei Gerüchten Anlass. Es wurde sogar behauptet, dass die Bewohner der oberen Alpentäler noch immer Zeichen kannten, mit denen schon ihre weisen Vorväter die Zukunft genau vorherzusagen wussten.

«Im Wallis soll eine Schrift des heiligen Nikolaus von der Flüe umgehen, in der in lateinischer Sprache geschrieben steht, wann die Schweiz wirklich in Gefahr kommt», wollte man wissen. Auch wurde behauptet, dass «in den Büchern der frommen Vorfahren, wie sie noch in vielen Walliser Hütten aufbewahrt werden, Zeichen stehen, aus denen man, so man kundig genug ist, Krieg und Frieden herauslesen kann. Kommen die Bergbäche ruhig daher, verändern sich gewisse Gletscher nicht mehr als normal, steigert sich die Sommerhitze nicht zu unnatürlichen Höhen und durchwühlen die Maulwürfe die Äcker nicht mehr als gewöhnlich, dann wissen die klugen Walliser, dass in den kommenden Jahren kein wesentliches Unheil über sie kommen wird.»

Auf diese Weise suchten viele Leute nach einer Erklärung für die auffällige Gelassenheit der Walliser. Schliesslich soll auch General Guisan, dem der Schutz der Grenzen anvertraut war, mehrfach gesagt haben: «Wenn nicht viele unserer Bergler in all den schweren Jahren einen kühlen Kopf bewahrt hätten und damit ein leuchtendes Beispiel unter den vielen Schwarzsehern gewesen wären, wer weiss, ob nicht unser ganzes Land in eine schlimme seelische Verfassung geraten wäre. In eine Verfassung, die der Feind leicht als Einladung für eine Machtergreifung verstanden hätte.»

Wie die Schweiz überlebte

Henri Guisan: Schweiz. General, * Mézières (Kt. Waadt) 21.10.1874, † Pully (Kt. Waadt) 7.4.1960. Urspr. Landwirt, wurde 1932 Oberstkorpskommandant und wurde am 30.8.1939 wegen der gespannten Lage in Europa von der Bundesversammlung zum General als Oberbefehlshaber des Heeres gewählt. Bekannt wurde seine Ansprache an die Truppenkommandanten vom 25.7.1940 (Rütli-Rapport).
Am 20.8.1945 legte G. sein Kommando nieder.

Wie die Schweiz überlebte

Das Gesicht am Aletschgletscher

Als während des letzten Weltkrieges an den Grenzen unseres Landes Armeen zusammengezogen wurden und gegen einen Einfall in unsere friedlichen Kantone bereitstanden, besann sich ein Walliser auf die Sagen um den Aletschgletscher. In einer bestimmten Nacht, deren genaues Datum auch heute nur flüsternd weitergesagt wird, soll man dort von einer bestimmten Stelle aus, unweit des Märjelenseeleins, das Nachtvolk sehen können. In seinen Reihen erscheinen alle diejenigen aus dem Volk, die im kommenden Jahr den Tod finden werden.

Wie sein Erlebnis mit dem Nachtvolk verlaufen ist, hat man nie vernommen, da es gefährlich sein soll, Einzelheiten über die Begegnungen mit dem nächtlichen Heerzug preiszugeben. Dennoch konnte der wagemutige Berggänger seine Landsleute mit der Versicherung beruhigen, dass das Land in den kommenden zwölf Monaten keine lebensbedrohende Gefahr zu befürchten habe.

Doch auch ohne Erklärungen des mutigen Berggängers war es nicht schwer, das Geschehen der Schicksalsnacht zusammenzureimen.

«Er hat im Umzug der Toten keinen seiner Gefährten aus den Nachbardörfern gesehen, und das bedeutet, dass ganz sicher kein Krieg über unser Land hereinbricht: Bei einem Angriff feindlicher Truppen müssten schliesslich sehr viele der Älpler fallen, denn sie würden niemals bereit sein, dem Feind nur einen Fussbreit Heimatboden zu überlassen, solange sie noch einen Tropfen Blut in ihren Adern hätten. Da aber keiner von ihnen in dem Todeszug mitwanderte, wird uns das nächste Jahr keine Bedrohung bringen.»

Der Schutz von Schaffhausen

Besonders um den vorgelagerten Kanton Schaffhausen lagen während des Zweiten Weltkrieges grosse feindliche Heeresverbände bereit, um auf den ersten Befehl ihrer Generäle hin in unser Land einzumarschieren. Es war in einer Nacht des Jahres 1940, als die feindlichen Truppen auf die vereinbarten Signale ihrer Führer warteten.

Gerade in dieser Nacht sollen sie Augenzeugen einer eigenartigen Lichterscheinung geworden sein, die sich in der pechschwarzen Finsternis über der Schweiz erhob. Zuerst schien ein heller Punkt zur Erde zu schweben. Er verharrte dann für eine Weile über dem Schaffhauser Land, strahlte hell auf und zerteilte sich schliesslich in leuchtende Nebel, die das Land schwach erhellten.

Wie die Schweiz überlebte

Engel:
Das griech. Wort bedeutet «Bote». In der Bibel sind Engel die Boten Gottes an die Menschen, welche die Heiligkeit und Herrlichkeit Gottes, wie seine offenbarende und helfende Nähe, veranschaulichen. Nach der kath. Lehre sind die Engel von Gott geschaffene, körperlose Geister, mit Verstand und freiem Willen ausgestattet.

Die Soldaten erkannten wohl, dass es sich bei dieser Lichterscheinung nicht um eine Leuchtrakete handeln konnte. Flüsternd sprachen sie von einem himmlischen Wesen. Einige waren gar überzeugt, sie hätten einen Engel gesehen, der das Alpenland beschützte. Katholische Gläubige unter der gegnerischen Armee erinnerten sich an Niklaus von der Flüe, der, einer alten Sage zufolge, in schweren Notzeiten über die Schweiz wacht. Später, als sich die Geschichte von der Lichterscheinung ausgebreitet hatte, wurde die Vermutung laut, es habe sich um ein Sternenschiff mit Wesen von fremden Gestirnen gehandelt. Damit erhielt auch die alte Sage Nahrung, nach der die Schweiz nicht nur von Wesen aus Fleisch und Blut bewacht wird.

Die treuen Söldner

Ein alter Mann aus Chur wusste aus der Zeit des letzten Weltkrieges eine interessante Geschichte zu erzählen, die sich irgendwo in Graubünden abgespielt haben soll. Unter falschem Namen lebte dort ein ganz verwegener Landesfeind, der seine düsteren Absichten listig zu verbergen wusste. Zahlreiche Helfer, solche, die für klingende Münze zu jeder Schandtat bereit waren, hatten den Auftrag erhalten, alte Chroniken und Familienurkunden zu durchforschen. Sie sollten feststellen, welche der alten Geschlechter häufig oder regelmässig Soldaten für fremde Kriegsdienste gestellt hatten.

Sobald dem fremden Spitzel die Namen bekannt waren, wollte er die Nachkommen dieser kriegserprobten Abenteurer angehen. Mit entsprechenden Angeboten – Versprechungen von Reichtum und Ehren – würde es, so glaubte er, sicher möglich sein, sie aufs neue für den Dienst unter einer fremden Macht zu begeistern. Der Spitzel war fest überzeugt, dass es kaum grosser Überredungskünste bedürfen würde. Wie aber sollte sich die Schweiz erfolgreich verteidigen, wenn ihre kühnsten Kämpfer auf der gegnerischen Seite stünden?

Wie die Schweiz überlebte

Doch der Spitzel hatte die Rechnung ohne den Wirt gemacht. Jeder seiner Versuche, einen Nachkommen der kühnen Söldner mit List zu überreden, schlug fehl – auch wo die Familien ohne ihren alten Glanz lebten und bitter verarmt waren. «Unsere Ahnen haben an vielen Waffengängen in der weiten Welt teilgenommen», sagte einer für alle, «sie sind aber immer dann, wenn das eigene Heimatland in Gefahr war, wieder zu seiner Verteidigung zurückgeeilt. Die Liebe zum Abenteuer war nie stärker als die Treue zur Heimat.»

Der Retter an der Grenze

Ein hoher französischer Staatsmann kam einige Jahre nach dem letzten Weltkrieg in die Schweiz und durchreiste vor allem den Neuenburger Jura. Während des Krieges, so erzählte er, hätten ihn einheimische Verräter und feindliche Soldaten gejagt, weil er versucht hatte, sein geprüftes Land bis zum letzten Augenblick zu verteidigen.

Wie die Schweiz überlebte

Als er sich in den grenznahen Bergwäldern der Schweiz verborgen gehalten hatte, die zahllosen Schergen dicht auf den Fersen, da sei unvermittelt – wie einer der berüchtigten Jurageister – ein dunkelhäutiger Mann vor ihm erschienen und habe ihn auf einer halsbrecherischen Wanderung tief ins Neuenburgische geleitet. Von dort sei es ihm dann gelungen, Kontakt mit treuen Freunden in der Heimat aufzunehmen.

Nach der Befreiung Frankreichs vom Alpdruck der fremden Armeen und ihrer landesverräterischen Verbündeten kehrte der Flüchtling wieder in seine Heimat zurück und bemühte sich, ihr zu neuem Ansehen in der Welt zu verhelfen und die Wunden des grauenhaften Krieges zu heilen.

Er kam auch in die Schweiz, um seinen Retter aufzusuchen, dem er im Auftrag seines Landes einen Orden und klingenden Lohn überreichen wollte.

Wie musste er aber staunen, als seine Beschreibung des kühnen Grenzgängers nur auf einen Mann zuzutreffen schien, der im vergangenen Jahr bei einem Jagdunfall das Leben verloren hatte. Nur wenige waren dem ärmlichen Sarg gefolgt, weil der Verstorbene vor allem als massloser Wilderer und unermüdlicher Trinker berüchtigt war. Von seiner schönen und heldenmütigen Tat hatte aber der Wilderer niemandem erzählt. Der Franzose senkte das goldene Ehrenzeichen in die Erde des bescheidenen Grabes. Wahres Heldentum ist still.

Souvenir de la première alliance des confédérés du 1. août 1291 dédié à la jeunesse des écoles suisses par les autorités fédérales, à l'occasion du sixième centenaire de 1891.

Schriftliche Quellen
(Auswahl)

B. Anhorn
Magiologia, Basel, 1674.
T. Annaheim
Gespenstergeschichten aus dem Luzernischen, 2. Aufl., Schötz, 1934.
E. Attenhofer
Sagen und Bräuche aus einem alten Marktflecken, Lenzburg, 1961.

A. Bärtschi
Adelboden, Bern, 1934.
Baselbieter Sagen,
Hrsg. P. Suter / E. Strübin,
2. Aufl., Liestal, 1976.
M. A. Bovet
Légendes fribourgeoises, Fribourg, 1946.
H. Brunnhofer
Die schweizerische Heldensage, Bern, 1910.
G. Buchmüller
St. Beatenberg, Bern, 1914.
A. Büchli
Mythologische Landeskunde von Graubünden..., Aarau, 1958 ff.
A. Bircher
Das Fricktal..., Aarau, 1859.

N. Camenisch
Geschichten... aus Alt Fry Rhätien, Chur, 1899.
A. Ceresole
Légendes des Alpes vaudoises, Nouvelle éd., Lausanne, 1913.
H. Correvon
Gespenstergeschichten aus Bern, Bern, 1919.

E. Dacqué
Urwelt, Sage und Menschheit, München, 1924.
C. Decurtins
Rätoromanische Chrestomatie, Erlangen, 1896–1919.
P. Dorpert
Rund um den Bodensee, Eine Sammlung der schönsten Sagen, Überlingen, 1934.
A. Dumas
Reiseerinnerungen aus der Schweiz,
in: Dumas, Werke, Wien, 1928.
E. Dummermuth
Der Schweizer Apostel St. Beatus, Basel, 1889.

C. Englert-Faye
Vo chlyne Lüte, Zwergensagen,
St. Gallen, 1937.

E. Fischer
Märli u Sage usem Gäu, Olten, 1922.
A. v. Flugi
Volks-Sagen aus Graubünden, Chur, 1843.
R. Frauenfelder
Sagen und Legenden aus dem Kanton Schaffhausen, Schaffhausen, 1933.

H. Gabathuler
Wartauer Sagen, Buchs, 1938.
K. W. Glaetti
Sagen aus dem Zürcher Oberland, Winterthur, 1951.
S. Golowin
Berns Stadtgespenster, Bern, 1965.
S. Golowin
Sagen aus dem Bernbiet, Basel, 1965–1966.
S. Golowin
Menschen und Mächte, Sagen zwischen Jura und Alpen, Zürich, 1970.
S. Golowin
Zigeuner-Magie im Alpenland, Frauenfeld, 1973.
S. Golowin
Frei sein, wie die Väter waren, Bern, 1979.
J. Gotthelf
Die Rotentaler Herren, Hrsg. H. Bloesch, Erlenbach-Zürich, 1941.
H. R. Grimm
Poetisches Lust-Wäldlein, Bern, 1703.
H. R. Grimm
Buch der Natur, oder Planeten-Buch..., Burgdorf, 1716.
H. R. Grimm
Buch der Natur, oder Beschreibung des grossen Welt-Gebäus Himmels und der Erden..., Burgdorf, 1727.
H. R. Grimm
Seltsame History..., so sich zugetragen, zwischen einem alten Ritter von Hallwyl und seinem Sohne..., Burgdorf, 1726.
H. R. Grimm
Neu vermehrte und verbesserte Kleine Schweitzer-Cronica, Burgdorf, 1733.
H. R. Grimm
Vers- und Sprüch-Wörter-Büchlein, Burgdorf, 1744.
H. R. Grimm
Vom grossen Misch-Masch...., Hrsg.
R. Simmen / S. Golowin, Zürich, 1965.
J. Guntern
Walliser Sagen, Olten, 1963.

N. Halder
Aus einem alten Nest, Aarau, 1923.
Handwörterbuch des deutschen Aberglaubens, Berlin, 1927–1942.
A. Hartmann
Kiltabend-Geschichten, Bern, 1852.
H. Hartmann
Berner Oberland..., Bümpliz, 1910.
A. Henne
Lieder und Sagen aus der Schweiz,
2. Aufl., Basel, 1827.
O. Henne-Am Rhyn
Die deutsche Volkssage, 2. Aufl., Leipzig, 1879.
H. Herzog
Schweizersagen, Aarau, 1887.
J. Herzog
Pilatus-Sagen, Luzern, 1909.
E. Hiestand
Sagen... der Gegend von Richterswil, Richterswil, 1960.
J. J. Hottinger / G. Schwab
Die Schweiz in ihren Ritterburgen..., Bern, 1839.

A. Jahn
Emmentaler Altertümer und Sagen, Bern, 1865.
D. Jecklin
Volkstümliches aus Graubünden, Neuaufl., Chur, 1916.
J. Jegerlehner
Sagen aus dem Unterwallis, Basel, 1909.
J. Jegerlehner
Der Gletscherriese, Bern, 1932.
E. Jenny
Sagen aus dem Wiggertal..., Zofingen, 1934.

W. Keller
Am Kaminfeuer der Tessiner,
2. Aufl., Bern, 1963.
H. Koch
Zuger Sagen und Legenden, Zug, 1955.
J. G. Kohl
Alpenreisen, Leipzig, 1851.
C. Kohlrusch
Schweizerisches Sagenbuch, Leipzig, 1854.
F. Kuenlin
Alpenblumen aus dem Greyerzerlande, Sursee, 1854.
G. Küffer
Sagen aus dem Bernerland, Bern, 1925.

J. Kuoni
Sagen aus dem Kanton St. Gallen,
St. Gallen, 1903.
A. Kyburz
Theologia naturalis..., Bern, 1754.

L. Laistner
Nebelsagen, Stuttgart, 1879.
L. Lavater
De Spectris..., Genf, 1570.
K. Lehner
Zermatter Sagen und Legenden,
Visp, 1963.
E. Locher
Die Venedigersagen, Diss. phil. Freiburg,
Tübingen, 1922.
T. Locher / G. Lauper
Schweizer Spuk..., Freiburg Br., 1977.
G. Luck
Rätische Alpensagen, 2. Aufl.,
Chur, 1935.
A. Lütolf
Sagen... aus den fünf Orten...,
Luzern, 1865.

D. Meili
Hexen in Wasterkingen, Basel, 1980.
B. Möking
Sagen und Schwänke vom Bodensee,
Konstanz, 1964.
F. Moser
Spuk, Neudruck, Olten, 1977.
J. Müller
Sagen aus Uri, Basel, 1945.
K. Müller
Luzerner Sagen, Luzern, 1963.

F. Niderberger
Sagen... aus Unterwalden, Sarnen, 1908.

A. Oberholzer
Thurgauer Sagen, Frauenfeld, 1912.
F. Otto
Schweizer Sagen..., Strassburg, 1840.

W. E. Peuckert
Westalpensagen, Berlin, 1965.
E. Pfluger
Solothurner Sagen, Solothurn, 1972.

G. Reist
Grindelwald in Sagen- und Pionierzeit,
Interlaken, 1932.
J. J. Reithard
Geschichten und Sagen aus der Schweiz,
Frankfurt, 1853.
E. L. Rochholz
Naturmythen, Leipzig, 1862.
E. L. Rochholz
Schweizersagen aus dem Aargau,
Aarau, 1856–1857.
K. Rolfus
Klänge der Vorzeit, Fromme Sagen und
Legenden, 2 (Schweiz), Mainz, 1873.
J. E. Rothenbach
Volkstümliches aus dem Kanton Bern,
Zürich, 1876.

M. Savi-Lopez
Alpensagen, Stuttgart, 1893.
J. J. Scheuchzer
Natur-Historie des Schweitzerlandes,
Zürich, 1716–1718.
Schweizerisches Idiotikon,
Frauenfeld, 1881 ff.
S. Singer
Die Zwergsagen der Schweiz, in: Neue
Denkschriften der Schweiz. Gesellschaft
für die gesamten Naturwissenschaften,
39, Zürich, 1903.
M. Sooder
Sagen aus Rohrbach, Huttwil, 1929.
M. Sooder
Zelleni us em Haslital, Basel, 1943.
F. J. Stalder
Versuch eines schweiz. Idiotikon,
Aarau, 1812.

M. Tscheinen
Walliser-Sagen, Sitten, 1872.

F. Vatter
Beiträge zur Erklärung... der Werke
Jeremias Gotthelfs, Bern, 1898–1902.
F. T. Vernaleken
Alpensagen, Wien, 1858.
F. A. Volmar
Berner Spuk..., Bern, 1969.
F. J. Vonbun
Beiträge zur deutschen Mythologie,
gesammelt in Churrhätien, Chur, 1862.

C. Wälti
Blumen aus den Alpen, Bern, 1841.
K. F. Wolff
Dolomiten-Sagen, Bozen, 1944.
B. Wyss
Schwizerdütsch, Solothurn, 1863.
J. R. Wyss
Reise in das Berner Oberland,
Bern, 1817.

G. Zoppi
Legende des Ticino, 3. Aufl.,
Torino, 1951.
H. Zschokke
Die klassischen Stellen der Schweiz,
Karlsruhe, 1836.
A. A. Zürcher
Schweizer Sagen, Uzwil, 1925.

Für Gespräche und Anregungen, besonders während Vorträgen 1950–1980, danke ich den Freunden in der ganzen Schweiz. Ohne diese Mitarbeit wäre dieses Buch unmöglich gewesen. Bei der Auswahl der Sagen (aus einem etwa zehnfach umfangreicheren Material!) half mir besonders die ganze Familie: Adrian, Erik, Heidi, Pierre, Martha, Wanda, Yvonne. Bei der Gestaltung und der Suche nach Bildern war vor allem die Unterstützung von Bernd Schaub und Roland Stämpfli entscheidend. Wichtig war mir auch die Förderung durch die Stiftung der Schweizerischen Landesausstellung für Kunst und Forschung (Zürich).

Sergius Golowin

Abbildungsverzeichnis

Abeler Jürgen, Ullstein Uhrenbuch, Ullstein, Berlin, 1975: 224
Alpenrosen, J. J. Burgdorfer, Bern, 1816: 58, 190; 1817: 54; 1820: 25, 57; 1830: 81; 1837: 186, 199
Baumann Max Peter, Hausbuch der Schweizer Volkslieder, Büchler, Bern, 1980: 62, 163
Bertholle Louisette, Die geheimen Rezepte der besten Restaurants Frankreichs, Hallwag, Bern, 1976: 123, 222
Bolte Johannes, Alte und neue Lieder, Insel Verlag, 1974: 127, 152
Bourquin Marcus, Die Schweiz in alten Ansichten und Schilderungen, Neptun Verlag, Kreuzlingen, und Jan Thorbecke Verlag, Sigmaringen, 1968: 13, 61, 95, 105, 211
Bovet Mar.-Alex., Les Fées de Naye, Editions Spes, Lausanne, 1920: 68
Bovet Mar.-Alex., Légends fribourgeoises, L'imprimerie St-Paul, 1944: 110; 1946: 151
Büchli Arnold, Schweizer Sagen, Illustration Hoffmann Felix, Sauerländer, Aarau, 1940: 55, 89, 139, 143; 1971: 63
Ceresole Alfred, Légendes des Alpes vaudoises, Librairie Payot et Cie, Lausanne, 1913: 20, 22, 92, 135, 141
Cervantes de Saavedra Miguel, Don Quixote, Verlag der Klassiker, Stuttgart. 1837: 103, 126, 168, 174, 185, 227
de Cesco und Kitamura, Schweizer Feste und Bräuche, Colibri, Bern, 1977: 24
Cuvelier André, Contes et Légendes de Suisse, Fernand Nathan Editeur, Paris, 1955: 40, 53
Dickens Charles, David Copperfield, Illustration Brown H. K., C. Ueberreuter, Wien, 1965: 235
Dürrenmatt Peter, Schweizer Geschichte, Hallwag, Bern, 1963: 173, 182, 192, 209, 215
Eberhard Otto, Die schönsten Sagen des Berner Oberlandes, Hans Feuz Verlag, Bern, 1937: 86, 115, 195
Engel Fritz-Martin, Mein Küchengarten-Brevier, Illustration Schelbert Anne-Marie, Hallwag, Bern, 1978: 67
Englert-Faye Curt, Alpensagen, Atlantis, Zürich, 1941: 207
Englert-Faye C., Vo chlyne Lüte, Troxler Verlag, Bern, 1965: 27, 93, 132, 165
Enzensberger H. M., Allerleirauh, Suhrkamp, Frankfurt, 1962: 118
Etzin Franz, Schweizer Sagen, Verlag Oestergaard, Berlin, 1926: 138, 232
Frey Adolf, Schweizersagen, Hegel + Schade, Leipzig, 1921: 29, 45, 146

Frey Emil, Die Kriegstaten der Schweizer, Verlag F. Zahn, Neuenburg: 32, 179
Friedrich Caspar David, Das gesamte graphische Werk, Rogner+Bernhard, 1974: 77
Geilfus G., Helvetia, Steiner'sche Buchhandlung, Winterthur, 1857: 183, 189
Goethes Werke, 3. Band, G. Grotesche Verlagsbuchhandlung, Berlin, 1874: 204; 5.+6. Band: 119, 131, 215; 9. Band: 39
Goethes Faust, Deutsche Verlags-Anstalt, Stuttgart: 157
Gonet Pascal Arthur, Goldsucher in der Schweiz, Benteli, Bern, 1978: 129
von Greyerz Otto, Im Röseligarte, Band 5, A. Francke AG, Bern, 1912: 59; 1927: 109
Grosse Frauen der Weltgeschichte, Löwit, Wiesbaden: 212
Grosse Männer der Weltgeschichte, Löwit, Wiesbaden: 44, 47, 70, 172, 198, 200, 208, 212, 213, 225
Hartmann Hermann, Berner Oberland in Sage und Geschichte, Benteli AG, Bümpliz, 1910: 2, 26, 73
Jegerlehner Johannes, Am Herdfeuer der Sennen, A. Francke, Bern, 1916: 106
Jegerlehner Johannes, Blümlisalp, Frobenius AG, Basel, 1917: 116, 140
Jegerlehner Johannes, Was die Sennen erzählen, Verlag A. Francke, Bern, 1916: 19
Kaltenbach Marianne, Ächti Schwizer Chuchi, Hallwag, Bern, 1977: 71, 84
Keller Heinz, «... ich glaube nicht, dass du eingesperrt wirst ...», Winterthur, 1976: 79
Kolly German, Sagen und Märchen aus dem Senseland, Paulusverlag, Freiburg, 1965: 50, 91, 95
Lienert Meinrad, Zürcher Sagen, Rascher Verlag, Zürich, 1918: 14, 21, 75, 144
Müller Elisabeth, Vreneli, Francke, Bern, 1966: 111
Müller und Suter, Sagen aus Baselland, Landschäftler AG, Liestal, 1938: 159
Natalis Gottfried, Das Weihnachtsbuch der Lieder, Insel Verlag, Frankfurt, 1975: 112
Profile und Blickpunkte, Jugend und Volk Verlagsgesellschaft, Wien, 1971: 108
Rabelais François, Gargantua und Pantagruel, Band I, Winkler Verlag, München: 65, 66; Band II: 30, 83, 85, 145
Rebsamen S., Bern. Hist. Museum, Bern: Umschlagbild «Schweizer Gardist, aus Frankreich heimgekehrt, erzählt vor zahlreichem Dorfpublikum seine Abenteuer»

de Reynold Gonzague, Contes et Légendes de la Suisse héroïque, Zeichnungen Bille Edmond, Payot+Cie, Lausanne, 1937: 118, 201
Savi-Lopez Maria, Alpensagen, Verlag Adolf Bonz+Co., 1893: 100, 142, 160, 166
Schedelsche Weltchronik, Verlag Konrad Kölbl, München, 1965: 34, 37, 38, 42, 82
Schweizerisch Heldenbuch, Basel, 1624. Faksimile Edition Rüedi, Bern, 1968: 80, 181
Schweiz. Landesbibliothek, Bern: 99, 147, 187, 197, 220, 223, 231, 237
Siegen Johann, Sagen aus dem Lötschental, Edition des Terreaux, Lausanne, 1959: 125, 136
Solandieu, Légendes valaisannes, Editions Spes, Lausanne, 1919: 17, 23, 41, 155
Sooder Melchior, Zelleni us em Haslital, Schweiz. Gesellschaft für Volkskunde, Basel, 1943: 102, 121
Stunzi Lilly, Tell, Hallwag, Bern, 1973: 184
Suter und Strübin, Baselbieter Sagen, Kant. Drucksachen- und Materialzentrale, Liestal, 1976: 137, 148, 167, 170
Tolkien J. R. R., The Hobbit, Allen+Unwin Ltd., London, 1966: 120
von Tschudi, Friedrich, Das Thierleben der Alpenwelt, J. J. Weber, Leipzig, 1854: 88
de Vallière P., Treue und Ehre, Verlag F. Zahn, Neuenburg: 122, 194, 208, 210, 219, 221, 229
Villon François, Das Grosse Testament, Winkler Verlag, München, 1959: 197
von Wilpert Gero, Deutsche Literatur in Bildern, A. Kröner Verlag, Stuttgart, 1957: 114, 156
Wyss, J. Rudolf, Idyllen, Volkssagen, Legenden und Erzählungen aus der Schweiz, J. J. Burgdorfer, Bern, 1815: 46, 150